L'ÉDUCATION

DES

SENTIMENTS

A LA MÊME LIBRAIRIE

AUTRES OUVRAGES DE M. P.-F. THOMAS

La Philosophie de Gassendi, 1 vol. in-8° de la *Collection historique des grands philosophes* .... 6 fr. »

De Epicuri Canonica, 1 vol. in-8° .... 2 fr. »

Éléments de philosophie scientifique et de philosophie morale, 1 vol. in-8° .... 3 fr. 50

La suggestion, son rôle dans l'éducation, 1 vol. in-12 de la *Bibliothèque de philosophie contemporaine*, 2° édition .... 2 fr. 50

ÉVREUX, IMPRIMERIE DE CHARLES HÉRISSEY

L'ÉDUCATION

DES

SENTIMENTS

PAR

P.-Félix THOMAS

Docteur ès lettres,
Professeur de philosophie au lycée de Versailles.

PARIS

ANCIENNE LIBRAIRIE GERMER BAILLIÈRE ET Cⁱᵉ

FÉLIX ALCAN, ÉDITEUR

108, BOULEVARD SAINT-GERMAIN, 108

—

1899

Tous droits réservés.

L'ÉDUCATION DES SENTIMENTS

INTRODUCTION

L'intellectualisme. — I. Ses conséquences en philosophie, en morale, dans l'enseignement public et dans l'enseignement privé. — II. Réaction actuelle contre l'intellectualisme. — III. Nécessité d'une étude plus approfondie de la sensibilité et d'une éducation des sentiments.

L'étude de l'intelligence a été, depuis le *Discours sur la Méthode* et les *Méditations* de Descartes, la préoccupation constante, parfois même exclusive, de la psychologie. L'intelligence nous a, en effet, conduits, ces trois derniers siècles, à tant de découvertes merveilleuses, que, de jour en jour, notre foi en elle s'est affermie, en même temps qu'augmentait notre désir de la bien connaître. Il n'est donc point surprenant que les théories tendant à l'expliquer se soient multipliées, et que les philosophes aient analysé avec un soin méticuleux ses différentes fonctions, afin d découvrir les lois et d'en mieux mesurer la portée. La sensibilité, en revanche, a été presque délaissée : à peine, çà et là, sur elle, quelques études sérieuses et un peu approfondies. Pour la plupart, elle n'est qu'une faculté secondaire et de moindre importance que l'on peut négliger sans danger [1]. Que la raison règne en maîtresse et,

---

[1] Tout autrement pensaient nos grands philosophes du xviie siècle, mais il semble que l'on n'ait guère compris que de nos jours la portée du *Traité des passions* et les fines analyses que nous ont laissées de la sensibilité Bossuet, Malebranche, Spinoza et Gassendi, le maître de Molière. De nos jours également, on en revient à l'étude des philosophes anglais

d'elle-même, notre activité s'orientera vers sa véritable fin ; que la science étende de plus en plus son domaine, et ses progrès assureront ceux de la moralité. En un mot, des deux éléments essentiels qui constituent l'homme : l'esprit et le cœur, le second est presque continuellement, non pas simplement subordonné, mais sacrifié au premier. Voyons quelles ont été les conséquences de cet Intellectualisme exclusif.

I

En philosophie il a conduit à deux résultats diamétralement opposés : d'une part, il a donné naissance à une sorte de dilettantisme philosophique et de religion littéraire, dont les grands prêtres, plus soucieux des belles formes que des bonnes actions, n'ont guère suscité que des rêveurs et des sceptiques. Pour eux, en effet, tous les problèmes relatifs à la nature des choses et à leur destinée, problèmes que pendant tant de siècles les hommes ont passionnément agités, ne sont plus que thèmes faciles à variations ingénieuses, et les théories qu'ils ont suscitées que des rêves plus ou moins beaux dont le penseur aime à s'enchanter lui-même. D'autre part, il a inspiré tous les fanatiques de la science qui veulent limiter à son domaine celui de nos recherches, et fermer à ses frontières toutes les perspectives ouvertes à la croyance et à la foi.

En morale, le culte exclusif de l'intelligence nous a conduits soit à ces théories froides et stériles du devoir qui condamnent la sensibilité et repoussent toute émotion, comme nuisible à la vertu, soit à ces théories subtiles, mais beaucoup moins élevées, qui réduisent l'honnête homme à n'être plus qu'un comptable prudent, habile à discerner dans chaque circons-

---

et écossais Locke, Shaftesbury, Hutcheson, Jacobi, qui ont si bien mis en relief la puissance du sentiment. (Cf. notamment l'étude de Lévy-Bruhl sur Jacobi.)

tance, ce qui peut le mieux servir ses intérêts. Nous avons ainsi, d'un côté, une morale sublime assurément, mais que, seules, quelques âmes d'élite sauront comprendre; nous avons, de l'autre, une morale docile et souple, la morale de la foule, qui se prête aisément à tous les compromis, mais nous n'avons point encore de morale vraiment humaine. Ce sont ces défauts qu'a bien mis en lumière l'un de nos jeunes écrivains. « Le nombre, écrit-il, voici le principe universel et fondamental de notre époque. Dans tous les domaines on cherche à tout expliquer et à tout créer par la transformation de la quantité... La vie morale est devenue une algèbre, où, selon l'habileté acquise, les équations posées nous mènent à une ou plusieurs inconnues... Les idées ne s'inscrivent plus dans l'âme que comme des chiffres sur un tableau noir... On oublie que la science seule n'est pas une méthode de vie [1]. »

L'influence de l'intellectualisme sur l'éducation est plus frappante encore lorsqu'on l'observe dans nos écoles et dans la famille. Et d'abord, dans la famille. — Ce qui paraît nous intéresser le plus chez nos enfants, plus parfois que leur santé, plus même que leur moralité, n'est-ce pas le progrès de leur intelligence? Dès que celle-ci s'éveille et s'affirme, notre joie ne se contient plus. Nous applaudissons à leurs espiègleries, même impertinentes, car elles témoignent de leur esprit; nous leur fournissons toutes les occasions possibles de faire parade de leur savoir et de donner en spectacle, avec leur vanité grandissante, l'imperturbabilité de leur mémoire; remportent-ils un succès, sur leurs camarades de classe, nous sommes prodigues de récompenses et d'éloges. En revanche, nous fermons presque peureusement les yeux sur les défauts qu'entraîne notre extrême faiblesse, tout en confessant bien bas que notre autorité est de plus en plus méconnue et que le respect est une vertu qui chaque jour devient plus rare. —

---

(1) Maurice Pujo. *Le règne de la grâce*, Félix Alcan, éd.

Au reste, nous ne nous bornons pas à négliger l'éducation des sentiments, nous cherchons souvent à les étouffer. Si nos enfants se montrent un peu pitoyables aux malheureux ; s'ils se laissent aisément toucher par les récits qu'ils entendent ; si l'injustice promptement les irrite ; si les grandes et belles actions les enthousiasment vivement, nous sommes aussitôt inquiets en songeant aux maux inévitables qu'entraîne ordinairement après elle cette sensibilité. Nous ne voudrions pas sans doute que nos enfants n'aient pas de cœur... pour nous, mais nous craignons qu'ils en aient trop pour les autres.

Il arrive pourtant, à certaines heures, que notre conscience proteste, mais alors nous invoquons comme excuse suprême la dureté des temps et la nécessité de donner à nos fils les armes les plus sûres pour vaincre dans la vie. Or, quelles armes peuvent être comparées à celles que fournit une instruction sérieuse ? — La probité, nous le savons, a également son prix, et qu'on se garde de croire que nous la dédaignons : n'est-elle pas, dans bien des cas, l'habileté par excellence ? seulement, avant tout, il faut aller au plus pressé... et le plus pressé, naturellement, ce n'est point de songer à la droiture du caractère. Que les parents fassent leur examen de conscience, sincèrement, loyalement, et nous sommes persuadé que, dans son ensemble, malgré les nombreuses exceptions que chacun peut invoquer, notre tableau ne leur paraîtra point chargé.

Si après la famille nous considérons l'école, ce qui nous frappe, en premier lieu, c'est que notre enseignement, malgré les modifications nombreuses qu'il a subies depuis peu, conserve encore l'empreinte de sa destination première. On s'aperçoit bien vite que tout y a été ordonné primitivement de manière à instruire nos enfants bien plutôt qu'à les élever ; que son but est spécialement l'initiation à la science ; sa fin directe et immédiate la culture de l'intelligence, et que, s'il doit moraliser, c'est par surcroît [1]. Par là, s'expliquent ces magnifiques programmes encyclopédiques que l'on a rédigés pour nos élèves, — ces examens de toutes sortes et de tous les degrés, pour stimuler le zèle même des plus paresseux et faire monter le niveau intellectuel de nos apprentis savants ; — par là s'explique également, en partie, l'ardeur obligatoire des maîtres auprès de leurs disciples pour que ceux-ci paraissent brillamment dans ces nouveaux tournois. Certaines classes sont ainsi devenues de véritables usines à diplômes où l'on chauffe et surchauffe les malheureux candidats, et cela, depuis nos modestes écoles primaires, jusqu'aux cours les plus élevés de notre enseignement supérieur. Et quand, parmi ces candidats, quelques-uns se rencontrent l'emportant sur les autres par la vivacité de leur esprit, avec quel empressement on les entoure, on les encourage, on les excite ; à quel entraînement on les soumet ! Ils deviennent grands favoris et les maîtres escomptent d'avance les prix qu'ils doivent remporter. — Pauvres, pauvres bébés ! — En les préparant de la sorte, songe-t-on au moins à former le cœur en même temps que l'esprit ; à affermir la volonté autant qu'à enrichir la mémoire ? — Nul doute que nos maîtres n'y songent, et ils ont à cela plus de mérite qu'on ne le croit d'ordinaire, car leurs efforts faits en ce sens rarement sont récompensés. — De quel prix, en effet, sont les qualités morales des élèves le jour de l'examen venu ? Quel juge les appréciera ? Les qualités intellectuelles ne sont-elles pas les seules dont on puisse tenir compte ? — Nous avons pris soin, d'ailleurs, de provoquer des mesures qui renseignent pleinement sur nos véritables intentions : nous avons demandé et obtenu que les noms des

---

(1) Tous ces défauts ont été dénoncés et combattus avec force, depuis quelques années, par tous les grands maîtres de l'Université ; aussi tendent-ils à disparaître peu à peu. C'est grâce à ces efforts que l'enseignement de la morale, notamment, a pris dans nos écoles, surtout dans nos écoles primaires, la place d'honneur qui lui est due. — Cf. les pénétrantes études de M. Lavisse sur notre enseignement et les examens qui le terminent.

candidats, dans les différents concours, restent inconnus des correcteurs. Faut-il voir dans cette innovation une marque de défiance à l'adresse de nos jurys universitaires ? Une telle supposition serait assurément injurieuse. Il faut y voir, simplement, croyons-nous, un moyen d'assurer uniquement à l'instruction nos faveurs les plus enviées. Quelques philosophes pourraient nous répondre, il est vrai, que la valeur morale et l'honnêteté trouvent en elles-mêmes leur récompense et doivent être modestes ; mais nous leur rendons vraiment la tâche trop facile, en nous occupant si peu d'elles !

II

On s'explique facilement, en présence de ces faits, la renaissance, parmi nous, d'un mysticisme nuageux qui déjà, paraît-il, aurait plusieurs grands prêtres et quelques adeptes fervents. C'est la revanche du cœur sur l'esprit, de la sensibilité sur l'intelligence ; et cette réaction, comme toutes les réactions, pourrait bien ne pas être sans danger, si, de bonne heure, on ne la dirige et ne la modère.

On s'explique également toutes les accusations portées contre la psychologie actuelle, contre la science dont on a trop exalté la vertu éducatrice, et, par suite, contre les méthodes d'enseignement, uniquement fondées sur elle. « Par cela même, écrit justement M. Le Bon, dans son beau livre sur l'évolution des peuples, que les psychologues contemporains se sont confinés exclusivement dans l'étude de l'intelligence, leurs œuvres sont d'une extrême faiblesse et n'ont que peu d'intérêt pratique. » Si nous voulons avoir quelques renseignements précis sur le cœur humain, dont les démarches ont aussi leur dialectique comme celles de la raison, il nous faut en revenir à nos moralistes anciens, à Montaigne, à Charron, à Malebranche, à Nicole, auprès desquels paraissent si pauvres nos analystes contemporains; il nous faut en revenir aux mystiques eux-mêmes qui, malgré des exagérations inévitables, ont si bien dévoilé parfois les vrais ressorts de l'âme humaine. — Ce même reproche de pauvreté, nous le retrouvons, plus ou moins atténué, sous la plume des philosophes qui, attentifs à l'évolution qui s'opère actuellement dans les esprits, ne craignent pas de rompre avec la tradition, lorsqu'elle leur paraît mauvaise, et de tenter des voies nouvelles[1]. De là les efforts qui sont faits pour explorer enfin les domaines de la psychologie jusqu'à ce jour laissés en friche. Bien que les travaux sortis de ces recherches soient peu nombreux encore, ils constituent cependant contre l'intellectualisme la plus éloquente des réfutations, car ils nous ont clairement montré à quelles sources s'alimente la pensée et quelles causes agissent le plus efficacement sur la conduite des hommes[2].

Les savants, de leur côté, confessent plus volontiers avec Dubois-Raymond que, « séparées de l'esprit philosophique, les sciences ne peuvent que rétrécir l'esprit et détruire le sens de l'idéal ». Ils reconnaissent que leur domaine est limité; qu'on ne saurait sans folie vouloir tout expliquer par elles; qu'il existe des vérités qui les dépassent, et que ces vérités, souvent méconnues et dénaturées, sont, en définitive, les plus importantes dans la vie; que « le cœur, enfin, a ses raisons que la Raison ne comprend pas ».

---

(1) « Le véritable intérêt de la psychologie ne consiste pas à décrire le fonctionnement représentatif de la pensée, mais à rechercher quelle est la force des idées, et de tous les états de conscience qui s'y résument, leur influence sur l'évolution de l'esprit et sur celle même de la nature. » Fouillée. *L'évolutionnisme des idées-forces.* Voyez également : Lévy-Bruhl. *La philosophie de Jacobi* (Félix Alcan, éd.).

(2) Au nombre des principaux travaux qui ont été consacrés à l'étude de la sensibilité, de nos jours, signalons surtout ceux de Bain, de Spencer, de Léon Dumont, de Francisque Bouillier, de Mantegazza, de Charles Richet, de Beaunis, de Féré, etc..., et surtout ceux de M. Ribot, notamment son beau livre sur la *Psychologie des sentiments*, et ceux de M. Payot : *l'Éducation de la volonté* et *la Croyance* (Félix Alcan, éd.).

.Quant aux plaintes de ceux qui s'intéressent plus particulièrement à la jeunesse, elles se résument toutes dans cette formule précise d'un de nos anciens ministres : « L'instruction qui n'aboutit pas à une éducation est plus dangereuse qu'utile à l'ordre social [1]; » or, un fait incontestable, c'est que les progrès de l'instruction n'ont pas été suivis de ceux de la moralité, il est donc indispensable de recourir à de nouveaux auxiliaires, si nous voulons mener à bien notre tâche.

III

Ces auxiliaires sont nombreux sans doute, mais le plus efficace est le sentiment, car c'est lui qui constitue, comme nous l'établirons plus tard, le fond le plus irréductible de la nature humaine.

L'histoire et l'expérience sont là, d'ailleurs, pour en montrer toute l'importance.

C'est une erreur de croire que l'intelligence suffise à expliquer les succès des individus et des peuples; ces succès tiennent avant tout à leur caractère, et l'un des éléments essentiels du caractère, c'est la manière de sentir, d'aimer ou de haïr dont dépend la force ou la faiblesse de la volonté. Toute l'histoire le prouve. « Les Romains de la décadence, remarque un auteur que nous avons déjà cité, avaient une intelligence autrement raffinée que celle de leurs rudes ancêtres, mais ils avaient perdu les qualités de caractère : la persévérance, l'énergie, l'invincible ténacité, l'aptitude à se sacrifier pour un idéal, l'inviolable respect des lois, qui avaient fait la grandeur de leurs aïeux. C'est par le caractère que 60.000 Anglais tiennent sous le joug 250 millions d'Hindous,

---

(1) Léon Bourgeois.

dont beaucoup sont au moins leurs égaux par l'intelligence. C'est par le caractère qu'ils sont à la tête du plus gigantesque empire colonial qu'ait connu l'histoire. C'est sur le caractère et non sur l'intelligence que se fondent les sociétés, les religions et les empires. Les peuples n'ont jamais beaucoup gagné à vouloir trop raisonner et trop penser. » (Le Bon.)

Notre propre expérience n'est pas moins instructive. Elle nous prouve, en effet, qu'il en est des individus comme des peuples et que ceux-là seuls accomplissent de grandes choses qui sont capables de sentir vivement. — L'idée, sans doute, est, d'elle-même, une force qui nous pousse à l'action, mais cette force est bien faible si nul sentiment ne l'accompagne; il en est d'elle comme de ces lumières qui brillent, mais n'échauffent pas. Que le cœur, au contraire, intervienne, et aussitôt elle nous entraîne. Ne savons-nous pas combien la raison se montre faible et hésitante, lorsque la passion entre ouvertement en lutte avec elle? Que de sophismes ne lui voit-on pas approuver, que de vérités elle condamne¹? La volonté n'est pas moins impuissante lorsque la sensibilité la combat; elle est, en revanche, invincible, lorsque la sensibilité lui prête activement son concours².

Ces remarques paraîtraient plus frappantes encore si, au

(1) Voyez notre ouvrage sur *la Suggestion*, p. 33 et suivantes et p. 97.
(2) « L'action, en définitive, écrit un philosophe contemporain, voilà le but, et s'il faut apprendre pour agir, le ressort de l'action est moins dans la pensée qui l'éclaire que dans le sentiment qui touche à sa racine et la fait jaillir. Aussi peut-on dire, en thèse générale, que chez tous, chez l'adulte comme chez l'enfant, l'*idée* ne devient réellement *force* que par l'intermédiaire du désir qui la double en lui prêtant sa nature et en lui communiquant son mouvement, mais qui, visible ou effacé, est seul moteur... L'émotion est donc, dans le problème de l'éducation morale, le moyen par excellence. C'est elle qui élève et entraîne les âmes, c'est elle qui fécondera la parole du maître et portera des fruits de vie, parce que dans la lutte de la passion et du devoir, c'est d'elle que vient, au sens précis et *mécanique* du mot, la *puissance*, et qu'en morale, comme ailleurs, la *puissance* doit vaincre la *résistance* pour donner un résultat *positif* et assurer le succès. » (Evellin. *Rapport sur l'enseignement de la morale dans les Écoles primaires de l'Académie de Paris en 1897.*) Si l'influence de la sensibilité est si considérable, notre premier devoir n'est-il pas d'apprendre, en l'étudiant, à la bien diriger?

lieu de considérer l'homme en général, nous considérions plus particulièrement l'enfant chez qui le désir, pendant longtemps, l'emporte sur la raison et sur la volonté.

Dès lors, s'il est incontestable que l'influence de la sensibilité s'exerce d'une manière continue et souvent irrésistible sur tous nos autres pouvoirs; s'il est incontestable surtout qu'elle est considérable et décisive dans l'enfance et que d'elle dépendent notre caractère et notre valeur morale, il est incontestable également que, sans une connaissance aussi précise que possible de sa vraie nature, on est exposé, dans l'éducation, aux plus fâcheuses méprises.

Est-ce à dire, maintenant, que nous devions abandonner la culture de l'intelligence et condamner le savoir comme inutile et dangereux ? — Le remède, dans ce cas, serait pire que le mal, car rien de durable ne se fait sans la raison [1].

C'est à elle, et à elle principalement qu'il appartient de guider et d'orienter notre activité vers sa véritable fin; mais pour qu'elle puisse remplir efficacement sa tâche, il importe de ne plus la laisser isolée et de rendre enfin au cœur, dans nos études et dans notre enseignement, la place qui lui est due.

(1) Dans un récent article sur la *moralité de l'enfant* (*Revue philosophique*, mars 1898), M. A. Schinz soutient « qu'il est absolument contre toutes les règles de la logique de prétendre, comme l'*immense majorité des pédagogues* d'aujourd'hui, qu'il faut agir sur les sentiments et que l'éducation morale est parfaitement indépendante du développement intellectuel ». Nous croyons, au contraire, étant donnée l'influence des sentiments, qu'il est absolument logique de chercher à agir sur eux; nous croyons, en outre, que l'*immense majorité des pédagogues*, — leurs œuvres en font foi, — reconnaissent l'étroite dépendance qui existe entre l'éducation morale et le développement intellectuel des enfants.

CONSIDÉRATIONS GÉNÉRALES

L'être vivant n'est point, comme l'admettait Leibniz, un simple spectateur au milieu des forces qui l'entourent, il en subit à chaque instant l'influence plus ou moins profonde et, à chaque instant, réagit contre elles, cherchant à s'accommoder ainsi aux changements survenus dans les milieux qu'il traverse. Or, c'est précisément à ce pouvoir de réagir contre les excitations du dehors, d'en être agréablement ou désagréablement affecté, de jouir et de souffrir de ses manières d'être différentes et de tendre à une vie de plus en plus facile et complète, que l'on donne le nom de sensibilité.

Bien des raisons nous portent à croire que la sensibilité ainsi entendue se rencontre même chez les vivants les moins parfaits. N'est-elle pas apparente déjà, comme l'ont constaté la plupart des physiologistes de nos jours, jusque dans ces masses protoplasmiques d'apparence homogène, sans tissu conducteur et sans tissu de soutien, qui constituent les végétaux inférieurs? Il en est chez lesquels nous observons, dit Cl. Bernard, « non des mouvements quelconques, mais des mouvements appropriés à un but déterminé ; en un mot, les apparences de mouvements volontaires ». Ainsi les algues mobiles recherchent, les unes, constamment la lumière, tandis que les autres, plus rares, constamment la fuient. Les myxomicètes qui vivent dans l'écorce du chêne restent en repos si on les place dans un verre de montre plein d'eau, mais si l'on jette de la sciure de bois près d'eux, « ils émigrent aussitôt vers elle comme pris de nostalgie[1] ». Chez les végétaux d'un organisme plus complexe, les traces de sensibilité sont encore plus visibles ; qu'il nous suffise de rappeler les mouvements bien connus qu'accomplissent la sensitive, la dionée attrape-mouche, les drosera... lorsqu'un objet les touche, et les mouvements plus merveilleux encore des étamines des rues, des géraniums, des pariétaires... dans le but de faciliter ou de produire la pollinisation. Ce qui semble nous autoriser, enfin, à voir dans tous ces faits autre chose que des modifications dues à un pur mécanisme, c'est que les agents anesthésiques dont l'influence momentanément abolit la sensibilité chez l'animal, rendent également la plante insensible aux impressions du dehors. Si l'on soumet à l'action du chloroforme ou de l'éther une branche de sensitive, les chocs qu'on lui imprime ne feront plus se rassembler ses folioles ; mais que les vapeurs des anesthésiques se dissipent, et elle recouvre peu à peu sa sensibilité. Nous pourrions faire les mêmes remarques touchant les effets de l'habitude. Grâce à l'habitude, nous en arrivons à ne plus souffrir de certaines excitations qui, au début, nous irritaient ; grâce à elle, également, la sensitive paraît devenir indifférente aux chocs qu'elle subit. Au premier cahot de la voiture qui l'emporte, nous la voyons, craintive et tremblante, se replier sur elle-même, mais les cahots se multipliant, elle reprend peu à peu sa position première, quelques tressaillements et quelques frissons indiquant seuls, de loin en loin, qu'elle peut encore sentir.

Si nous observons maintenant les animaux, des signes plus caractéristiques encore nous montrent la sensibilité

---

(1) Voyez Ribot : *Psychologie des sentiments*, p. 4 et 5, Félix Alcan, éd.

devenant de plus en plus manifeste, à mesure que nous nous élevons des organismes les plus simples aux organismes les plus délicats. — Nous remarquons d'abord, chez les protozoaires, comme chez les végétaux inférieurs, dont il est parfois bien difficile de les distinguer nettement, des mouvements qui seraient inexplicables, si l'on n'admettait pas des tendances précises, voire même un certain discernement. C'est ainsi, par exemple, que l'Actinophrys Sol se dirige immédiatement vers l'amidon qu'on jette autour de lui, comme les myxomicètes se dirigent vers la sciure de bois, alors qu'il s'écarte toujours d'autres substances ; c'est ainsi que certains infusoires, tels que les halteries et les vorticelles savent choisir entre différents corps à leur portée ceux qui leur conviennent le mieux comme nourriture. Chez les métazoaires qui sont, non de simples agrégats, mais de véritables associations de protozoaires et des colonies de cellules vivantes, ces cellules ont une telle sensibilité qu'elles luttent les unes contre les autres pour la vie, savent distinguer la composition chimique des milieux où elles évoluent, et dont, suivant les cas, elles se rapprochent ou s'éloignent. C'est là ce qu'ont mis clairement en lumière les cas de phagocytose récemment étudiés. Il y aurait dans les différents tissus de notre organisme des phagocytes, c'est-à-dire, des cellules ayant pour rôle de détruire et de « dévorer, » soit les cellules de même nature qu'elles qui sont affaiblies et vieillies, soit les microbes pathogènes dont la présence est nuisible au jeu régulier des fonctions vitales. — Ce n'est donc pas sans raison que les physiologistes contemporains admettent une sensibilité organique ou sensibilité générale, propre à tous les éléments qui nous constituent, bien que la conscience ne nous la fasse pas directement connaître.

Au-dessus de cette sensibilité dont l'induction seule nous révèle l'existence, est la sensibilité proprement dite, ou *sensibilité affective* dont nous avertit directement la conscience, et qui comprend avec nos émotions agréables et pénibles, avec nos plaisirs et nos douleurs, tous les faits qui s'y rattachent, tels que les inclinations et les passions. — C'est la seule dont nous ayons proprement à nous occuper ici.

Comme nous le montrerons plus tard, c'est cette sensibilité qui nous informe de la vie qui circule en nous, tantôt abondante et libre, tantôt affaiblie et comprimée ; c'est elle qui nous unit par des liens ténus mais infrangibles, non seulement à nos semblables, mais à la nature entière et à l'idéal vers lequel chacun est attiré ; c'est elle, enfin, qui nuance toutes nos pensées d'une coloration spéciale et leur donne leur efficacité. — Son rôle est donc immense; aussi la diversité de ses manifestations et de ses formes est-elle presque infinie. Elle varie, en effet, comme nous l'atteste l'histoire, avec les temps et les pays ; elle varie avec les individus, et dans le même individu, avec les circonstances. C'est là ce qu'avait bien observé Pascal : « Un homme, dit-il, a d'autres plaisirs qu'une femme; un riche et un pauvre en ont de différents, un prince, un homme de guerre, un bourgeois, un paysan, les vieux, les jeunes, tous varient. » « Les goûts même d'un individu, ajoute-t-il, changent souvent au point qu'il n'y a pas d'homme plus différent d'un autre que de soi-même. » — On conçoit, dès lors, combien il est difficile d'expliquer et de classer des phénomènes aussi changeants, d'autant plus que leurs causes échappent souvent à l'analyse et à la conscience; nous essaierons cependant, en étudiant le *plaisir et la douleur*, les *inclinations* et les *passions*, de mettre en lumière quelques-unes des lois auxquelles ils obéissent, et les applications principales que l'éducateur en peut faire.

CHAPITRE PREMIER

LE PLAISIR ET LA DOULEUR

Une définition du plaisir et de la douleur est inutile et impossible. — I. Causes du plaisir et de la douleur. Théorie intellectualiste. — II. Théorie de Kant et des pessimistes. — III. Théorie d'Aristote. — IV. Lois de l'apparition du plaisir et de la douleur. Leur réduction à la loi du rythme vital. — V. Union du plaisir et de la douleur.

De tous les faits de la vie mentale, il n'en est point qui nous soient aussi familiers que le Plaisir et la Douleur. Ce sont, en effet, les premiers qui frappent notre attention et la retiennent; ce sont également les seuls qui nous amènent à nous connaître et qui ne nous trouvent jamais indifférents. Les définir serait donc inutile; quelle définition pourrait rendre plus claire l'idée que nous en avons? Y réussir serait en outre impossible, car ces phénomènes, comme tous les phénomènes ultimes et irréductibles, échappant à l'analyse, nous en serions réduits, en parlant d'eux, à des métaphores imprécises et à de vaines tautologies[1]. Aussi notre tâche doit-elle se borner à en chercher les causes et à bien mettre en lumière les conditions qui les favorisent.

---

(1) Qu'il nous suffise de citer ces définitions de Cicéron et de Bossuet : « Voluptas est motus *jucundus* quo sensus *hilaretur;* » — « Le plaisir est un chatouillement des sens, un *sentiment agréable* qui convient à la nature. La douleur est un *sentiment importun*, fâcheux, contraire à la nature. » (*Connaissance de Dieu et de soi-même*, ch. 1er.)

I

Suivant l'école intellectualiste dont le caractère dominant est de mettre au premier rang la pensée et de tout faire dériver de l'intelligence, nos états affectifs, loin d'être des phénomènes primitifs, ne seraient que des phénomènes secondaires, des modes ou des fonctions de l'intelligence. Pour Herbart qui est le principal représentant de cette école, tous nos sentiments résulteraient du concours ou de l'opposition réciproque des représentations et de la manière dont elles se combinent. « Ils ressemblent, remarque justement M. Ribot, aux accords musicaux et aux dissonances qui diffèrent des sons élémentaires quoiqu'ils n'existent que par eux. Supprimez tout état intellectuel, le sentiment s'évanouit; il n'a qu'une vie d'emprunt, celle d'un parasite[1]. » Brentano et Wundt soutiennent la même opinion, en l'exagérant encore s'il est possible ; Wundt surtout, qui fait non de la simple représentation, mais de l'opération logique la plus élevée : le raisonnement, l'acte essentiel de la vie mentale, de telle sorte que la moindre douleur comme le moindre plaisir seraient les conséquences d'affirmations préalables.

Bien que cette thèse n'ait été défendue, sous une forme aussi radicale, par aucun philosophe français, il serait facile d'en retrouver l'idée maîtresse chez un grand nombre de nos écrivains contemporains. C'est précisément parce qu'ils ont, eux aussi, vu dans l'intelligence, la plus importante de nos facultés, celle d'où procèdent toutes les autres, qu'ils l'ont analysée avec tant de soin, négligeant d'une manière systématique l'étude de la sensibilité. C'est encore parce qu'ils ont cru à son efficacité souveraine qu'ils ont travaillé à répandre le plus possible l'instruction, sans grand souci de l'éduca-

---

(1) Ribot. *Psychologie des sentiments.*

tion, ne s'apercevant pas qu'ils sacrifiaient de la sorte le cœur à l'esprit, au grand détriment de l'un et de l'autre.

Ce qu'il y a de vrai dans leur thèse, c'est que les plaisirs et les peines sont toujours accompagnés d'un élément intellectuel, par cela même qu'ils sont des faits de conscience. Que pourraient-être, en effet, des phénomènes affectifs *purs*, absolument inconscients, sinon des phénomènes affectifs qui ne nous affecteraient pas. Pour qu'un être soit vraiment souffrant, il faut, de toute nécessité, qu'il en soit averti et qu'il ait conscience de sa souffrance. Ce qu'il y a également de vrai dans la thèse intellectualiste, c'est que nos émotions sont souvent provoquées et soutenues par l'intelligence ; c'est qu'à la lumière de l'esprit, le cœur s'affine, se purifie, et devient de plus en plus apte à éprouver des douleurs et des plaisirs délicats; mais ne semble-t-il pas arbitraire d'aller plus loin et de soutenir que toutes nos jouissances et toutes nos souffrances sont précédées d'un acte intellectuel ? N'arrive-t-il pas souvent que nous sommes envahis par une émotion, avant même que toute représentation, et à plus forte raison, avant que tout jugement et tout raisonnement ait pu se produire ?

L'enfant vit d'une vie sensitive très intense, alors que son intelligence est à peine éveillée. Nous connaissons tous ce malaise vague qui précède parfois la maladie, cet état d'irritabilité sourde qui annonce les explosions de la colère, ces craintes inexplicables dont, à certaines heures, nous sommes envahis, comme si un malheur imprévu nous menaçait, toutes ces manières d'être pénibles, mais extrêmement confuses qui accompagnent d'ordinaire l'énervement de la fatigue ; or, comment, sans paradoxe, attribuer de tels faits à l'intelligence comme à leur cause ? Bien plus, suivant la remarque de M. Fouillée, faire tout dériver de la représentation, c'est se contredire soi-même, car « toute représentation implique nécessairement, comme l'indique l'étymologie du mot, une modification quelconque, capable de représenter, c'est-à-dire d'être rapportée à une cause, à un objet... Avant que le miroir vivant conçoive l'objet qu'il reflète, il faut bien qu'il sente tout d'abord le reflet sous la forme d'une modification[1]. » Par conséquent, c'est la modification quelle qu'elle soit qui est primitive, non la représentation[2].

Tous les efforts restent donc stériles qui cherchent à ramener, en dernière analyse, à l'intelligence seule ou à la sensibilité seule, les multiples manifestations de notre vie mentale.

II

Kant, reprenant une thèse défendue déjà par Epicure, chez les anciens, puis, chez les modernes, par Gassendi, Cardan, Verri, rattache le plaisir et la douleur non plus à l'intelligence, mais à l'activité. Seulement, pour lui, le phénomène primitif est la douleur ; le plaisir n'est qu'un phénomène dérivé et tout négatif. Vivre, nous dit Kant, c'est essentiellement lutter et faire effort, et l'effort est toujours, à quelque degré, une souffrance. « La jouissance n'est que la disparition d'une douleur. Se sentir vivre, jouir, c'est se sentir continuellement forcé de sortir de l'état présent, qui doit être, par conséquent, une douleur toujours renaissante. » Puis, poussant jusqu'au bout les conséquences logiques de ces principes, il en arrive à soutenir qu'un plaisir ne peut succéder immédiatement à un autre plaisir, sans qu'une douleur ne s'interpose entre eux. — C'est la même doctrine qu'ont rajeunie, en l'accommodant à leurs systèmes, les pessimistes de nos jours, et notamment Schopenhauer, Hartmann et Bahnsen, dont toute l'argumentation peut se résumer ainsi : « Etre, c'est agir ; — agir, c'est faire effort ; — faire effort, c'est souffrir ; — donc être, c'est

---

(1) Fouillée : *Évolutionnisme des idées-forces*, liv. III, ch. 1, p. 86 et suiv. Félix Alcan, éd.

(2) Cf. A. Godfernaux. *Le sentiment et la pensée*. Félix Alcan, éd.

souffrir. » — Le seul rôle de la jouissance est alors de raviver le désir et, partant, la douleur, de nous faire aimer la vie pour que nous souffrions davantage; de telle sorte que « vouloir sans motif, toujours peiner, toujours lutter, puis mourir, et ainsi de suite pendant des siècles, jusqu'à ce que la croûte de notre planète s'écaille en petits morceaux », voilà la destinée humaine !

On voit aisément à quelles conséquences aboutit une telle explication des phénomènes affectifs. Si la douleur est l'accompagnement inévitable de l'activité, il faut ou se résoudre à ne plus agir et à ne plus vivre, ou s'appliquer uniquement à éviter la souffrance : en un mot, il faut choisir entre le nirvâna des boudhistes et l'utilitarisme prudent des parfaits égoïstes. Une génération à laquelle on enseignerait de tels principes, et à laquelle on parviendrait à les faire accepter pour vrais, contribuerait peu, sans doute, à la gloire d'un pays et à sa prospérité.

Mais que vaut en elle-même l'explication qui précède ? Il suffit, pour répondre, de consulter l'expérience. Et d'abord, prétendre d'une manière générale que tout effort, comme tout désir, est douloureux, n'est-ce pas s'insurger contre l'évidence même des faits ? L'effort ne devient vraiment une peine que lorsqu'il est excessif, et le désir, tant qu'il est modéré et conserve l'espoir d'une satisfaction prochaine, est bien plutôt pour nous une jouissance anticipée.

Il est vrai, comme on l'affirme, que le plaisir souvent naît de la cessation d'une douleur ; que, dans bien des cas, il n'est qu'un mouvement fugitif entre deux états désagréables, — un rayon de soleil entre deux nuages chargés de pluie, — mais n'est-il pas aussi, souvent, durable et continu ? Ne nous arrive-t-il pas chaque jour de passer sans aucun ennui d'une jouissance à une autre, sans qu'entre elles la douleur ait pu trouver passage? De quelle peine, encore, est la négation, le plaisir que l'on éprouve, quand, pour la première fois, on entend, par exemple, le chef-d'œuvre musical d'un de nos plus grands maîtres? Enfin, s'il faut admettre que beaucoup de nos joies proviennent de la cessation d'une douleur, nous devons admettre avec autant de raison que beaucoup de nos douleurs viennent de la cessation d'un plaisir. Ne voyons-nous pas l'enfant pleurer quand on l'arrache à ses jouets, et l'homme fait s'irriter, mécontent, lorsqu'au milieu de ses distractions on le rappelle au devoir? Ne disons donc pas qu'agir, désirer et vouloir, c'est nécessairement souffrir. Si la douleur était le fond même de notre nature et l'accompagnement inévitable de tout déploiement d'énergie, la vie, depuis longtemps, aurait disparu du monde.

III

Ce qu'il faut retenir des théories qui précèdent, c'est que le plaisir et la douleur sont intimement liés à l'exercice de l'activité. Un être complètement inerte, c'est-à-dire dépourvu de toute inclination ou ressort, de tout pouvoir d'agir ou de réagir, ressemblerait à la cire qui reçoit indifféremment toutes les formes qu'on lui impose. Pétrissez-la en tous sens, rien en elle n'étant préformé, rien ne saurait l'émouvoir, lui être agréable ou pénible. C'est donc bien dans l'action que consistent le bien-être et le bonheur; toutefois, comme le remarque Aristote, « le plaisir n'est pas l'acte même, ni une qualité intrinsèque de l'acte, c'est un surcroît qui n'y manque jamais, c'est une perfection dernière qui s'y ajoute, comme à la jeunesse sa fleur ».

Dans quelles circonstances maintenant se produisent et le plaisir et la douleur? « Il y a plaisir, nous dit M. Bouillier, toutes les fois que l'activité de l'âme ou bien celle d'un être vivant quelconque s'exerce dans les voies de sa nature, c'est-à-dire dans le sens de la conservation ou du développement de son être. Il y a douleur, au contraire, toutes les fois que cette activité est détournée de son but et empêchée par quelque obstacle du dedans ou du dehors[1]. » Or, un acte est d'autant plus parfait qu'il correspond mieux aux inclinations et aux tendances de l'être, qu'il est mieux approprié aux fins naturelles de ses énergies diverses.

Tout organe, en effet, toute faculté a sa fin qui lui est propre : la fin du cœur est d'aimer, comme celle de l'intelligence est de connaître, comme celle de l'œil est de voir et celle de l'oreille d'entendre. En outre, toutes ces fins particulières sont subordonnées à une fin supérieure qui est l'épanouissement de plus en plus complet de l'être organisé, l'accord de plus en plus harmonieux de toutes les forces qui le constituent et qui collaborent ainsi à une même œuvre : une vie aussi expansive et aussi extensive que possible sous tous les rapports. On ne saurait donc apprécier la perfection d'un acte d'après sa seule intensité[2] ; elle dépend surtout de sa *qualité*, c'est-à-dire de son appropriation aux fins que nous avons signalées. Ainsi s'explique que certains actes soient toujours pénibles, car ils impliquent une altération des organes et un exercice anormal de notre activité ; que certains autres soient accompagnés de plaisir, tout en nous étant nuisibles, car si les causes qui les provoquent favorisent certaines fonctions, elles en entravent certaines autres plus importantes encore ; que nos jouissances mentales ne soient point enfermées dans les mêmes limites que nos jouissances physiques, la fin de notre activité mentale et son bien propre, à savoir : le Bien, le Beau et le Vrai, étant à l'infini.

(1) Bouillier. *Le plaisir et la douleur*, p. 152.
(2) Suivant Hamilton, « l'énergie du pouvoir serait parfaite quand elle est équivalente, sans la dépasser, à toute sa puissance d'agir. Elle serait imparfaite quand le pouvoir ne peut dépenser la somme de force qu'il tend à déployer ; ou bien encore lorsqu'il excède ses ressources naturelles. — Dans ces deux cas il ne faudrait tenir compte que de l'*intensité* de l'action et de sa durée. »

IV

L'expérience, en nous fournissant la confirmation de cette théorie, nous permet de dégager les lois de l'apparition du plaisir et de la douleur, lois qui peuvent être considérées comme les lois mêmes de la sensibilité.

La première, c'est que l'*inertie* des organes entraîne nécessairement l'effacement des émotions ; où l'activité et la spontanéité font défaut, ne sauraient se montrer ni le plaisir ni la douleur. L'inertie, au point de vue intellectuel ou moral, entraîne les mêmes conséquences ; les poètes, il est vrai, ont chanté les douceurs du *farniente*, le charme de ne rien faire ; mais il est évident qu'ici ne rien faire signifie ne rien faire de désagréable et n'obéir qu'à son caprice et à son imagination. Pris au sens rigoureux du mot, ce serait un supplice. C'est là ce que nous fait judicieusement remarquer Pascal : « Lorsque quelqu'un se plaint de travailler, nous dit-il, mettez-le à ne rien faire. »

La seconde, c'est que l'exercice de l'activité doit être *mesuré*; en effet, une action trop prolongée ou une excitation trop vive, en exigeant de nos organes une dépense excessive d'énergie, en amènent l'usure et l'affaiblissement. Loin d'y avoir accroissement de force, il y a déperdition et, partant, souffrance. C'est pourquoi les excitants, tels que l'alcool et le tabac, ne procurent que des satisfactions passagères ; afin d'en ressentir les effets, nous sommes obligés d'en abuser de plus en plus ; aussi nuisent-ils à la santé et épuisent-ils l'organisme.

La troisième loi, qui n'est qu'un corollaire de la précédente, est celle du *changement et de la variété dans l'action*. Il ne faut pas oublier que la vie est un renouvellement perpétuel, et qu'elle consiste dans une suite ininterrompue de pertes et de gains : or, qu'arrive-t-il lorsqu'une action se prolonge outre mesure ? C'est qu'elle surmène les organes qu'elle met en jeu. Grâce au changement, au contraire, certains nerfs se reposent et se reconstituent, pendant que les autres agissent, et nos pertes sont compensées.

Les mêmes raisons nous font comprendre qu'une attention trop prolongée, ou une méditation trop soutenue, puissent occasionner parfois les plus vives souffrances. Il n'est pas d'occupation intellectuelle, quelque agréable qu'elle soit, qui ne devienne douloureuse à la longue. Ici encore le changement est un bien. En outre, comme le remarque M. Fouillée, si les objets auxquels notre esprit s'applique sont confus et compliqués à l'excès, petits ou grands, outre mesure, nous ne tardons pas à ressentir un malaise ; notre pensée est arrêtée et notre énergie ne se sent plus libre.

Toutes ces lois, Aristote les avait déjà pressenties : « Pourquoi, demande-t-il, le plaisir ne dure-t-il pas continuellement ? C'est que toutes les facultés humaines sont incapables d'agir continuellement... C'est pour la même raison que certaines choses nous plaisent dans leur nouveauté et que ce plaisir diminue ensuite, car, dans le premier moment, l'intelligence est vivement remuée, toutes ses forces sont tendues vers l'objet, comme le regard quand il se fixe ; mais ensuite cet acte n'est plus aussi vif, il se relâche, et voilà pourquoi le plaisir s'émousse. »

Enfin, une nouvelle condition du plaisir, c'est l'*accord de notre être, avec le milieu où nous vivons*. Étant donnée l'influence continuelle qu'exercent sur nous les forces qui nous entourent, il est évident que si l'accord existe, notre activité se trouvera soutenue et fortifiée et que son exercice ne saurait être qu'agréable ; s'il y a désaccord, c'est la lutte de tous les instants et, par suite, la fatigue, l'épuisement et la douleur. On sait combien il est pénible de vivre sous un climat qui n'est pas le nôtre et auquel nous ne sommes pas habitués ;

combien il est plus pénible encore de vivre au milieu de personnes qui n'ont ni les mêmes manières de penser que nous, ni les mêmes manières de sentir.

Pour bien se rendre compte de la portée de ces lois et de leur étroite dépendance, il suffit de les rattacher à la grande loi du rythme vital, dont la science nous montre chaque jour plus clairement les vrais caractères. La vie ne résulte pas, comme on le croit d'ordinaire, d'une activité toujours tendue et qui se développerait, dans le temps et l'espace, d'une manière uniforme et constante ; elle résulte, au contraire, d'une succession ininterrompue de mouvements alternatifs de concentration et d'expansion, de telle sorte que chaque déploiement d'énergie est suivi d'un repos relatif, chaque période d'effort d'une période de détente, chaque pas en avant d'une halte plus ou moins longue. Dans un cas, notre activité se dépense, dans l'autre, elle se reconstitue et se fortifie pour se dépenser encore dans des actes nouveaux. C'est là ce qui nous est rendu sensible par les battements du pouls et du cœur, par les phénomènes de la nutrition, par la succession du sommeil et de la veille... Or, qu'arrive-t-il, lorsque ce rythme est troublé soit par le manque d'exercice, soit par un exercice trop intense ou trop prolongé ? Notre énergie s'atrophie ou s'épuise, et aussitôt apparaissent la souffrance et la maladie. Il en est de l'organisme et de l'esprit lui-même comme d'une machine très complexe et très délicate, qui, suivant les cas, s'use ou se rouille lorsqu'elle est mal utilisée. De là, comme nous l'avons montré, la nécessité d'éviter les travaux excessifs, de varier les exercices auxquels nous nous livrons, de nous mettre le plus tôt possible en harmonie avec les milieux dans lesquels nous vivons, afin que la lutte pour la vie ne nous soit pas trop pénible.

V

Les analyses qui précèdent nous aident à comprendre l'étroite union dans la vie du plaisir et de la douleur. Ils se suivent de si près et se mélangent de telle sorte qu'il semble, comme le disait Socrate, que les dieux, n'ayant pu les réconcilier autrefois, les aient rivés à une même chaîne, afin qu'ils ne se séparent jamais. Comment, d'ailleurs, pourraient-ils être isolés, puisque l'un et l'autre dérivent de l'activité, et que celle-ci n'est jamais ni complètement libre, ni complètement entravée ? Ce qui est vrai, c'est qu'à certaines heures la conscience paraît envahie uniquement par le plaisir ou uniquement par la douleur; mais, en réalité, ils sont toujours tous les deux présents : aussi ne doit-il exister ni jouissances, ni souffrances absolument pures. Cette explication est, en outre, confirmée par les théories physiologiques de nos jours. Si notre organisme, comme tout nous porte à le croire, n'est, en définitive, qu'une société de cellules vivantes, ayant chacune leur activité et leur sensibilité propres, « il est probable que des rudiments d'émotions agréables ou désagréables émergent de toutes les parties et viennent retentir dans la conscience générale, de manière à lui communiquer le timbre du plaisir ou celui de la peine, selon les éléments auxquels reste la victoire. Nos peines et nos plaisirs seraient ainsi le résumé de peines ou plaisirs élémentaires de myriades de cellules : un peuple souffre ou jouit en nous, notre bonheur individuel est, en même temps, un bonheur collectif et social [1]. » On conçoit dès lors notre impuissance à rendre compte des émotions complexes et soudaines qui parfois nous envahissent; on conçoit aussi combien sont étroits les liens qui unissent le corps et l'esprit, et combien serait imprudent l'éducateur qui accorderait à ce dernier seul tous ses soins.

---

(1) Fouillée. *La psychologie des idées-forces*, t. I, p. 50. Félix Alcan, éd.

CHAPITRE II

LES SENSATIONS ET LES SENTIMENTS

Classification des plaisirs et des douleurs. — I. Conditions physiologiques de la sensation. Son évolution chez l'enfant et chez l'homme. — II. Classification des sensations. Leur solidarité. — III. Distinction de la sensation et du sentiment. Leurs rapports. — IV. Evolution des sentiments. Leur classification. — V. Rôle du sentiment.

L'étroite solidarité qui existe entre nos plaisirs et nos douleurs, et les formes variées qu'incessamment ils revêtent, rendent très difficiles les classifications rigoureuses que l'on voudrait en faire. Si cependant nous les considérons, non point en eux-mêmes, mais dans les causes qui les provoquent, nous voyons qu'il est possible de les diviser tous en deux groupes bien distincts, au moins en apparence : le groupe des plaisirs et des douleurs physiques qui, *généralement*, proviennent d'une modification des organes, et auxquelles on donne d'ordinaire le nom de *sensations*[1], et le groupe des émotions intellectuelles et morales qui ont leur source dans une idée et qu'on appelle des *sentiments*.

I

Le Plaisir et la Douleur physiques sont les premiers phénomènes qui, sans doute, accompagnent chez les êtres vivants

---

(1) Dans la langue philosophique actuelle le terme de *sensation* désigne tantôt la représentation que nous avons des objets extérieurs, tantôt cette représentation, et, en même temps, l'élément affectif qui l'accompagne ;

l'éveil de la conscience. Toutefois, pour qu'ils se produisent en nous et soient perçus, il faut qu'une modification survienne dans l'organisme dont ils sont tributaires et que, par les nerfs afférents, cette modification soit transmise jusqu'aux centres nerveux. Si cette modification est trop légère ou si les nerfs sont paralysés, nulle sensation ne se montre. Il en est de l'impression subie, comme de la missive qu'un télégraphiste expédie, quand le courant est faible ou quand le fil est rompu, elle chemine un instant et bientôt s'évanouit.

De la nature des impressions, et plus encore de la nature des nerfs et des centres sensitifs, dépendent à la fois la nature propre des sensations, leur durée, leur intensité et leur variété. Les modifications survenues correspondent-elles à un développement normal et régulier de notre énergie, et elles engendrent, comme nous l'avons montré, une sensation agréable, un *plaisir;* notre organisme, au contraire, se trouve-t-il surmené, ou brusquement arrêté dans le travail qu'il exécute, ou trop longtemps maintenu dans un état de repos qui lui nuit, et aussitôt apparaît une sensation douloureuse. De plus, comme il n'existe point deux organismes qui se ressemblent, on conçoit que les mêmes causes extérieures ne produisent jamais chez des individus différents des émotions identiques.

L'enfant dont le système nerveux est si mobile et si fragile qu'il vibre à toutes les impressions du dehors, l'enfant doit faire, comme on l'a dit, « de frissons en frissons la découverte de la vie » et jouir et souffrir de plaisirs et de douleurs innombrables. Qui pourrait dire, en effet, au milieu de cet inconnu qui l'enveloppe, quelles sensations arrivent de ses sens inexpérimentés et sollicités sans cesse par des forces

tantôt cet élément affectif seulement : or, c'est dans cette dernière acception, la plus conforme à la tradition française, que nous l'employons ici. Quant au terme d'*émotion*, nous le prenons dans un sens tout à fait général pour désigner tous nos plaisirs et toutes nos douleurs quels qu'ils soient.

toujours nouvelles? Il est probable cependant que ses plaisirs et ses douleurs physiques atteignent rarement à la violence de ceux de l'homme fait, et rarement aussi à leur durée; c'est que la souplesse même de son organisme et son irritabilité, non moins que l'impuissance de son esprit à réfléchir, rendent nécessairement éphémères la plupart de ses plaisirs et de ses douleurs.

Chez l'homme la capacité de jouir et de souffrir, — surtout celle de souffrir, — grandit à mesure que le système nerveux s'affine, et le système nerveux s'affine à mesure que l'on s'applique davantage à varier et à multiplier ses plaisirs, à écarter de plus en plus les causes de la douleur. Ainsi s'explique, en grande partie du moins, l'inégalité qui existe entre la sensibilité des hommes de notre époque et la sensibilité des hommes des siècles passés.

Les modifications subies par la race et transmises de génération en génération sont telles que le champ de nos douleurs, bien plus que celui de nos plaisirs, semble s'être étendu dans des proportions incroyables. « Il est des gens, écrit un savant contemporain, et le nombre s'en accroît tous les jours, pour qui toutes les impressions sont pénibles, chez lesquels l'exercice des fonctions les plus simples devient douloureux. Leurs souffrances sont même multipliées à ce point que notre langue, malgré sa richesse, n'a plus assez de superlatifs pour répondre à ces exagérations. En outre, ils sont si nerveux et leur constitution est si délicate, qu'il leur est impossible d'endurer la moindre douleur. » Tout nous prouve, d'ailleurs, que nous ne sommes pas de la même trempe que nos ancêtres. « Les plus solides d'entre nous se sentent passer un frisson dans le dos, lorsqu'ils visitent les musées rétrospectifs dans lesquels les instruments de torture du moyen âge étalent leur hideux appareil. Si la question juridique n'était pas abolie, depuis bientôt un siècle, il faudrait y renoncer parce qu'elle serait inapplicable... Les mêmes réflexions se présentent à l'esprit quand on visite les cachots de la même époque. On se demande comment des êtres humains ont pu vivre, pendant de longues années, dans de semblables conditions. Les hommes de notre temps n'y dureraient pas trois mois [1]. » Et, parmi les causes de cet affaiblissement et de cette irritabilité, le même auteur signale, avec juste raison, et en première ligne, la manière beaucoup trop tendre et beaucoup trop douillette dont nos enfants sont élevés.

II

Il est à remarquer, maintenant, que, suivant les organes qui les occasionnent, nos sensations présentent des caractères distinctifs, qui rendent ordinairement, entre elles, toute confusion impossible. C'est pourquoi nous pouvons opposer les uns aux autres les plaisirs et les douleurs de la vue, ceux de l'ouïe, du goût, de l'odorat, du toucher et du sens vital, et cette opposition est facilitée par l'élément représentatif plus ou moins précis qui les accompagne. Cet élément est comme un signe local qui permet non seulement de les situer, mais encore de les nuancer.

Chaque sens est donc, comme on le voit, affecté à un ordre de sensations bien déterminées; mais comme tous les sens appartiennent au même être vivant, comme les changements survenus dans l'un retentissent toujours à quelque degré sur les autres, il peut arriver que le simple ébranlement d'un nerf, surtout si cet ébranlement est un peu fort, suffise à provoquer dans le nerf d'un organe même éloigné un ébranlement correspondant; d'où, deux sensations au lieu d'une. C'est ainsi qu'à la sensation de son s'ajoutent, par exemple, dans certains cas particuliers, celles de lumière et de couleur, bien que nous nous trouvions, peut-être, dans une obscurité

(1) Docteur Jules Rochard. *La douleur.*

complète. Le phénomène qui se produit alors peut se comparer à celui qu'on observe dans une table d'harmonie; il suffit de frapper l'une de ses cordes pour qu'aussitôt plusieurs autres vibrent à l'unisson. Ce sont là des faits qui avaient frappé nos poètes bien avant que les savants en aient cherché l'explication. Ne se trouvent-ils pas, par exemple, admirablement décrits dans ces beaux vers de Baudelaire :

> La nature est un temple où de vivants piliers
> Laissent parfois sortir de confuses paroles.
> L'homme y passe à travers des forêts de symboles
> Qui l'observent avec des regards familiers.
>
> Comme de longs échos qui de loin se confondent
> Dans une ténébreuse et profonde unité,
> Vaste comme la nuit et comme la clarté,
> *Les parfums, les couleurs et les sons se répondent.*

Ne se trouvent-ils pas mieux décrits encore, s'il est possible, dans cette page où Maupassant nous raconte ce qu'il éprouve en pleine mer, lorsque, à travers l'espace, arrive jusqu'à lui, apportée par le vent, l'harmonie vagabonde de la musique de San Rémo, mêlée à l'âpre senteur marine et aux aromates sauvages des plantes de la montagne. « Je demeurais, écrit-il, haletant, si grisé de sensations que le trouble de cette ivresse fit délirer mes sens. Je ne savais plus vraiment si je respirais de la musique ou si j'entendais des parfums ou si je dormais dans les étoiles [1]. » — N'est-ce pas, enfin, sur la constatation de ces faits que paraît reposer toute la nouvelle esthétique de notre école symboliste? Que l'on se rappelle l'étrange sonnet d'Arthur Raimbaud :

> ... **A** noir, **E** blanc, **U** vert, **O** bleu, voyelles,
> Je dirai quelque jour vos naissances latentes.
> **A** noir, corset velu de mouches éclatantes, etc.

Il est possible que l'auteur de ces vers ait simplement

---

[1] Guy de Maupassant, *La vie errante.*

voulu mystifier doucement ses lecteurs trop candides; ils n'en expriment pas moins une vérité sérieuse et dont la preuve n'est plus à faire.

III

De toutes ces sensations se distinguent nos sentiments. Le plaisir et la douleur physiques ont, en effet, comme nous l'avons prouvé, leur cause immédiate dans une modification des organes, le sentiment, lui, a sa cause dans une émotion ou une idée. Pour qu'un tableau évoque en moi un plaisir esthétique et, l'action d'un de mes semblables, une émotion morale, il ne suffit pas que mes sens m'en révèlent l'existence, il faut que mon esprit les comprenne. — Par la sensation, nous tenons donc de très près à la vie physique; aussi est-ce dans le corps qu'avec une précision plus ou moins grande, nous la localisons; par le sentiment, au contraire, nous semblons nous en détacher, nous élever au-dessus de lui et le dominer. C'est là ce qui nous rend compte de l'opposition parfois très grande que nous constatons entre ces deux espèces d'émotions : le plaisir, par exemple, que certaines personnes paraissent prendre à s'imposer des souffrances, et ce que les poètes ont appelé « les voluptés de la douleur ».

En second lieu, par cela même qu'elle est liée à l'organisme, la sensation fatalement s'émousse par l'habitude, tandis que le sentiment peut devenir de plus en plus délicat et s'affiner de plus en plus. L'habitude des parfums nous rend peu à peu moins sensibles à leur action; l'habitude du beau et du bien développe indéfiniment en nous l'amour qu'ils nous inspirent.

Epicure remarquait encore que, s'il est des limites à la vivacité de la sensation, il ne semble pas qu'il en existe à celle du sentiment. Un plaisir ou une douleur physiques trop intenses ou trop prolongés occasionnent la mort; les sentiments n'ont d'ordinaire ces effets que s'ils nous envahissent à l'improviste et rompent trop brusquement le cours de nos pensées. Qui pourrait dire à quel terme nécessairement s'arrête l'amour de la beauté chez l'artiste, l'amour de Dieu chez le mystique ?

Enfin le sentiment a généralement une persistance que ne saurait avoir la sensation même très vive. C'est qu'il nous est presque toujours possible de le faire revivre par la mémoire et l'imagination, en évoquant les causes qui primitivement l'ont causé et qui subsistent en nous sous la forme du souvenir. Je puis, en me les rappelant, m'enchanter des beaux vers ou des chants agréables qui déjà m'ont ému, comme je puis prolonger et accroître ma tristesse en songeant volontairement à ceux que j'ai perdus. Je ne puis de la même manière susciter mes sensations évanouies, car leur cause, le plus souvent, m'est tout à fait étrangère et que je ne puis y suppléer. S'il en était autrement, quelles belles jouissances imaginaires pourrait se procurer encore le prodigue ruiné, en songeant aux festins qu'autrefois il a pu faire ?

Gardons-nous de croire, cependant, qu'une barrière infranchissable sépare les deux sortes d'émotions que nous venons d'opposer. Remarquons, d'abord, que certaines sensations peuvent avoir leur cause première non plus dans une modification des organes, mais dans un état mental. De nombreux exemples, nous prouvent qu'il suffit parfois de songer fortement à une douleur physique, pour la faire naître et que, dans l'état hypnotique, de simples suggestions permettent de susciter des hallucinations de tous les sens [1]. Ne savons-nous pas encore, pour l'avoir éprouvé bien des fois, l'action qu'exercent sur notre humeur la santé et la maladie, et l'action qu'exercent sur l'organisme la joie et le contentement, la déception et la tristesse ? On a même constaté que les effets

---

(1) Cf. P. Janet, *l'Automatisme psychologique*, et P. Thomas, *la Suggestion*, ch. v, Félix Alcan, éd.

physiologiques des sensations et des sentiments agréables comme ceux des sensations et des sentiments pénibles ne différaient que de degrés [1]; c'est pourquoi nous pouvons soutenir que « dans tout plaisir et toute douleur physique se retrouve un élément moral, comme dans toute émotion morale se retrouve un élément physique ». L'unité de la vie mentale n'est donc jamais brisée, quelque différentes que soient, d'ailleurs, les manifestations multiples sous lesquelles elle nous apparaît.

IV

Il resterait à rechercher comment évolue la sensibilité morale et quelles formes elle revêt, mais la tâche est ici beaucoup plus difficile que lorsqu'il s'agissait de la sensibilité physique. Nul doute que l'enfant, même très jeune, ne connaisse la joie et la tristesse, mais il est probable que ces sentiments n'apparaissent que longtemps après la sensation et qu'ils ne soient beaucoup moins variés qu'elle. Par cela même qu'il a sa source dans l'idée, le sentiment ne se précise, se nuance, et s'enrichit qu'au fur et à mesure que l'intelligence s'éveille, s'étend et se fortifie.

C'est sous l'action de la pensée que germent et que cèpent les sentiments les plus vifs, les plus délicats et les plus durables. Il est donc naturel que, dans l'enfance, nous soient inconnues plusieurs des satisfactions que procure la pratique scrupuleuse des vertus, et les émotions, variées à l'infini, que peut occasionner la vue de la beauté; il est donc naturel aussi que pour les esprits faibles et bornés, la gamme des douleurs, comme la gamme des plaisirs intellectuels et moraux, soient extrêmement limitées. Ces plaisirs et ces douleurs

---

[1] Voyez Ribot: *Psychologie des sentiments*, ch. II et III, et Beaunis: *les Sensations internes*, Félix Alcan, éd.

n'en présentent pas moins, dans quelques cas particuliers, une intensité prodigieuse et nous craignons qu'on ne le remarque pas assez.

Que de fois nous froissons, par notre attitude ou par notre langage, ceux qui vivent auprès de nous, nos inférieurs notamment, en nous disant, pour excuse, qu'ils ne nous ont point compris, ou que, quelques heures passées, ils n'y penseront plus. L'excuse est sans valeur et l'imprudence est fâcheuse car souvent ils nous comprennent; souvent aussi ils pensent longtemps, longtemps encore à la blessure que nous leur avons faite et dont ils auront peut-être beaucoup de mal à guérir.

Nous agissons parfois d'une manière plus inconsidérée encore avec nos enfants : il en est, sans doute, de beaucoup de leurs joies et de leurs chagrins comme de l'ombre et de la lumière qui, dans un instant, se succèdent et s'effacent ; mais, parmi ces émotions, il peut s'en trouver de plus profondes qui laissent une trace ineffaçable, et parfois modifient leur caractère pour toujours. Il est rare que celui qui a grandi soit sans affection près de parents et de maîtres redoutés, soit près de parents constamment sombres et inquiets, ne garde pas au fond de l'âme une sourde rancune contre les hommes et les choses, une tendance à gâter ses plaisirs les plus sûrs par la préoccupation vague des maux à venir. Que chacun de nous évoque ses souvenirs et il s'apercevra bien vite que la plupart de ses manières habituelles de voir, de juger et de sentir ont leur source dans des émotions qu'il a précédemment éprouvées. Une injustice dont nous avons été victime dans notre enfance suffit à éveiller en nous un sentiment de défiance ou de colère qui peut-être ne s'effacera jamais[1]. Une marque de confiance que l'on nous a donnée,

---

(1) La raillerie produit souvent un effet aussi désastreux que l'injustice. « Oh ! le grand singe, écrit P. Loti, parlant d'un de ses anciens maîtres, je le haïssais, quand du haut de sa chaire il laissait tomber cette phrase : « Vous me ferez cent lignes, vous le petit sucré là-bas ! » Je lui aurais

dans quelque circonstance un peu grave reste fixée dans notre souvenir et nous réconforte encore de longues années plus tard. Ce sont là des faits bien connus sans doute, mais auxquels nous ne songerons jamais trop ; n'oublions pas que le cœur de l'enfant est autrement sensible que le nôtre, qu'un rien le froisse et le meurtrit. Ne jugeons pas les enfants d'après nous-mêmes. Certaines paroles et certains actes qui nous paraissent sans portée produisent, au contraire, dans leurs âmes une commotion profonde. Nous ne nous rendons pas assez compte des poignantes douleurs que nous leur causons et des conséquences qu'elles peuvent avoir[1]. « Tout notre avenir, remarque judicieusement Ed. Rod, dépend de notre enfance ; la vie conserve toujours pour nous la couleur qu'elle a prise pendant ces premières années, et les enfants qui ont souffert avant l'âge de la douleur, à quelque classe qu'ils appartiennent, seront à jamais « des malheureux ». Maîtres et parents ont le tort grave de ne pas tenir assez compte de la sensibilité maladive de certains enfants. On les irrite, on les exaspère par l'indifférence, la brutalité, ou la raillerie,

sauté à la figure comme un chat outragé ! Il a le premier éveillé en moi ces violences soudaines qui devaient faire partie de mon caractère d'homme et que rien ne laissait prévoir chez l'enfant patient et doux que j'étais. » *Le Roman d'un enfant*, p. 216.

(1) Taine nous explique ainsi l'insensibilité apparente de Mérimée : « A dix ou onze ans, je crois, ayant commis quelque faute, il fut grondé très sévèrement et renvoyé du salon ; pleurant, bouleversé, il venait de fermer la porte lorsqu'il entendit rire ; quelqu'un disait : « Ce pauvre enfant ! il nous croit bien en colère. » L'idée d'être dupe le révolta ; il se jura de réprimer une sensibilité si humiliante et se tint parole. Μέμνησο ἀπιστεῖν : Souviens-toi d'être en défiance, telle fut sa devise. Être en garde contre l'expansion, l'entraînement et l'enthousiasme, ne jamais se livrer tout entier, réserver toujours une part de soi-même, n'être dupe ni d'autrui ni de soi, agir et écrire comme en la présence perpétuelle d'un spectateur indifférent et railleur, être soi-même ce spectateur, voilà le trait de plus en plus fort qui s'est gravé dans son caractère, pour laisser une empreinte dans toutes les parties de sa vie, de son œuvre et de son talent. » Taine. *Lettres à une inconnue*, Préface, p. III. — On lit dans le *Vase étrusque* cette description de Saint-Clair : « Il était né avec un cœur tendre et aimant, mais à un âge où l'on prend trop facilement des impressions qui durent toute la vie, sa sensibilité trop expansive lui avait attiré les railleries de ses camarades... Dès lors il se fit une étude de cacher tous les dehors de ce qu'il regardait comme une faiblesse déshonorante... »

plus malfaisante peut-être. Un enfant pleure : « Il pleure « pour rien. Les chagrins ? Ah ! bien oui, parlons-en ! Tu ver- « ras plus tard, mon bonhomme, quand tu seras grand ! » Promesse aimable et certaine ; mais la gravité des maux futurs n'enlève rien à celle du mal présent ; une punition injuste ou trop lourde, une parole dure, une raillerie imméritée, êtes-vous bien sûrs qu'à dix ans ce soient des bagatelles ? Pour ma part, je crois que ce sont des choses sérieuses et tous ceux qui connaissent les enfants seront sur ce point du même avis. »

V

Quant aux formes que revêt le sentiment, elles sont plus nombreuses encore que celles de la sensation ; aussi toutes les classifications qu'on en a données, sont-elles plus ou moins imparfaites ; peut-être cependant pourrait-on essayer de les grouper d'après leurs objets mêmes : l'objet est-il présent ? Nous aurions la joie ou la tristesse. N'en avons-nous que le souvenir ? Nous aurions la jouissance, le regret, la sécurité, le désespoir..... Est-il simplement conçu par l'imagination ? Nous aurions alors l'espérance, la crainte et toutes les émotions qui s'y rattachent.

Mais combien cette liste est incomplète ! C'est qu'en effet la gamme des sentiments est presque infinie, les nuances qui les séparent d'une délicatesse extrême, leur pénétration mutuelle presque continue !

C'est cette complexité même du sentiment qui nous aide à comprendre son importance considérable et la variété parfois déconcertante de ses effets. N'est-ce pas de lui, plus encore que de nos autres facultés, que viennent les différences qui nous séparent les uns des autres ? Nous ne recevons pas, sans doute, des choses qui nous entourent des sensations absolument semblables, mais combien sont plus dissemblables encore les sentiments qu'elles nous inspirent! C'est grâce à lui que la nature devient animée à nos yeux et que nous pouvons, en quelque sorte, communier avec elle, comme nous communions avec tous les êtres vivants qui nous entourent ; est-il absent et, aussitôt, tout devient morne, froid et nous laisse indifférent. C'est donc par le sentiment surtout que nous vivons d'une vie vraiment expansive et généreuse; par la sensation pure l'homme ne connaît qu'une vie étroite et égoïste. — Le caractère expansif du sentiment en explique également la puissance; or, cette puissance se fait sentir sur toutes les facultés de l'âme. Elle se fait sentir sur l'intelligence dont elle procède en la rendant plus apte à *connaître*, à se *souvenir*, à *imaginer* et à *juger*.

En présence du spectacle le plus beau, si je ne suis pas ému, je vois sans regarder, j'entends sans écouter, tout reste vague et confus; que l'émotion s'éveille et tout, aussitôt, se transforme : les moindres détails frappent mes regards, les moindres nuances me sont révélées, les moindres bruits sont perçus. D'où vient que, si souvent, la mémoire de nos bébés nous paraît si rebelle? De ce que nous n'avons pas su les intéresser. Voyez avec quelle fidélité ils retiennent les contes que mère-grand leur dit, le soir, au foyer : c'est que les bébés sont comme les hommes, c'est avec le cœur qu'ils se souviennent. C'est avec le cœur, également, toujours comme les hommes, qu'ils apprécient et qu'ils jugent. J.-J. Rousseau l'avait bien compris : « La raison, écrit-il, prend à la longue le pli que le cœur lui donne. » Il soutient même, comme La Rochefoucauld, que c'est du cœur que viennent nos inspirations les plus belles. « Si nous sommes petits par nos lumières, nous sommes grands par nos sentiments. » Il sait, en effet, mieux encore que l'esprit, peut-être, dans certains cas, discerner le bien et suggérer les moyens de le réaliser; mais, en revanche, nul ne sait mieux que lui duper l'intelligence, lui imposer ses préférences, et les lui faire sanctionner, l'aveugler en un mot, sans qu'elle s'en aperçoive.

Son influence sur la volonté est tout aussi manifeste, et dans la lutte qui se livre entre eux, qui pourrait nier que la victoire d'ordinaire ne lui reste ? C'est que son action est merveilleusement insinuante, persévérante et tenace. Ecoutons-le plutôt, lorsqu'il veut, par exemple, que nous venions en aide au malheureux qui souffre : « Vois, nous dit-il, combien il est à plaindre : tends-lui la main ! — Et si par mon aumône j'encourage la paresse ? — Et si par ton refus il souffre de la faim ? — Mes revenus sont légers. — Fais une aumône légère. — Il faudra me priver d'un plaisir espéré. — Quel plaisir peut égaler celui de la charité ?... » Et le dialogue se continue ainsi, et, peu à peu, la résistance de la volonté s'émousse et le cœur a gain de cause. Mais il ne parle pas toujours un langage aussi élevé : il plaide fréquemment la cause du mal avec autant d'éloquence que la cause du bien, et il se fait obéir : c'est pourquoi nous ne saurions trop nous mettre en garde contre ses suggestions.

En tout cas, ce qui ressort avec évidence, de toutes les études qu'on en a faites, c'est que rien de grand n'est possible sans lui ; c'est qu'il est le moteur le plus puissant de notre activité, c'est que de lui dépend le caractère : J.-J. Rousseau a posé ce curieux problème : « L'âme a-t-elle un sexe ? » Nous devons y répondre par l'affirmative, en faisant remarquer toutefois, avec un auteur contemporain, que « suivant une singularité capricieuse de la nature ou de la Providence, le sexe de l'âme n'est pas nécessairement le même que celui du corps. Il y a des hommes qui ont des cœurs de femmes et des femmes qui ont des cœurs de héros. Quel fut le héros de Charles VII ou de Jeanne d'Arc[1] ? »

(1) Albert Le Roy. *La littérature sentimentale.*

CHAPITRE III

ROLE DU PLAISIR ET DE LA DOULEUR

DANS LA VIE ET DANS L'ÉDUCATION

I. Rôle du plaisir dans la vie. Il est un guide, un auxiliaire et un aide. — II. Rôle de la douleur. *A*. Elle fait mieux goûter le plaisir ; *B*. Elle nous met en garde contre beaucoup de maux ; *C*. Elle nous amène à prendre une conscience plus nette de notre personnalité ; *D*. Elle est l'auxiliaire du progrès ; *E*. Elle est la condition de la vertu et du mérite ; *F*. Elle est comme un pont qui relie l'âme à Dieu. — III. Rôle du plaisir dans l'éducation : Théorie de Bernardin de Saint-Pierre. — Rôle de la douleur : Autrefois et aujourd'hui.

L'analyse que nous avons faite du plaisir et de la douleur, en nous montrant quelles en sont les causes et les lois, nous permet d'entrevoir quel est leur rôle dans la vie et quels auxiliaires ils peuvent devenir dans l'éducation.

I

Comme il accompagne nécessairement toute fonction qui s'exerce d'une manière régulière, le plaisir apparaît d'abord comme un guide, qui nous éclaire sur notre bien du moment. Négliger ses indications serait donc s'exposer, parfois, aux plus fâcheuses méprises. D'où vient cependant qu'il nous égare chaque jour en nous entraînant à des actes que nous regrettons plus tard ? De ce que notre activité, par suite des habitudes que nous avons acquises, ou héritées de nos ancêtres, a été gauchie et déviée de sa voie primitive. Des appétits factices ont été greffés sur nos appétits naturels, nos fonctions se sont faussées, en même temps que notre organisme, de telle sorte que, plus elles deviennent actives, plus l'accord d'où résulte la vie est rompu : elles nous font encore éprouver des émotions agréables, mais au prix d'autres émotions plus durables et plus profondes. Ainsi s'explique que les animaux, surtout les animaux sauvages, dont les instincts n'ont pas été viciés, aient dans le plaisir un guide des plus sûrs, tandis que l'homme, surtout l'homme civilisé, est obligé sans cesse de s'en défier. Nous ne devons céder, autant que possible, à son attrait, qu'après un sérieux contrôle de la raison. — En outre, n'oublions pas que nos plaisirs diffèrent plus encore par la qualité que par la quantité ; ils se hiérarchisent comme nos fonctions elles-mêmes : au-dessus des plaisirs du corps, les plaisirs de l'esprit; au-dessus des plaisirs de l'esprit, les plaisirs du cœur; en un mot, au-dessus des sensations, les sentiments. C'est pourquoi l'obligation s'impose de faire un choix entre eux, et cela dans notre intérêt même, les premiers étant les plus éphémères, les derniers les plus élevés et les moins trompeurs.

Si le plaisir n'est qu'un guide incertain que supplée heureusement la raison, il est, en revanche, un auxiliaire et un aide puissant qui nous stimule et nous soutient. Il semble que la nature l'ait placé sur notre chemin pour nous empêcher de défaillir et nous faire oublier nos fatigues, car c'est lui spécialement qui nous incite à l'action grâce au charme qu'il y ajoute. Si le sentier de la vertu était uniquement, comme on nous l'affirme, semé de ronces et d'épines, qui donc aurait le courage de le suivre jusqu'au bout ? — Anathématiser le plaisir, comme ont osé le faire quelques moralistes imprudents, et le condamner d'une manière absolue comme nuisible à la moralité, c'est donc en méconnaître la nature et les services; c'est aller directement contre les tendances les plus indéracinables de notre être. Appliquées à l'éducation, ces théories en amèneraient promptement la ruine.

II

Le rôle du plaisir est, on le voit, considérable; celui de la douleur n'est pas moins important. Nous ne saurions songer à écrire ici un plaidoyer que depuis Platon tant de philosophes ont repris; de nos jours, cependant, les pessimistes ont tellement blasphémé contre la douleur; les éducateurs eux-mêmes se sont élevés si souvent contre les souffrances dont, paraît-il, nos enfants sont accablés, qu'il n'est pas inutile de remettre en lumière quelques vérités trop oubliées.

Il est évident, que, prise en elle-même, la douleur est toujours un mal, comme le plaisir, pris en lui-même, est toujours un bien; mais si nous nous plaçons à un point de vue plus élevé et considérons les conséquences qu'ils entraînent, nous nous apercevons bien vite que beaucoup de plaisirs peuvent être dangereux, tandis que beaucoup de douleurs sont incontestablement salutaires.

Le premier service que nous rend la douleur, c'est de nous faire mieux apprécier le plaisir, auquel, suivant le mot de Leibniz, elle donne en quelque sorte « un plus haut goût ». C'est là ce que Musset fait si éloquemment ressortir dans sa célèbre *Nuit d'octobre* :

> N'es-tu pas jeune, heureux, partout le bienvenu,
> Et ces plaisirs légers qui font aimer la vie,
> Si tu n'avais pleuré, quel cas en ferais-tu ?...
> Aimerais-tu les fleurs, les prés et la verdure,
> Les sonnets de Pétrarque et les chants des oiseaux,
> Michel-Ange et les arts, Shakespeare et la nature,
> Si tu n'y retrouvais quelques anciens sanglots[1] ?

(1) Voyez Sully-Prudhomme. *Le bonheur*, ch. III. p. 40.

La douleur est, en outre, une merveilleuse sauvegarde contre les dangers qui nous menacent. Les souffrances physiques, en effet, non seulement nous préviennent des troubles qui se produisent dans l'organisme, mais encore nous poussent d'une manière impérieuse, brutale même parfois, à y porter remède, et à éloigner de nous le vice, la débauche et la paresse, ces ennemis les plus redoutables de la santé. Les souffrances de l'esprit, l'inquiétude, le doute, les soucis sans cesse nous incitent à la recherche de la vérité et combattent utilement en nous la torpeur et l'ignorance. — Les souffrances du cœur, enfin, nous apprennent à juger plus sainement les objets auxquels, dans la vie, nous nous attachons sans mesure.

Dans tous les cas, et sous quelque forme qu'elle se présente, la douleur nous amène à prendre plus nettement conscience de notre personnalité, à réfléchir plus mûrement, à lutter contre les obstacles qu'elle signale. Lorsque nous éprouvons du plaisir et que ce plaisir se prolonge, volontiers nous nous abandonnons au courant qui nous entraîne, laissant peu à peu notre énergie s'émousser; lorsque nous souffrons, au contraire, notre volonté se rebelle et fait effort pour s'affranchir. N'est-ce pas aux heures difficiles que l'homme vraiment homme se révèle et s'affirme? N'est-ce pas sous l'impulsion de la douleur que les peuples ont accompli les plus grandes choses? C'est là encore ce que Musset a bien compris :

> L'homme est un apprenti, la douleur est son maître,
> Et nul ne se connaît tant qu'il n'a pas souffert;
> C'est une dure loi, mais une loi suprême...
> Vieille comme le monde et la fatalité,
> Qu'il nous faut du malheur recevoir le baptême
> Et qu'à ce triste prix tout doit être acheté.

Pour les mêmes raisons, la douleur peut être considérée comme le plus puissant auxiliaire du progrès. N'est-ce pas pour s'en affranchir qu'avec une incroyable ardeur les savants ont poursuivi la longue série de leurs conquêtes? Après chaque victoire elle paraît anéantie; mais bientôt elle renaît pour entraîner à des victoires nouvelles. N'est-ce pas à elle également que la poésie et les arts sont redevables de leurs plus beaux chefs-d'œuvre? « Les larmes, écrit A. Dumas, sont nécessaires au génie; le champ de l'imagination où naissent les sentiments et les pensées ressemble au champ où croissent les moissons : quand il est sec, il est stérile. Il est remarquable, ajoute-t-il, que les hommes dont le génie a été le plus profondément pathétique sont des hommes dont la vie a été malheureuse, et qui avaient ressenti par eux-mêmes les souffrances qu'ils peignaient aux autres. »

Ajoutons enfin que la douleur est l'auxiliaire de la vertu et la condition du mérite. Elle est l'auxiliaire de la vertu, car si, quelquefois, elle nous irrite et nous exaspère, le plus souvent elle nous fait compatir aux maux d'autrui, rend la sympathie efficace, réveille les meilleurs sentiments de la nature humaine, nous invite à la bienveillance et à la bienfaisance, nous apprend à nous dévouer. D'où vient que tant de riches et d'heureux restent froids et insensibles aux misères qui accablent la foule, et savent si mal les secourir? Peut-être de ce qu'ils n'ont pas suffisamment souffert. — Elle est, de plus, la condition du mérite. Si chacun de nos actes, à peine accompli, était toujours suivi du plaisir; si la pratique de la justice et de la charité n'exigeait aucun sacrifice et ne nous imposait aucune peine, qui songerait à nous en louer? Ce qui inspire la reconnaissance et le respect, ce qui, en un mot, confère ses titres à l'homme de bien, ce sont précisément les efforts pénibles qu'il a dû faire pour pratiquer la vertu.

Est-ce à dire, maintenant, que nous ayons complètement justifié la douleur? Est-elle justifiée la douleur qui, pendant une vie entière, s'acharne après l'honnête homme? Sont-elles justifiées ces injustices et ces déceptions qui sans trêve l'accablent et dont nécessairement il souffre, bien que sa conscience le console? Il serait puéril de le prétendre ; mais peut-être encore était-il bon qu'il en fût ainsi ; car c'est l'impuissance même où nous sommes d'amnistier entièrement cette vie où la vertu et le bonheur sont fréquemment désunis, qui nous amène à penser à une justice plus haute. « La douleur, disait Leibniz, est comme un pont naturel qui relie l'homme à Dieu. »

III

Ces remarques générales sur le rôle du plaisir et de la douleur nous aident à comprendre quels services ils peuvent rendre à l'éducateur. — Nul doute, d'abord, que les plaisirs de l'enfant ne soient de sûrs indices de ses appétits et de ses goûts ; il est donc indispensable d'observer avec soin sa conduite et ses jeux, ses répulsions et ses préférences, afin de découvrir quels auxiliaires nous pouvons avoir en lui, quelles résistances nous pouvons avoir à vaincre. — Nul doute encore que le plaisir ne soit, surtout chez les enfants tout jeunes, le plus puissant mobile qui les dirige. Ne serait-ce pas folie, alors, que de ne le point faire intervenir? Mais ce mobile, est-il bon, est-il prudent de l'utiliser? Il semble bien que de nos jours beaucoup de parents et beaucoup de maîtres en aient abusé. « Voulez-vous, disait Bernardin de Saint-Pierre, faire apprendre promptement l'alphabet à vos élèves : mettez une dragée sur chaque lettre. » Combien de mères ont suivi ce conseil? Nous n'avons point à insister sur les conséquences d'un procédé trop connu ; nous savons tous, par expérience, quels beaux disciples il nous a préparés. Pour le bien juger, cependant, il est nécessaire d'établir quelques distinctions importantes fondées sur l'âge des enfants, et de ne point, comme on le fait d'ordinaire, raisonner dans l'abstrait. Nous croyons, en effet, que son efficacité varie suivant les circonstances. Or, admettons, en premier lieu, qu'on l'applique aux tout petits. Sera-ce un bien grand crime ? Faudra-t-il condamner impitoyablement la dragée ? Mais si nos bébés n'ont pas de récompense sensible pour les encourager, que leur restera-t-il, puisqu'ils sont inaccessibles aux raisons morales qui nous peuvent soutenir ? — Avec les enfants de nos petites écoles, les dragées seraient un luxe coûteux et dangereux aussi sans doute. Pourtant, n'oublions pas que nous exigeons d'eux un travail qui, dans bien des cas, ne peut, par lui-même, leur causer aucune satisfaction. Nous éprouvons, nous, du plaisir à travailler, à remplir notre mission avec conscience, et ce plaisir nous fait perdre de vue l'effort ; c'est l'effort et la fatigue seuls qui frappent les enfants ; plus tard seulement les travaux qu'ils subissent aujourd'hui auront pour eux de l'attrait. « Les fruits de la science sont doux, mais les racines en sont amères. » Dès lors, n'est-il pas sage, pour rendre à nos élèves leur tâche moins austère, de leur laisser entrevoir quelque sanction agréable ? Que n'obtenons-nous pas chaque jour par un éloge discret, une marque inattendue de sympathie plus vive, voire même par des images et par des prix ? — Ces derniers moyens peuvent être utiles, même avec nos plus grands élèves, bien qu'on l'ait contesté. Nous nous rappelons tous les violentes critiques dont nos distributions de prix, notamment, ont été l'objet. Ce qu'il faut, nous dit-on, c'est amener l'enfant à n'obéir qu'au devoir !... Evidemment, c'est là l'idéal à atteindre, bien qu'il ne soit pas défendu de songer un peu à son intérêt ; mais c'est aussi une règle de bon sens qu'il ne faut pas demander aux gens plus qu'ils ne peuvent donner. Or, combien d'entre nous, qui avons passé l'âge de la jeunesse, sont capables de n'écouter que le devoir pur dont on leur parle ? Et l'on voudrait que des enfants aient l'héroïsme qui nous manque ! — Ce qu'il importe toutefois de se rappeler, c'est que nos plaisirs se hiérarchisent et que nous avons précisément pour rôle d'initier graduellement nos élèves à ceux qui sont les plus élevés. Si nous les avons amenés à préférer aux jouissances physiques celles de l'esprit et celles du cœur, nos efforts n'auront pas été perdus.

Nous pourrions faire des remarques analogues à propos de la douleur. Comme en elle-même, elle est un mal, notre devoir est de l'écarter de nos enfants, toutes les fois que nous le pouvons, si ses effets ne la rendent pas nécessaire. Mais nous avons prouvé quelle utile influence elle peut exercer sur nous. C'est donc aux parents et aux maîtres à discerner dans quel cas il convient de la laisser intervenir d'elle-même, et, au besoin, de la provoquer. Si nous en croyons Montaigne, c'est à la provoquer surtout que s'appliquaient nos prédécesseurs du vieux temps qui savaient parler haut, et, par le fouet et par la verge, imposer leur autorité. Mais c'est là de l'histoire ancienne, très ancienne, et nous avons bien changé depuis. Beaucoup même se demandent si nous n'avons pas trop changé. La méthode autoritaire et le régime des punitions à outrance sont détestables, tout le monde l'avoue ; mais la méthode dite paternelle et le régime du « laisser faire » leur sont-ils fort supérieurs ? Ne songer jamais à rendre ses leçons attrayantes, c'est se condamner d'avance à n'être pas compris ; mais songer avant tout à plaire et à aplanir toutes les difficultés d'avance, pour épargner toute fatigue à l'enfant, c'est le préparer bien mal aux luttes qui l'attendent. « Nous avons, dit M. Gréard, banni de nos classes l'ennui, il n'y rentrera plus ; prenons garde d'en avoir trop fait sortir l'effort. » Ces paroles d'un des éducateurs les plus éclairés de notre temps ne sauraient être trop méditées des maîtres. Ainsi, ceux-là seuls auront pleinement rempli leur mission, qui auront su inspirer à leurs élèves l'amour du travail même pénible et qui, grâce à une discipline sérieuse, les auront suffisamment armés contre les épreuves de la vie [1].

(1) Cf. Gréard. *Mémoire sur l'esprit de discipline*,

CHAPITRE IV

DES ABUS DE LA RÉFLEXION ET DE L'ANALYSE PSYCHOLOGIQUE

LEURS EFFETS SUR LE PLAISIR ET SUR LA DOULEUR

I. Influence de l'analyse sur le plaisir : 1° elle le déflore et le fait s'évanouir : examen du plaisir esthétique, du plaisir moral, etc. 2° elle le gauchit et le fausse quand elle ne le détruit pas : la casuistique, les scrupules de conscience. — II. Influence de l'analyse sur la douleur : 1° elle accroît notre capacité de souffrir lorsqu'elle ne l'a point annihilée ; 2° elle affaiblit la volonté. — III. Comment on développe le goût de l'analyse chez l'enfant. — IV. Conclusion : Opinions de Amiel, Fromentin et Bourget.

Après avoir mis en lumière le rôle du plaisir et de la douleur qui, l'un et l'autre, résultent des lois mêmes de la vie, nous voudrions montrer comment ils se transforment et parfois se déforment, lorsque ces lois sont méprisées. Nous étudierons pour cela deux maladies fort communes, et assurément très graves, bien que souvent on les raille, l'une qui a sa cause dans l'analyse de soi-même poussée jusqu'à l'excès, l'autre dans le travail forcé et monotone auquel tant d'entre nous se trouvent condamnés.

I

Nul écrivain n'a caractérisé la première de ces maladies avec plus de précision que ne le fait M. Bourget dans ses ouvrages. En nous racontant l'âme de ses héros et de ses héroïques, il nous représente la plupart d'entre eux comme doués d'une aptitude merveilleuse à s'observer, et ressemblant plus ou moins « à cette espèce d'hommes que le type de don Juan a rendus populaires et qui semblent posséder plusieurs âmes : l'une qui sent, l'autre qui se sent sentir; l'une qui médite, l'autre qui se sent méditer; d'où un travail continuel de l'esprit en train de décomposer la pensée morceau par morceau. » — « Ils ont, en outre, une sensibilité infiniment complexe et blessable, une imagination défiante, tourmentée, soupçonneuse, un besoin dangereux d'éprouver des sensations variées et, par suite, de varier sans cesse les prétextes de ces sensations; en un mot, ils sont horriblement gâtés par l'abus de la réflexion et de la rêverie. » — Or, ils sont nombreux les caractères qui répondent aujourd'hui à ce saisissant portrait. C'est que jamais le goût de cette analyse à outrance, de cette « rumination psychologique » et de cette perpétuelle « gravitation sur soi » n'avait été poussé aussi loin; c'est que jamais les écrivains dont les œuvres reflètent toujours les tendances et les préoccupations d'une époque, avant de les modifier, ne s'étaient montrés aussi prodigues de romans « cruellement fouillés, » et ne nous avaient offert d'aussi impitoyable dissection du cœur humain; c'est que jamais, enfin, les conséquences logiques d'un tel état d'esprit n'avaient été plus apparentes [1].

(1) Qu'on nous permette de résumer ici l'admirable portrait que Guy de Maupassant trace de l'écrivain : « En lui, aucun sentiment simple n'existe plus. Tout ce qu'il voit, ses joies, ses plaisirs, ses souffrances, ses désespoirs deviennent instantanément des sujets d'observation. Il analyse malgré tout, malgré lui, sans fin, les cœurs, les visages, les gestes, les intonations. Sitôt qu'il a vu, quoi qu'il ait vu, il lui faut le pourquoi! Il n'a pas un élan, pas un cri, pas un baiser qui soient francs, pas une de ces actions instantanées qu'on fait parce qu'on doit les faire, sans savoir, sans réfléchir, sans comprendre, sans se rendre compte ensuite. S'il souffre, il prend note de sa souffrance et la classe dans sa mémoire; il se dit, en revenant du cimetière où il a laissé celui ou celle qu'il aimait le plus au monde : « C'est singulier ce que j'ai ressenti; c'était comme une ivresse douloureuse... » Et alors il se rappelle tous les détails, les attitudes des

La première conséquence de l'analyse de soi-même, lorsqu'elle devient ainsi excessive, constante, obsédante, c'est de faire s'évanouir le plaisir. Elle le fait s'évanouir, car il résulte, comme nous l'avons montré, de l'exercice normal de notre activité libre et qu'elle entrave cette activité : il en est d'elle comme de la plante que l'on comprime, elle ne peut fleurir. — Elle le fait s'évanouir encore, car en appelant sur lui notre attention, elle nous montre combien il est, dans la vie, éphémère et fragile; combien sont vaines la plupart des causes qui le produisent; combien il est difficile de le fixer et de longtemps en jouir. Elle le fait s'évanouir, enfin, car le plus souvent elle le déflore. Certains plaisirs, en effet, et surtout les plaisirs délicats, paraissent avoir leur pudeur et rechercher le mystère. Tout regard indiscret les trouble et les ternit, comme une profanation : ils ressemblent à l'amour qui s'enfuit devant le flambeau de Psyché trop curieuse. Celui, écrit Amiel qui, plus que tout autre, a souffert du mal que nous décrivons ici, « celui qui a déchiffré le secret de la vie et qui en a lu le mot, échappe à la grande roue de l'existence; il est sorti du monde des vivants, il est mort de fait. Serait-ce la signification de la croyance antique que soulever le voile d'Isis ou regarder Dieu face à face, anéantirait le mortel téméraire » ?

Pour vérifier ces conclusions nous n'avons qu'à examiner

voisins, les gestes faux, les fausses douleurs, les faux visages... mille choses enfin qu'un brave homme souffrant de toute son âme, de tout son cœur, n'aurait jamais remarquées. — Il a tout vu, tout retenu, tout noté malgré lui, parce qu'il a l'esprit conçu de telle sorte que la répercussion, chez lui, est bien plus vive, plus naturelle, pour ainsi dire, que la première secousse, l'écho plus sonore que le son primitif. — Il semble avoir deux âmes, l'une qui note, explique, commente chaque sensation de sa voisine, de l'âme naturelle, commune à tous les hommes, et il vit condamné à être toujours, en toute occasion, un reflet de lui-même et un reflet des autres, condamné à se regarder sentir, agir, aimer, penser, souffrir, et à ne jamais souffrir, penser, aimer, sentir comme tout le monde, bonnement, franchement, simplement, sans s'analyser soi-même après chaque joie et après chaque sanglot. — Sa sensibilité particulière et maladive le change en outre en écorché vif pour qui presque toutes les sensations sont devenues des douleurs... » (*Sur l'eau*, p. 113 et suiv.)

quelques-unes de nos principales émotions. Que devient l'émotion esthétique, lorsque, non contents d'admirer, nous voulons raisonner notre admiration, discerner tous les mouvements qu'elle provoque dans l'âme, en découvrir le pourquoi et le comment? Arrêtée dans son élan, promptement elle se modère, s'affaiblit et s'éteint. Dans notre ardent désir « de voir clair dans ce qui est », et dans la crainte, aussi, d'être et de paraître dupes, nous avons, négligeant la beauté, recherché la vérité pure, et la beauté jalouse de n'être plus aimée pour elle-même, aussitôt s'est dérobée. — La satisfaction morale, de toutes la plus pure et la plus élevée, ne résiste pas davantage à ce travail de la pensée qui, sans cesse, la décompose. Car quelle action, aux regards de la conscience toujours en éveil, peut paraître vraiment parfaite, affranchie de toute attache égoïste, indépendante de toute influence perverse? On sait quel aspect revêtent tous nos actes, toutes nos intentions, lorsqu'elles sont de la sorte habilement scrutées par un La Rochefoucauld, par exemple? Les meilleures deviennent mauvaises, les plus limpides sont ternies; aussi, comme elle est judicieuse cette remarque de Gerson : « Pour nous, nous sommes trop à nos passions, et trop inquiets de ce qui s'y passe. »

Ajoutons que cette continuelle préoccupation du moi et de ce qu'il éprouve, nous interdit forcément tous les sentiments qui exigent de l'abandon, de l'élan, de la générosité, voire même l'oubli de notre personnalité. En limitant le champ de son action et en l'enfermant dans la vie purement intérieure, on a limité nécessairement le champ de ses plaisirs.

Jusqu'ici la sensibilité est simplement affaiblie, mais souvent, — et le cas est plus grave, — elle se trouve dénaturée et faussée. Incapables d'enthousiasme et d'admiration, nous nous rejetons sur la critique acerbe et dissolvante; incapables d'aimer, nous nous mettons à haïr. Nos sentiments les meilleurs et les plus naturels sont eux-mêmes tordus et dénaturés par ce démon de l'analyse. « Quand on s'observe trop, écrit Amiel, on devient timide. On prend peur de ses sentiments, on n'ose s'y abandonner, on ose moins encore les laisser paraître, on en retient l'expression et on la gâte. Il y a en moi, continue-t-il, une raideur secrète à laisser paraître une émotion vraie; mon cœur n'ose jamais parler sérieusement. La peur de l'entraînement et la défiance de moi-même me poursuivent jusque dans l'attendrissement[1]. » Et ainsi se trouvent en quelque sorte désavoués, par suite d'une honte presque maladive, les élans les plus légitimes qu'approuve cependant la Raison. — D'autres fois, à cette honte fait place une casuistique dissolvante, qui passe au crible de la critique nos moindres intentions, qui tantôt les excuse et tantôt les condamne; ses principales victimes sont alors ces âmes scrupuleuses et timorées dont la conscience pour un rien s'affole, et qui, toujours en lutte avec elles-mêmes, ne sauraient plus goûter de joie pure et durable.

II

L'abus de l'analyse psychologique n'a pas d'effets moins fâcheux sur notre pouvoir de souffrir. De même qu'il nous rend incapables de goûter les plaisirs délicats, de même il nous rend incapables d'éprouver les douleurs bienfaisantes qui réconfortent et qui calment : « Je suis comme la pierre d'une tombe, écrit Flaubert après la mort de sa sœur, mais horriblement irrité. Autant je me sens expansif, abondant et débordant dans les douleurs fictives, autant les vraies restent dans mon cœur âpres et dures. Elles s'y cristallisent, à mesure qu'elles y surviennent. » Ils sont nombreux ceux qui, touchés par ce mal, même aux heures les plus critiques, même en présence de pertes irréparables qu'ils voudraient

---

[1] Cf. Dugas. *La Timidité*. Félix Alcan, éd.

empêcher au prix de leur vie, ne peuvent s'abandonner librement à leur chagrin, tourmentés du désir maladif de s'observer, et honteux de s'apercevoir qu'ils sont même incapables de pleurer. En revanche, les douleurs déprimantes sont indéfiniment multipliées et c'est logique, puisque nous arrêtons dans son cours le déploiement de la vie normale, puisque nous empêchons notre activité physique et notre activité mentale d'atteindre les fins qu'elles poursuivent. Les émotions pénibles qu'ainsi nous provoquons prennent elles-mêmes une importance excessive, car souffrir et réfléchir à sa souffrance, c'est souffrir doublement. Nous en arrivons ainsi, par suite d'une illusion étrange, analogue à celle que nous signalions tout à l'heure à propos du plaisir, à nous duper au point d'aimer presque la peine que nous nous infligeons. Nous ressemblons au malade qui, de l'ongle, avec rage, excite la plaie qui l'irrite et s'interrompt à peine lorsqu'elle saigne. Il nous faut des sensations, et des sensations incessantes, et comme nous avons renoncé à les demander à la vie vraiment active, à celle qui se dépense au dehors, utilement, largement, nous les demandons à la vie purement intérieure, ne nous apercevant pas que ces émotions ne peuvent être, le plus souvent, que douloureuses. De là ce que les poètes ont appelé les « voluptés de la douleur[1] », voluptés dont il faut bien se satisfaire lorsqu'on n'en a plus d'autres. « Je m'aperçois, écrit de Goncourt, que l'observation au lieu d'émousser en moi la sensibilité, l'a étendue, raffinée, mise à nu... On devient, à force de s'étudier, une sorte d'écorché moral et sensitif, blessé à la moindre impression, sans défense, sans enveloppes, tout saignant. » — Enfin, l'abus de l'analyse contribue à accroître et à éterniser la douleur, en empêchant l'oubli, car ce ne sont plus les peines du moment que seules

---

[1] Voyez sur l'explication de « cette volupté de la douleur » et aussi de la « douleur du plaisir », F. Bouillier. *Du plaisir et de la douleur*, ch. VII, et Ribot. *Psychologie des sentiments*, ch. IV.

nous avons sous les yeux, ce sont toutes les peines qui se sont succédé et dont l'ensemble se détache bien en relief dans le champ clair de la conscience. Aussi pouvons-nous répéter avec Guyau que « quiconque s'analyse avec excès est nécessairement malheureux ». Si maintenant nous songeons que nulle époque n'a au même degré abusé de l'analyse, nous ne serons point surpris que nulle autre n'ait trouvé autant d'apôtres zélés du pessimisme.

Les effets de l'analyse sur la volonté sont encore plus graves, peut-être : en effet, comme le remarque Amiel, « elle réduit à rien ou presque à rien, la spontanéité, l'élan, l'instinct, et par là même l'audace et la confiance ». En retardant sans cesse l'action, elle distend les ressorts de la volonté et les brise. C'est là ce que confessait Flaubert : « La déplorable manie de l'analyse m'épuise, écrivait-il. » — « Par l'analyse, avouait encore Amiel, je me suis annulé. »

Est-ce à dire que nous devions bannir la réflexion comme dangereuse? Le remède assurément serait pire que le mal. Ce que nous condamnons ici, c'est l'abus et non l'usage. Nous n'oublions pas que c'est à la lumière de la réflexion que la sensibilité s'affine et se purifie; que c'est grâce à elle que la volonté peut s'exercer au grand jour et se déterminer en pleine connaissance de cause; que le jugement acquiert plus de rectitude et plus de finesse. Nous n'oublions pas davantage que l'amour de l'analyse et l'amour de l'action, comme le prouvent les exemples de Stendahl et de Napoléon peuvent coexister sans se nuire, mais il faut que la réflexion soit prudente, qu'elle sache attendre et choisir son heure, qu'elle n'empiète pas sur l'action, qu'elle soit, en un mot, pour elle, un guide et un soutien, et non pas une entrave.

III

Il reste à se demander d'où vient ce mal dont souffre la génération actuelle[1], dont souffre surtout la jeunesse et qui a pris, à certaines heures, les caractères d'une véritable épidémie. Or, les premières de ces causes, les plus agissantes, se trouvent, croyons-nous, dans l'éducation même que nous donnons à nos enfants. Observons d'abord la famille : on nous assure de tous côtés que jamais nos bébés n'ont été plus aimés ; il faut le croire, mais nous pouvons nous demander si cette affection n'est pas souvent exagérée ou plutôt aveugle et imprudente. Nous aimons tellement nos enfants qu'au moindre bobo qui leur arrive, nous sommes alarmés et le laissons voir. Ont-ils une indisposition même légère, et aussitôt nous les accablons de questions : « Tu souffres, mon chéri ? — Oui, maman ! — Où souffres-tu ? — Je ne sais pas ! — Tu dois avoir mal à la tête, tu as certainement la fièvre... ta gorge n'est pas irritée ?... » Et notre malheureux bébé, sous cette avalanche d'interrogations, se demande tout anxieux laquelle de ces maladies il pourrait bien avoir, et, presque toujours, il finit par s'en trouver une, quelquefois même plusieurs. — Qu'il conserve cette habitude de s'observer et de s'analyser ainsi lui-même, et, devenu jeune homme, il tremblera devant toute souffrance et reculera devant toute action pénible. — Quand il entre au collège, il est rare que l'on prête à ses maladies physiques une attention excessive, et cela est un bien ; mais que de causes nouvelles interviennent alors qui le forcent à se replier sur lui-même, et à vivre d'une vie intérieure, plus peut-être qu'il ne convient... C'est l'isolement et le silence de l'étude, les longues rêveries qui le

---

[1] Voyez sur les caractères de ce mal, ses causes et ses remèdes, l'intéressant opuscule de M. Raoul Allier. *Les défaillances de la volonté.*

reportent au milieu des siens et lui font revivre ses joies et ses chagrins passés ; c'est l'obligation de garder parfois pour soi seul ses chagrins, sa colère, son dépit, tous sentiments qui sourdement grandissent et auxquels il se complaît d'autant plus que nul dérivatif ne lui est offert. — Ce sont, enfin, les méthodes d'enseignement chères à certains maîtres qui, au lieu de chercher à exciter l'admiration pour les belles œuvres, l'enthousiasme pour les bonnes actions, développent de préférence l'amour de la critique et l'habitude de raisonner toutes ses émotions. Ce qu'ils poursuivent principalement, c'est l'esprit ; ce qui les charme, c'est le détail inédit, le rapprochement imprévu, l'original, le distingué, le distingué surtout... Ils ressemblent fort peu, comme on le voit, à tous ces maîtres anciens qui croyaient encore à la vertu éducatrice d'Homère, de Plutarque, de Corneille, de Molière... Mais on peut se demander s'ils font autant de bien à ceux qui les écoutent.

A ces influences, au sortir du collège, s'ajoutent celle de la littérature de notre époque, et surtout celle des romans d'analyse où l'âme humaine est fouillée jusque dans ses derniers replis. Malgré soi on se modèle sur les héros dont on lit l'histoire, on prend l'habitude d'observer sans cesse, de se « disséquer » comme ils le font, de s'enchanter de ses douleurs même imaginaires, et, la mode aidant, on en arrive assez vite à leur ressembler... et à en être fier. — Que résulte-t-il, cependant, de cette complaisante étude de soi? une souffrance ; mais une souffrance qui a son charme ; elle sert d'excuse à notre paresse toutes les fois qu'il faudrait agir et lutter ; elle flatte notre orgueil et notre vanité. Amiel s'en doutait déjà lorsqu'il se demandait si sa manie de s'analyser ne provenait pas d'un orgueil infini ! En effet, nous nous rendons bien compte que, pour se découvrir ainsi des souffrances inconnues du vulgaire, il faut être de supérieure essence : cette pensée flatte toujours.

IV

A cette maladie il n'y a qu'un remède, c'est d'obéir aux lois de la vie, et de se rappeler que vivre c'est essentiellement agir et lutter. Tout ce qui détruit en nous l'énergie, la spontanéité, l'élan, doit être impitoyablement combattu. Il faudrait donc à nos enfants moins de tendresse intempestive et plus d'exercices physiques, plus d'initiative, plus de responsabilité, afin qu'ils s'habituent de bonne heure à supporter les conséquences de leurs actes, et à souffrir sans se plaindre. Les « écorchés sensitifs » dont nous parle de Goncourt seraient assurément plus rares s'il y avait eu moins d'enfants gâtés. Ils seraient plus rares également si notre enseignement s'adressait au cœur autant qu'à l'esprit, s'il faisait moins large la part de la critique qui dessèche, plus grande celle de l'admiration qui féconde, s'il était plus simple, plus vivant. Nous-mêmes, enfin, nous vivrions beaucoup plus heureux si nous nous abandonnions plus confiants à la vie, sans ce souci perpétuel d'en compter les battements ; c'est là ce qu'ont bien compris tous ceux qui ont souffert du mal que nous avons décrit. « Laissons aller la vie, dit Amiel, il faut savoir, à certaines heures, jeter par-dessus bord tout son bagage de soucis, de préoccupations et de pédanterie, se refaire, jeune, simple, enfant, vivre de l'heure présente, reconnaissant et naïf. » — « Surtout, écrit dans le même sens Fromentin, soyez naïfs dans vos sensations. Qu'avez-vous besoin de les étudier ? N'est-ce pas assez d'en être ému ? La sensibilité est un don admirable ; elle peut devenir une rare puissance, mais à une condition, c'est que vous ne la retournerez pas contre vous-même ; d'une faculté créatrice spontanée et subtile, vous faites un sujet d'observation ; si vous raffinez, si vous examinez, si la sensibilité ne vous suffit pas et qu'il vous faille encore en étudier le mécanisme ; si le spectacle d'une âme émue est ce qui vous satisfait le plus dans l'émotion, si vous vous entourez de miroirs convergents pour en multiplier l'image à l'infini ; si vous mêlez l'analyse humaine aux dons divins ; si de sensible vous devenez sensuel, il n'y a pas de limites à de pareilles perversités, et, je vous en préviens, cela est grave. » — Cela est grave, en effet, car nous devenons impropres à la vie active et tuons en nous la volonté [1].

[1] Après avoir montré dans *le Disciple* tous les dangers de cette analyse à outrance, Bourget donne à son lecteur ce conseil que les jeunes ne sauraient trop méditer : « Exalte et cultive en toi ces deux énergies, en dehors desquelles il n'y a que flétrissure présente et qu'agonie finale : l'amour et la volonté ».

CHAPITRE V

LE SURMENAGE ET LA NEURASTHÉNIE

I. Du surmenage. Ses causes. — II. Ses effets sur l'esprit et sur l'organisme de l'homme. — III. Moyens de le combattre : le repos, la variété des occupations; plus de philosophie; les exercices physiques. — IV. Ses effets sur la jeunesse des différentes écoles, à la ville et à la campagne. Moyens d'y remédier.

I

L'excès de travail intellectuel, surtout quand ce travail se poursuit longtemps dans la même direction et s'applique au même objet, n'est pas moins dangereux que l'abus de l'analyse. Il surexcite certaines de nos facultés et les épuise, tandis que d'autres, faute d'exercice, s'étiolent et s'atrophient. L'équilibre de nos énergies vitales est alors rompu, et la nature dont les lois sont encore violées, s'en venge, comme d'habitude, en nous faisant souffrir.

Cette violation des lois fondamentales de la vie est d'autant plus fréquente qu'elle nous est souvent imposée par la société même dont nous faisons partie. En effet, à mesure que la science fait des progrès, nous voyons grandir le nombre des ouvriers de la pensée. Même à ceux qui doivent travailler de leurs mains, une instruction solide est aujourd'hui nécessaire, et ils le comprennent si bien qu'ils cherchent à se la procurer par tous les moyens en leur pouvoir. — Quant aux autres, leur tâche devient de plus en plus difficile. Les carrières libérales étant encombrées, on ne peut y réussir sans de longs et pénibles efforts. C'est là, plus que partout ailleurs, peut-être, que la lutte pour la vie est âpre et violente. Il faut d'abord réussir à tout prix dans d'interminables concours où dix rivaux convoitent la même place ; il faut conquérir des titres et des diplômes, car nous avons en France la superstition des diplômes et des titres ; il faut ensuite, ces épreuves heureusement terminées, spécialiser ses efforts et s'attacher à une étude particulière, si l'on veut obtenir des résultats sérieux. Le domaine de la science, de la littérature et de l'art s'est tellement agrandi que celui-là seul peut espérer le féconder qui, au lieu de le parcourir dans son entier, s'est cantonné de bonne heure, dans une région précise à laquelle il donne tous ses soins.

Il en est alors de tous ceux qui pensent comme des ouvriers embrigadés dans une usine ; il y a entre eux division et subdivision du travail, et c'est grâce à cette organisation et à cette lutte acharnée que les efforts sont profitables. — Ainsi « les muscles au repos, et le cerveau aux travaux forcés », tel est l'état de beaucoup d'entre nous aujourd'hui. Peu ou point d'exercices physiques, et, en revanche, un travail intellectuel démesuré, qui empiète souvent sur nos heures de sommeil ; il n'est donc pas étrange qu'il entraîne les conséquences les plus fâcheuses pour notre santé ; que le corps dépérisse parce qu'il n'agit pas assez, et que la cellule cérébrale s'épuise parce qu'elle agit trop et se trouve encombrée des déchets de la substance morte. Ici il y a usure, et là étiolement.

II

Si, maintenant, nous tenons à nous rendre mieux compte encore des effets de ce *surmenage* intellectuel, nous n'avons qu'à parcourir les descriptions qui en sont faites, soit dans les revues d'éducation, soit dans les revues médicales, ou même simplement à consulter nos propres souvenirs.

Qui de nous n'a pas observé sur soi ou sur l'un de ses amis les envahissements de ce mal et les nombreux symptômes qui le caractérisent ? Au point de vue moral, le plus commun et le plus saillant est, d'ordinaire, une sensibilité et une susceptibilité excessives. Un rien choque le malade et l'irrite ; la moindre contradiction, le plus léger reproche, un simple mot un peu vif l'exaspèrent et le blessent ; toute nouvelle inattendue, suivant qu'elle est agréable ou fâcheuse, provoque des transports de joie ou de tristesse immodérés, transports qui, dans la plupart des cas, se calment d'ailleurs assez vite. L'esprit n'a plus la même souplesse, la mémoire la même fidélité, l'imagination le même éclat ; le travail un peu difficile lui coûte, il est las avant d'avoir agi. — Souvent même, des faits plus graves se manifestent. Celui qui est atteint de ce mal éprouve fréquemment des angoisses indéfinissables et inexplicables, de véritables peurs, peurs à propos de tout et à propos de rien. Il devient inquiet, défiant et volontiers se croit en butte à des persécutions de toutes sortes, même de la part d'amis qui lui sont entièrement dévoués. Que le mal se prolonge un peu, et c'est la folie. Nous savons, d'ailleurs, par les statistiques des aliénistes que les carrières libérales fournissent à leurs asiles un nombre de plus en plus grand de malades, tombés à la suite d'épuisement nerveux et victimes du surmenage.

Au point de vue physiologique, les symptômes ne sont pas moins saisissants : ce sont des maux de tête fréquents, des malaises tantôt ressentis dans tout l'organisme, tantôt localisés dans une région précise, ou encore des éblouissements pendant lesquels des phosphènes dansent devant les yeux et les objets extérieurs paraissent tachetés de paillettes et d'étincelles. Un sentiment de vide envahit alors le malade, comme si le sol allait lui manquer. Ce sont encore des troubles de ses principales fonctions. D'ordinaire l'appétit lui fait défaut et ses digestions sont pénibles, la circulation est anormale comme l'attestent les battements plus ou moins irréguliers des artères superficielles et profondes; le sommeil est souvent agité par des cauchemars effrayants dont le souvenir le suit jusqu'au réveil; enfin la force musculaire semble faiblir de plus en plus, et une lassitude douloureuse l'envahit chaque jour davantage. — Tous ces caractères, sans doute, se trouvent rarement réunis; aussi bien, notre but n'est-il pas de décrire une maladie cataloguée déjà, et scientifiquement dénommée; nous avons voulu simplement montrer à quels dangers notre genre de vie sans cesse nous expose.

III

Quand le mal est arrivé à ce degré, nous savons combien il est difficile de le combattre, mais nous savons aussi qu'il est possible de le prévenir et de l'enrayer lorsqu'il n'en est encore qu'à ses premiers symptômes. Inutile de dire que le premier remède à lui opposer est le repos : c'est là malheureusement un remède trop coûteux pour la plupart des malades. Toutefois, il en est d'autres, plus pratiques, et qu'on ne méprise sans doute que parce qu'ils sont trop simples. Le premier, c'est de varier habilement les exercices de l'esprit. Combien croient de leur devoir rigoureux de se consacrer tout entiers à leurs fonctions et de s'interdire, sans pitié, la lecture des ouvrages qui ne s'y rapportent point directement. Il en résulte qu'enfermés constamment dans le même cercle d'idées, ils s'alourdissent peu à peu, tournent à la routine et à la manie et deviennent insupportables à eux-mêmes et à tous les autres. Qu'ils arrachent ces œillères qu'ils se sont volontairement posées et qu'ils ne craignent pas de regarder autour d'eux. Que le « scientifique » de temps à autre fasse connaissance avec nos orateurs, nos romanciers et nos poètes ; le « littéraire », avec ceux de nos savants qui vulgarisent les plus brillantes découvertes ; en un mot, que les uns et les autres cherchent à s'élever au-dessus du terre à terre de la vie quotidienne, et ils trouveront dans ces méditations et dans ces lectures une diversion et un calmant. — Ce qu'il importe, en second lieu, c'est de s'armer le plus tôt possible d'une saine philosophie, et nous entendons par là cette prudence éclairée, ce ferme bon sens qui nous empêchent d'attacher aux choses futiles une importance qu'elles n'ont pas. On a répété souvent que nous étions tous les propres artisans de nos malheurs et l'on a eu raison. Consultez vos souvenirs ; ne sont-ils pas nombreux ceux qu'un amour-propre ridicule, un souci puéril du qu'en dira-t-on affole chaque jour? Préoccupés outre mesure de ce que l'on dit d'eux ; préoccupés aussi parfois, plus qu'il ne convient, de ce que l'on dit des autres, ils en arrivent très vite à un état de fièvre continuelle aussi préjudiciable à leur santé morale qu'à leur santé physique. Les motifs de leur surmenage sont peu élevés, ses effets n'en sont pas moins regrettables. — Ce qu'il importe, enfin, c'est de faire alterner les exercices du corps et ceux de l'esprit. Je connais des privilégiés qui ont de magnifiques jardins et qui les font cultiver par des hommes à la journée ! Je ne puis croire que le manque de loisirs en soit l'unique cause, mais lassés de leur classe ou de leur bureau, ils n'ont point le courage d'affronter une nouvelle fatigue bien qu'elle puisse leur être extrêmement salutaire. En tout cas, il leur reste les longues promenades, les excursions dans la campagne, les mille travaux manuels auxquels un homme se peut toujours livrer ; ce sont là autant de préservatifs contre la maladie qui nous guette.

IV

Les effets du surmenage sur les enfants sont plus difficiles à analyser ; toutefois, si nous voulons arriver à quelque résultat sérieux, il faut, non point se placer, comme on le fait d'ordinaire, à un point de vue tout à fait général, mais tenir compte à la fois de l'âge des enfants et des milieux où ils se trouvent. Le mal, en effet, présente des caractères de gravité fort différents suivant qu'on l'étudie chez les élèves de l'enseignement secondaire et primaire supérieur, ou chez les élèves de l'enseignement primaire proprement dit, chez nos enfants des grandes villes, ou chez nos enfants de la campagne.

Or, sur la plupart de ces points, les statistiques nous fournissent quelques indications des plus précieuses. Elles établissent d'abord nettement qu'on trouve un quart de plus de jeunes gens impropres au service militaire parmi ceux qui sont instruits que parmi ceux qui ne le sont pas. De plus, chaque année, à l'époque des concours pour nos grandes écoles du gouvernement, on constate que beaucoup de candidats reçus n'ont pas le périmètre thoracique exigible pour être soldat. « Il n'est pas rare, dit Charcot, de trouver chez eux de la phtisie, de la neurasthénie et du ramollissement cérébral précoce. » D'une enquête qui a porté sur 80.000 écoliers, il résulte encore que dans les classes supérieures on trouve 5 enfants atteints de myopie, migraines, névralgies, anémie.... contre 3 seulement dans les classes inférieures. En présence de ces chiffres, il serait difficile de contester les conséquences graves du surmenage intellectuel, conséquences qui frappent d'autant plus chez les enfants, que ceux-ci ont reçu une instruction plus complète.

Dans l'enseignement primaire, et c'est logique, ces conséquences sont beaucoup moins inquiétantes. Cependant, ici encore, des distinctions sont nécessaires, car si le surmenage est à redouter, c'est surtout dans les villes. Songeons, en effet, que nos enfants n'y trouvent, ni les mêmes occasions de se livrer à des exercices salutaires, ni la même liberté, ni le même air pur que dans nos campagnes ; que, rentrés chez eux, beaucoup doivent vivre dans des réduits modestes et souvent malsains ; qu'au dehors, mille choses provoquent leur curiosité, stimulent leur imagination, tiennent sans cesse leur esprit en éveil. De là la précocité surprenante que nous remarquons chez eux et les questions déconcertantes qu'à chaque instant ils nous adressent. Aussi la tâche des maîtres auxquels ils sont confiés est-elle tout particulièrement délicate. C'est à eux surtout qu'il convient de rappeler les conseils que les éducateurs et les hygiénistes leur ont si souvent donnés, de ne jamais trop prolonger les travaux qui nécessitent une tension intellectuelle un peu vive, de multiplier et d'encourager les jeux, de favoriser, autant que possible, les promenades au grand air et les excursions dans les champs. Sans nuire à leur enseignement, ils entretiendront de la sorte dans leur entourage, la santé, la bonne humeur et la gaîté, et tout le monde y trouvera profit.

À la campagne, il en est autrement, et parler ici de surmenage, en parler surtout comme d'un fléau, serait s'exposer à faire sourire. Tous les maîtres que j'ai consultés à ce sujet, — et ils sont nombreux, — loin de se plaindre de l'excès de travail chez leurs élèves, se plaindraient plutôt de l'excès contraire, et il n'est pas probable qu'ils aient complètement tort. Quant aux exercices physiques, est-il besoin de les recommander à des enfants qui, la plupart, ont de longues courses à faire pour se rendre à l'école, et doivent, dans des occasions malheureusement trop fréquentes, prendre part aux travaux des champs et prêter main-forte aux ouvriers de la maison ? Est-ce à dire cependant qu'on n'en rencontre jamais, même dans nos modestes écoles de hameau, dont l'ardeur a besoin d'être modérée et qu'il faut pousser au jeu ? Non, sans doute, mais ce sont là des exceptions assez rares et l'on peut s'en remettre sans crainte à la vigilance éclairée de leurs guides. Aussi est-ce aux parents et aux maîtres que nous avons songé en mettant en relief les conséquences du surmenage intellectuel, bien plus qu'aux enfants qui leur sont confiés ; et si nos conseils pouvaient en amener quelques-uns à mieux réfléchir aux lois essentielles de la vie et de la santé, lois qu'on ne méprise jamais impunément, nous estimerions que notre peine n'a pas été tout à fait perdue.

CHAPITRE VI

DES INCLINATIONS

I. Définition de l'inclination. Réfutation des théories sensualistes. L'amour, le désir, la haine. — II. Causes qui influent sur le développement des inclinations. Leur valeur au point de vue moral. — III. Importance de ces distinctions au point de vue pratique. — IV. Suffit-il, dans l'éducation, de suivre et d'aider la nature?

I

De nos analyses précédentes il ressort que l'être vivant tend non seulement à agir, mais à agir et à se développer conformément à des fins déterminées ; d'où, pour lui, la possibilité de jouir et de souffrir. Un être dont l'activité, — en admettant qu'une telle hypothèse fût intelligible, — serait, pour ainsi dire, amorphe et n'aurait aucune préférence innée pour certains états ou certains actes, ignorerait à tout jamais et le plaisir et la douleur[1]. Or, c'est précisément à cette activité préformée, à cette force de tension qui nous pousse vers certains objets ou nous en éloigne que l'on donne le nom d'*inclination*.

[1] Nous devons donc écarter *à priori* les théories sensualistes qui assimilent l'esprit à une simple *table rase* sur laquelle rien n'est écrit et qui peut indistinctement recevoir toutes les impressions. L'esprit, au contraire, apporte en naissant certaines dispositions qui lui sont propres, certaines tendances originelles qui seules rendent possibles les différentes émotions. Celles-ci sont l'*effet* des inclinations, elles n'en sont pas la *cause* ; « elles suivent leurs changements comme l'ombre suit les mouvements du corps », (Ribot, *op. cit.*, p. 199), bien que, plus tard, elles influent, d'une manière efficace, sur leur développement et sur leur orientation.

A l'origine, ensevelie dans le demi-jour de la conscience, l'inclination ne se révèle à nous que d'une manière vague et confuse ; mais dès qu'elle a été satisfaite et contrariée, elle se montre, à travers le plaisir et la douleur, avec tous ses caractères fondamentaux et ses nuances variées à l'infini. Toutefois, comme le remarque Bossuet, ce qui paraît alors la constituer essentiellement, c'est l'*amour*. L'amour est l'inclination qui a conscience de son plaisir, qui s'éprend d'elle-même et de son objet, qui est unie à son bien et se complaît dans cette union. C'est de tous les faits de conscience le plus complexe et le plus un : le plus complexe, car en lui se retrouvent la sensibilité, puisqu'il implique une émotion agréable ; l'intelligence, puisqu'il implique connaissance ; la volonté libre, puisqu'il résulte d'une activité qui se développe conformément à sa fin ; — c'est en même temps le plus un, car nulle part ces éléments ne sont aussi bien fondus et harmonisés ensemble. L'esprit est là tout entier dans son unité vivante et féconde.

De l'amour naît le *désir*. Désirer, c'est aspirer à une possession plus complète de l'objet aimé, et tendre vers un état meilleur ; c'est à la fois jouir, par anticipation, d'un bien imaginé et souffrir d'en être actuellement séparé. Aussi Platon nous représente-t-il le Désir comme le fils de la Pauvreté et de la Richesse, c'est-à-dire comme impliquant possession et privation en même temps. Le désir est donc la troisième forme sous laquelle s'offre à nous l'inclination qui, d'abord confuse et indécise, devient ensuite consciente et aimante ; qui, enfin, tend à se développer encore davantage et à dépasser son objet présent.

A l'amour s'oppose la *Haine* ; celui-là est l'inclination satisfaite, celle-ci est l'inclination contrariée ; mais, comme le remarque Bossuet, la haine elle-même dérive de l'amour. Si nous n'étions pas capables d'aimer, nous ne serions pas capables, non plus, de haïr ; nous ne détestons la maladie que parce que nous aimons la santé ; la fourberie, le mensonge ne nous sont odieux, que parce que nous aimons la loyauté et la sincérité. La haine considérée seule, sans son contraire, serait inintelligible ; nous ne comprendrions pas un homme qui haïrait uniquement pour haïr, toute idée de satisfaction, par conséquent d'amour, étant exclue. L'amour reste donc bien comme le seul caractère fondamental et essentiel de l'inclination.

II

Si nous considérons maintenant l'inclination non plus en elle-même et dans ses caractères généraux, mais bien dans les formes qu'elle revêt suivant les individus, nous remarquons bien vite qu'elle établit entre eux les différences les plus profondes. L'hérédité, la constitution physique et mentale, les milieux où elles se développent, l'instruction, l'éducation, ce sont là, en effet, autant de causes dont nos inclinations sont tributaires : sous leur influence elles se diversifient, se précisent, s'exagèrent même au point de se transformer en passions. Sans doute, au fond de tous les êtres d'une même espèce, se retrouvent les mêmes tendances primitives, mais ces tendances peuvent y être plus ou moins vives et plus ou moins altérées par les forces qui ont agi sur elles. C'est là une vérité évidente pour tous ceux qui connaissent un peu les enfants et qui ont observé avec quelque attention leurs aptitudes et leurs goûts. Dès le berceau, les uns se montrent déjà doux et faciles, les autres entêtés et colères ; on voit des bébés tout jeunes comme fascinés par la musique, tandis que d'autres n'en sont aucunement émus. Quand ils sont plus âgés, ils présentent des goûts différents pour des études différentes, la nature ménageant ainsi des fervents à la science, à la littérature et aux arts. Ceux-ci n'aiment que les travaux de l'esprit, ceux-là n'aiment que les travaux du corps; leurs inclinations sont-elles satisfaites : ils font des progrès surprenants; sont-elles contrariées : ils n'aboutissent à aucun résultat sérieux.

Ce qui est non moins évident, c'est que ces tendances primitives sont loin d'avoir même valeur au point de vue moral. — On a soutenu, il est vrai, que toutes les inclinations de l'enfant primitivement étaient bonnes. « Voyez, nous dit Bernardin de Saint-Pierre qui résume ici une théorie chère à plusieurs philosophes de son époque, voyez, dans ses jeux, un enfant que l'éducation n'a point corrompu : à la course, à la lutte, il s'efforce de surpasser ses rivaux; mais il fait son ami de son ennemi vaincu. Il voit pleurer, ses larmes coulent; il rit, s'il voit rire ; il désire tout ce qu'il aperçoit, il donne volontiers tout ce qu'il a : son cœur confiant ne cherche qu'à s'étendre, et il ira aussi librement caresser une bête féroce qu'un oiseau. Sans défiance, il est sans cesse occupé du soin de connaître, d'aimer, de protéger. *Toute son âme est bonne, expressive et active* [1]. »

La science qui s'appuie non sur des préjugés, mais sur des faits précis nous tient un tout autre langage. Elle nous montre très tôt l'apparition précoce de tendances fâcheuses dont rien ne nous autorise à rendre l'éducation responsable. Si l'on veut en trouver la cause, il faut remonter plus haut et la chercher dans l'hérédité. C'est que l'hérédité des maladies physiques et mentales n'est pas plus contestable que celle des qualités. Les familles de savants, de musiciens, de poètes ne sont point rares. Dans la seule famille de Bach, on compte 57 musiciens, dont 20 remarquables ; mais il n'est pas rare non plus de voir se transmettre, des parents aux enfants, le strabisme, la myopie, la presbytie, le daltonisme, les passions du vin et de l'alcool, du jeu, du vagabondage, etc. Ainsi s'ex-

---

(1) *Discours sur l'Éducation des femmes*, 2ᵉ partie.

pliquent en grande partie, l'opposition des caractères, la résistance qu'apportent certaines natures à l'impulsion qu'on leur donne, notre impuissance à les discipliner et à les vaincre. C'est là ce que Fénelon, dont la pensée a été souvent mal comprise, a bien mis en lumière : « Il y a, nous dit-il, des naturels semblables à des terres ingrates sur qui la culture fait peu ; des enfants qui naissent politiques, cachés, indifférents, pour rapporter secrètement tout à eux-mêmes ; » c'est pourquoi il ajoute que la préoccupation constante des parents et des maîtres doit être de découvrir « au travers des grâces de l'enfance, ce qu'il y a de mauvais dans les naturels que nous avons à gouverner ».

III

Bien que ces principes reçoivent chaque jour une confirmation nouvelle et soient même universellement reconnus pour vrais, il n'en est pas qui, dans la pratique, soient plus outrageusement méconnus et violés.

Les parents, — aujourd'hui surtout, — n'agissent-ils pas souvent, dans leur rôle d'éducateurs vis-à-vis de leurs enfants, comme si « toute leur âme était bonne ? » Il semble que, frappés d'une sorte de daltonisme moral, ils ne sachent plus distinguer entre leur défauts et leurs qualités, et n'aperçoivent nettement que ce qui les flatte. Une faute commise, cependant, est-elle trop apparente pour pouvoir être niée ? Avec quelle habileté ils l'excusent ! « Mon fils est léger, » disent-ils ; ou encore : « Il s'est laissé entraîner, mais le *fond est bon* et il n'y a pas lieu de s'alarmer ! » Eh bien, non, l'excuse n'est pas toujours valable, même quand elle est sincère, car c'est le fond qui, quelquefois, est mauvais, et si l'on ne s'en rend point compte, on devient impuissant à l'améliorer. De ces parents on pourrait rapprocher certains maîtres, notamment parmi les tout jeunes, qui aiment à se former les illusions les plus séduisantes; mais le mal est ici moins grave, car, au contact de la réalité, ces illusions se seront bien vite dissipées. En résumé, admettre *a priori* la bonté native de l'enfant, et nier, de parti pris, qu'il puisse posséder quelques inclinations fâcheuses, nous paraît aussi dangereux, au point de vue de l'éducation, que de penser avec La Bruyère, par exemple, que ses penchants les plus nombreux sont des penchants mauvais.

Mais là ne se borne point notre aveuglement. Comme si nos enfants étaient également propres à tous les travaux et à tous les métiers, nous disposons souvent de leur avenir sans même consulter leurs aptitudes et leurs goûts. Il semble qu'en agissant ainsi, nous soyons moins guidés par l'intérêt véritable de nos enfants que par notre inconsciente vanité. Notre fils n'est bien doué que pour les travaux manuels: qu'importe! nous l'arrachons à l'atelier et le poussons de force vers une carrière où il ne réussira jamais. Nous avons décidé qu'il serait un jour marin, ingénieur, avocat, médecin: il n'a qu'à se soumettre. Et nous voyons alors de malheureux enfants poursuivre pendant de longues, de très longues années, des études qui ne leur conviennent point, luttant, malgré tout, contre des concurrents plus heureux, pour n'aboutir, en définitive, qu'à un échec décourageant. Or, qu'en résulte-t-il? C'est que le nombre des mécontents et des déclassés va de plus en plus grossissant.

Nous ne saurions donc, dans la famille et dans nos écoles, réagir avec trop d'énergie contre de tels défauts. Partant de ce principe que tout être humain est imparfait, appliquons-nous, d'abord, comme le recommandait Fénelon, à démêler au plus tôt non seulement ce *qu'il y a de bon*, mais aussi ce *qu'il y a de mauvais* dans le naturel des enfants. Par là, notre action sur eux deviendra plus efficace et notre tâche plus agréable. Nous saurons, en effet, exactement quels ennemis il nous faut combattre, sur quels auxiliaires nous pouvons compter. Voyez le maître expérimenté dans sa classe : comme il sait varier les moyens dont il dispose, suivant les élèves auxquels il s'adresse, et obtenir de tous l'obéissance et le respect ; du plus grand nombre, le travail qui conduit au succès. C'est qu'il connaît tous ces enfants qu'il dirige, et, grâce à cette connaissance, sait éviter ce qui pourrait éveiller en eux les penchants nuisibles qui sommeillent, provoquer ce qui peut affermir leurs sentiments généreux. Ce qui importe, en outre, c'est que maîtres et parents apportent plus d'attention à découvrir les véritables aptitudes des enfants, afin d'orienter et d'utiliser le mieux possible les forces qui leur sont confiées. La tâche est difficile parfois ; aussi faudrait-il que, sur ce point, plus encore que sur les autres, tous s'entr'aident et se consultent. Si grave est le choix d'une carrière que l'on comprend les hésitations du maître à intervenir, même discrètement, auprès de ses élèves, et, cependant, combien il serait utile, dans bien des cas, que l'affection aveugle du père et de la mère fût éclairée par lui ! Il serait donc à souhaiter qu'entre la famille et l'école les rapports devinssent plus fréquents et les liens plus étroits. Si tous ceux qui s'intéressent à la jeunesse et travaillent en vue de son avenir se connaissaient un peu mieux ; s'il y avait entre eux plus de confiance, d'estime, disons même d'amitié, nous sommes persuadé que nos enfants seraient les premiers à en tirer profit.

IV

Comme on le voit, nous écartons les théories qui ne laissent, en quelque sorte, aux parents et aux maîtres, qu'un rôle négatif ; nous ne pensons même pas qu'il suffise, « dans l'éducation, de *suivre* et d'*aider* la nature » ; nous pensons qu'il faut, au besoin, lutter contre elle, quand elle est mauvaise, afin de la redresser. Telle était aussi l'opinion de Fénelon, opinion qu'il dut se former bien vite auprès de son élève le duc de Bourgogne. Aussi n'est-il point surprenant qu'il conserve les punitions et la crainte au nombre des moyens disciplinaires ; seulement il recommande, — et son conseil est sage, — de n'user de ces moyens qu'avec discrétion, car, « une âme menée par la crainte est toujours plus faible, » la crainte tendant toujours à déprimer nos forces et à diminuer l'action. Mais ce sont là, encore, considérations bien générales et bien vagues et dont l'application est difficile ; aussi est-il nécessaire, pour les rendre plus précises et plus pratiques, d'étudier d'un peu plus près nos principales inclinations, afin de voir quelles causes les fortifient et par quels moyens on peut les combattre.

CHAPITRE VII

LES INCLINATIONS PERSONNELLES

LES APPÉTITS ET LES BESOINS

Classification des inclinations. — I. Les inclinations personnelles. Des appétits : appétits naturels et appétits factices ; leurs caractères. — II. Comment ils se divisent : du besoin de mouvement ; usages à combattre. — III. Du besoin de respiration ; quelques règles d'hygiène. Des exercices de respiration. — IV. Du besoin de nourriture : du goût et du dégoût. Sont-ils des guides infaillibles ? Examen critique de l'opinion de Spencer. — V. De l'éducation du goût. Conclusion.

Pour nous guider dans l'étude des inclinations, il est utile de commencer par les classer. Cette tâche serait facile si nous pouvions, d'abord, distinguer nettement les inclinations vraiment primitives, c'est-à-dire antérieures à toute expérience, des inclinations qui sont nées sous l'influence des milieux ; si nous pouvions ensuite nous assurer que ces inclinations primitives se rencontrent bien chez tous les êtres d'une même espèce, et qu'elles ont une fixité telle qu'on ne saurait les confondre avec des manières d'être accidentelles et sans portée. — Mais comment se renseigner exactement sur tous ces points, étant donné surtout que nous ne pouvons nous étudier nous-mêmes dans l'enfance ; que, dans l'âge mûr, nous ne gardons aucun souvenir de nos impressions premières ; qu'il est, enfin, à peu près impossible d'interpréter comme il convient les faits et gestes des nouveau-nés.

Aussi, sommes-nous exposés constamment à confondre les inclinations et les habitudes, les tendances inhérentes à notre nature et les tendances acquises sous l'action des forces environnantes.

Une classification rigoureusement scientifique est donc à peu près impossible. Toutefois, — et cela nous suffit pour le but que nous poursuivons, — nous pouvons grouper nos inclinations d'une manière méthodique, en considérant les différentes fins vers lesquelles elles nous poussent. C'est à ce point de vue que se sont placés la plupart des psychologues et des moralistes qui, depuis Shaftesbury, les ont divisées en trois classes : en inclinations personnelles, en inclinations sociales et en inclinations idéales : les premières qui ont pour objet notre personne physique et morale ; les deuxièmes, qui ont pour objet nos semblables, et même les autres êtres qui nous entourent; les troisièmes, qui ont pour objet le Beau, le Vrai et le Bien. — Malgré les différences de leurs objets, ces inclinations n'en sont pas moins solidaires ; en chacune d'elles, en effet, on retrouve l'être vivant avec toutes ses énergies et son aspiration générale à une vie de plus en plus intense et complète ; c'est pourquoi elles, se modifient mutuellement et se pénètrent; c'est pourquoi, également, en parlant de l'une d'entre elles, nous serons fréquemment obligés d'empiéter sur les autres, afin de mieux montrer le lien qui les unit.

I

Toutes nos inclinations personnelles ont leur source dans l'*amour de soi*, c'est-à-dire dans cette tendance qu'a tout être non seulement à persévérer dans son être, mais encore à s'approprier tout ce qui peut entretenir et accroître en lui la vie, à écarter tout ce qui menace de la diminuer ou de la détruire. Lorsque cette tendance se rapporte plus spécialement à la vie physique, on donne le nom d'*appétits* ou d'*instincts* aux formes multiples qu'elle revêt, et celui de *besoins* à ces appétits eux-mêmes lorsqu'ils deviennent impérieux et demandent à être satisfaits. — Les caractères essentiels des actes que l'appétit impose sont d'être *périodiques* comme le mouvement vital, et *nécessaires* à tel point que nous ne saurions les négliger sans mettre notre existence en péril. — Des appétits ainsi définis se distinguent donc nettement les habitudes que, dans le langage usuel, on désigne sous le nom d'*appétits factices*. Ceux-ci, en effet, ne sont point comme les autres innés, mais acquis; leur périodicité n'est plus aussi régulière; les actes qu'ils poussent à accomplir, loin d'être toujours nécessaires au fonctionnement normal de la vie et à l'entretien de la santé, leur sont le plus souvent nuisibles; enfin, suivant une juste remarque des anciens, les appétits naturels sont, en général, faciles à satisfaire, car ils se contentent de peu, tandis que les appétits factices deviennent de plus en plus exigeants et tyranniques. Les premiers sont des maîtres que nous donne la nature, mais des maîtres qui sont en même temps des guides et des amis ; les seconds sont des maîtres que nous nous sommes donnés nous-mêmes, mais des maîtres qui fréquemment deviennent nos ennemis.

II

Nos appétits naturels se classent d'après les fonctions organiques auxquelles ils correspondent. De là le besoin de se mouvoir, le besoin de respirer et le besoin de se nourrir qui présentent bien tous les caractères des inclinations véritables et se manifestent dès les premiers instants de la vie. L'enfant est à peine né, que déjà il crie et s'agite, attestant par ces gestes et ces cris son impérieux besoin d'exercice. C'est par l'exercice, en effet, qu'il pourra développer ses forces, assouplir ses muscles, apprendre à se servir de ses organes et en dresser peu à peu la carte topographique qu'il ignore. Pendant les premiers mois, les premières années même de sa vie, ce besoin ne fera que grandir ; aussi notre premier soin doit-il être de veiller à ce qu'il soit le moins possible contrarié et gêné. Il est vrai que beaucoup de mères conçoivent différemment leur devoir et semblent croire que leurs enfants se développeront d'autant mieux qu'ils seront plus longtemps condamnés à rester immobiles. Comment expliquer autrement ces pratiques dignes des peuples barbares, que l'on retrouve encore dans presque toute la Russie et dans beaucoup de localités françaises où l'on voit de malheureux bébés, soumis dès leur naissance, à de véritables tortures : il faut, d'abord, que le patient, trop faible pour s'en défendre, soit bien enveloppé dans un ou plusieurs langes, les jambes droites, fortement serrées l'une contre l'autre, et les deux bras fixés au corps, comme ceux du soldat au port d'armes ! — Puis sur ces langes on enroule un maillot, relié de bas en haut par une solide lisière et, le paquet ainsi formé, on dépose le tout dans un berceau à œillets où passent et repassent des lisières et des lisières encore... afin que le pauvre petit être momifié ne puisse faire le moindre mouvement ! — Tel est le premier apprentissage de la vie... et de la liberté que quelques-uns d'entre nous font encore faire à leurs fils et à leurs filles. Quand ils sont hors du berceau, c'est un supplice d'un nouveau genre ; les mères, trop occupées, les déposent dans de maudites chaises dont un barreau mobile ferme soigneusement l'entrée, et là, pendant de longues heures, il faut rester prisonnier, le corps tassé sur lui-même. A ce régime, il n'est pas surprenant que tant d'enfants se déforment, s'étiolent et s'anémient ; ce qui est surprenant, au contraire, c'est que le nombre des impuissants et des infirmes ne soit pas plus étendu [1].

(1) Voyez sur le besoin d'exercice, ch. xxiii, *Du Jeu*.

III

L'instinct de la respiration nous porte non seulement à accomplir les mouvements nécessaires pour que les poumons fonctionnent régulièrement, mais encore à rechercher les endroits où l'air est pur et à fuir ceux où il est rare et vicié. Les indications qu'alors il nous donne ne diffèrent donc en rien de celles que, plus tard, l'hygiène nous fournira. Auss importe-t-il de ne les point dédaigner, surtout lorsqu'il s'agit de nos enfants dont l'organisme n'est point encore formé. Beaucoup d'entre eux se traînent, faibles et débiles, qui seraient robustes et vigoureux s'ils avaient pu jouer et dormir ailleurs que dans des réduits étroits et souvent mal aérés [1]. Dans bien des cas, sans doute, il n'en faut accuser que la misère des parents : il est si difficile aujourd'hui, principalement dans nos villes, à un ménage d'ouvriers de se procurer un gîte suffisamment spacieux et salubre ! Mais que de fois ces conditions fâcheuses sont aggravées par l'ignorance, l'incurie et la sotte tendresse des mères ! Elles sont nombreuses celles qui, chaque soir, portes et fenêtres bien closes, par crainte de maux imaginaires, ensevelissent leurs bébés dans les replis des rideaux, afin d'être bien sûres que nul souffle importun ne viendra les effleurer.

Comment, dans de telles conditions, la respiration pourrait-elle s'effectuer d'une manière profitable, puisque l'air, ne se renouvelant plus, se vicie lentement ? Les mêmes effets se produisent lorsque, dans l'appartement habité, on laisse s'accumuler odeurs et parfums de toutes sortes que le moindre souci de la propreté devrait faire disparaître ; mais

---

(1) Les règlements scolaires exigent que, dans les salles de classes, il y ait une surface de un mètre carré par élève, avec une hauteur de 3 m. 30 à 4 mètres. Ils recommandent, en outre, de veiller à ce que l'air se renouvelle fréquemment.

il semble qu'ici tout conspire à rendre le mal irrémédiable, car l'odorat peu à peu s'émousse et ne nous avertit plus du danger qui nous menace. Il n'y a, par conséquent, qu'une règle de conduite à suivre, — règle dont l'importance ressort de tout ce qui précède, — c'est de veiller à ce que nos enfants vivent le plus possible au grand air. — On a reconnu, de nos jours, que le moyen le plus sûr de guérir les malades dont les poumons sont atteints, consiste dans un séjour prolongé loin des villes, soit sur les grèves, soit sur les montagnes où le corps tout entier baigne en quelque sorte dans une atmosphère pure de tout germe infectieux; or, si l'air pur est assez puissant pour combattre un mal si redouté, même lorsqu'il a fait des ravages, comment ne serait-il pas assez puissant, dans bien des cas, pour l'empêcher de naître ? — Il est malheureusement vrai que tous nos bébés ne peuvent habiter les grèves et les montagnes et que, dans nos demeures, l'air pur est parcimonieusement mesuré ; c'est pourquoi il nous faut saisir toutes les occasions qui se présentent de les conduire à la campagne ; peut-être même serait-il bon alors, comme beaucoup d'hygiénistes nous le conseillent, de les habituer à faire des « exercices de respiration ». Ces exercices consistent à inspirer lentement, longuement, jusqu'à ce que l'air ait complètement rempli les poumons, puis lentement, très lentement encore, à le laisser s'échapper des lèvres. Répétés plusieurs fois, ces exercices, qui sont d'ailleurs fatigants, offrent de précieux avantages. Ils permettent, d'abord, de vivifier, jusque dans leurs plus intimes profondeurs, les organes de la respiration ; en outre, ils assouplissent et fortifient les muscles ; enfin, service d'un ordre tout différent, en nous apprenant à diriger notre souffle, ils nous rendent plus aptes à prononcer d'une manière nette et distincte. S'ils étaient plus communément pratiqués, les défauts de prononciation seraient beaucoup moins fréquents.

IV

Non moins nécessaire et non moins impérieux que le besoin de respirer, est celui de se nourrir. Ce besoin, qui se traduit par la soif et par la faim, a pour guides, et en quelque sorte pour sentinelles protectrices, deux éclaireurs précieux : le *goût* et le *dégoût*. Ce sont eux qui interprètent les données de nos sens, et, notamment, les odeurs et les saveurs, et qui nous poussent, l'un, à nous approprier les aliments utiles; l'autre, à nous écarter des aliments dangereux. Il semble, toutefois, que le rôle le plus actif soit dévolu au dégoût dont les effets se manifestent souvent par des vomissements, des nausées et des répulsions si violentes que nous ne pouvons les vaincre. Et c'est alors, surtout, qu'il est un guide inappréciable, car ne fallait-il pas que, même par des avertissements pénibles, — les seuls d'ordinaire efficaces, — il pût nous détourner des mets dangereux pour la santé et pour la vie?

Chez les animaux sauvages, le goût et le dégoût sont à peu près infaillibles, et il faut que les tortures de la faim soient bien fortes pour qu'ils se laissent tromper. Il en est à peu près de même chez nos animaux domestiques dont la nourriture est peu variée : les herbivores, par exemple, dans les champs où ils paissent, savent reconnaître sans peine, au milieu des herbes vénéneuses, les plantes qui leur conviennent et, plus d'une fois, les hommes ont mis utilement cet instinct à profit. Les tout jeunes enfants, tant que leur goût n'a point été faussé et tant qu'on ne leur a point donné d'appétits factices malsains, discernent également, d'instinct, ce qui leur est utile et le discernent avec une grande sûreté, comme le font les adolescents qui mènent une vie régulière. C'est pourquoi, suivant Spencer, « non seulement il existerait de fortes raisons *a priori* pour se fier au goût des enfants,

mais tout autre guide ne saurait être suivi avec confiance ».
La science et l'expérience ne le prouvent-elles pas, d'ailleurs,
clairement chaque jour ? Ainsi la plupart des parents font
une guerre soutenue au goût qu'ont leurs enfants pour les
sucreries et les fruits verts ; ils ne peuvent les voir, sans
colère, mordre à belles dents dans quelque pomme non
mûre, ou se faufiler près des groseillers du jardin ; or, la
science nous apprend que les aliments sucrés jouent un rôle
important dans le développement de l'organisme et que les
fruits, même verts, sont des toniques excellents. L'excès seul
serait à redouter ici. De plus, l'expérience nous montre, à
son tour, que les excès produits par la gloutonnerie ont
presque toujours leur cause dans la défense même des
parents et dans les privations qu'ils imposent. C'est pourquoi Spencer n'est pas éloigné de penser que nous devrions
toujours laisser l'enfant manger à sa faim et boire à sa soif ;
manger et boire ce qui lui plaît. En revanche, nous devrions
apporter le plus grand soin à lui procurer, le plus possible,
des aliments substantiels, et à les varier, comme le goût
l'exige, afin d'éviter la satiété.

Nul doute que ces protestations de Spencer et les conseils
dont il les fait suivre, n'aient contribué à détruire beaucoup
de préjugés fâcheux ; mais nous croyons, aussi, qu'il serait
dangereux d'attribuer à ces conseils une valeur excessive et
de les mettre en pratique d'une manière trop fidèle. Si la
finalité du goût et du dégoût paraît incontestable et, d'ailleurs,
n'est plus guère contestée, il faut pourtant reconnaître que,
dans bien des cas, soit par suite des tendances héréditaires,
soit par suite d'habitudes contractées dès les premiers jours
de la vie, ils peuvent n'être plus que des guides suspects
dont les indications doivent être contrôlées. Ne savons-nous
pas, par exemple, que certains babies anglais, dont les mères,
chaque jour, abusent du whisky, refusent énergiquement le
sein quand leur nourrice, par hasard, a négligé de suivre son

régime ordinaire? Avec la plupart des physiologistes contemporains, on peut et l'on doit admettre, en thèse générale, que l'enfant apporte en naissant des prédispositions toutes particulières à aimer ce que ses parents ont aimé, et que des fils d'alcooliques seront beaucoup plus exposés que d'autres, si l'on n'y veille, à devenir alcooliques à leur tour. Que de fois encore ne remarquons-nous pas chez nos bébés des goûts étranges, antinaturels, inexplicables! Il en est qui semblent trouver à la terre une saveur délicieuse, et je connais une fillette qui se délecte en cachette, avec les poignées de gros sel qu'elle a dérobées à la cuisine. Enfin nous n'avons qu'à évoquer nos propres souvenirs pour savoir à quels périls le goût parfois nous aurait exposés, sans la surveillance prudente de nos parents. Avec quel bonheur, après une course très longue, essoufflés, couverts de sueur, nous buvions de l'eau bien fraîche, au sortir de sa source! De même, quand la fièvre nous dévore, combien nous serions reconnaissants à ceux qui nous entourent, s'ils nous apportaient quelque breuvage glacé et satisfaisaient à nos caprices de malades? Dira-t-on que le goût est ici un guide infaillible? Notre devoir est donc de le surveiller, de le discipliner, de le régler chez nos enfants, et cela même dès les premiers jours de la vie.

Toutes les mères qui ont encore assez le sentiment de leur devoir pour nourrir elles-mêmes leurs enfants, *lorsqu'elles le peuvent*, savent, par expérience, à quel point ces petits démons qu'elles adorent deviennent vite tyranniques et gloutons, si l'on n'y prend pas garde. Régulariser leurs repas est donc de l'intérêt de tous, et, sur ce point, la science et le bon sens tiennent le même langage... d'ailleurs peu écouté. Nous croyons qu'il faut procéder de la même manière avec nos enfants plus âgés. N'oublions pas, en effet, que si la gourmandise naît quelquefois de privations endurées, elle naît bien plus souvent des appétits satisfaits, et ces appétits, les mères les satisfont avec une complaisance presque coupable. De là tous ces petits Gargantua dont l'estomac est insatiable; de là aussi tous ces enfants gâtés qui semblent n'être sensibles qu'aux friandises qu'on leur promet.

V

Si, pour toutes ces raisons, il importe de surveiller les goûts des enfants, il importe, pour des raisons non moins sérieuses, de surveiller leurs dégoûts. Il en est, en effet, de deux sortes : les uns qui viennent du tempérament et de la constitution même de l'enfant. Les autres qui viennent de causes purement accidentelles et de caprices. Or, il convient de ne les point confondre. Les premiers ne sauraient être impunément violentés, car ce qu'ils repoussent est réellement nuisible à la santé. Ils ne sont point rares les cas d'enfants qui, après avoir mangé sans s'en apercevoir, par suite d'une supercherie des parents, un aliment dont ils ont habituellement dégoût, se sentent pris tout à coup de violents malaises et manifestent tous les symptômes d'un empoisonnement. Lorsque les dégoûts ne sont qu'accidentels, — et ce sont les plus nombreux, — il n'en est plus de même; il faut absolument les combattre, dans l'intérêt de ceux qui les possèdent, et aussi dans notre propre intérêt : ils sont si désagréables ces convives que rien ne peut contenter! Maintenant, par quels moyens pourrons-nous y réussir? Beaucoup sont préconisés, mais le plus efficace, croyons-nous, est encore la douceur et la persuasion : imposer à un bébé l'obligation de prendre le mets qui lui répugne, c'est souvent rendre sa répugnance plus invincible. Faisons-lui plutôt comprendre combien sa résistance est peu raisonnable; qu'en cherchant à la surmonter, il nous fera plaisir; choisissons, pour agir ainsi, les moments les plus opportuns, ceux où il a besoin de se faire pardonner quelque faute, ceux aussi où la faim le presse : notre suggestion agira ainsi plus sûrement et il est probable que nous réussirons.

Mais, s'il est sage de lutter contre ces défauts lorsqu'ils sont nettement accusés, il serait plus sage encore de les empêcher de naître. Or, il faut bien reconnaître que souvent c'est nous qui les provoquons. Bébé n'aime point le potage, parce que son papa n'en prend jamais. Maman a horreur des figues ; et les figues font horreur à Bébé ! — N'est-ce point encore une habitude déplorable que celle des parents qui veulent faire goûter à leurs enfants de tout ce qui paraît sur la table. On en voit même s'extasier sur la gentillesse du « petit homme » qui a bu, sans sourciller, le vin ou la liqueur versée dans le verre de son père ! Comment s'étonner, après cela, des goûts fâcheux que nous déplorons plus tard ?

Ces simples faits nous expliquent la conduite des parents qui écartent les enfants de la table de famille. Mais c'est là une exclusion qu'il serait peut-être dangereux de généraliser. Jusqu'à l'âge de deux ou trois ans, nous ne voyons guère quel avantage il y a pour l'enfant à se trouver à la table commune ; nous voyons très bien, en revanche, le désordre qu'il y cause, et les ennuis qui en résultent pour tous[1]. — Dès l'âge de trois ans, au contraire, il peut, en la compagnie de ses parents, à l'heure du repas, trouver plaisir et profit. Il est si facile, à ce moment, d'une manière discrète, à un père et à une mère intelligents, de lui donner une foule de conseils et d'exemples bons à imiter. Ce que nous demandons c'est que l'on ne condamne pas ces enfants à séjourner trop longtemps à table. Comment obtenir d'eux qu'ils restent paisibles et se tiennent d'une manière convenable pendant trois quarts

---

[1] Voyez les intéressants conseils que donne Bernard Perez, *Éducation morale*, p. 122 et suivantes. Félix Alcan, éd.

d'heure, une heure et plus ! De grâce, songez davantage à leur âge, et rendez-les le plus vite possible à leurs jouets.

En résumé, il faut veiller à ce que nos enfants aient des goûts simples et sachent se contenter du nécessaire.

Efforçons-nous, à mesure qu'ils grandissent, de leur faire comprendre à combien de malaises et de chagrins nous assujettissent les appétits factices et combien aussi ils sont coûteux. L'homme n'est pas seulement riche des richesses qu'il possède ; il est riche également de toutes celles dont il n'a pas besoin.

CHAPITRE VIII

LA PEUR

I. Origines de la peur. Hérédité. Souffrances éprouvées déjà. Récits et lectures. Sollicitude excessive des parents. — II. Effets de la peur. Ses effets sur les fonctions organiques. Ses effets sur les fonctions mentales : sensibilité, intelligence, volonté. La peur des ténèbres. — III. Moyens de combattre la peur. Moyens à éviter. Rôle de la suggestion et du raisonnement. Opinion de Descartes. Nécessité d'une éducation virile.

Entre nos inclinations qui ont pour fin la vie physique et celles qui ont pour fin la vie mentale, tenant à la fois des unes et des autres, se placent deux sentiments également primitifs et universels : la peur et la colère ; la première qui n'est, suivant la remarque de M. Ribot, que l'instinct de conservation sous sa forme défensive ; la seconde, ce même instinct, sous sa forme offensive.

I

Nul fait ne met aussi bien en relief que la *peur* l'étroite union du physique et du moral et surtout l'influence considérable qu'exerce la sensibilité sur toutes nos fonctions ; nul autre ne montre mieux combien le caractère des êtres dépend de l'hérédité, de l'éducation et des milieux où ils vivent.

Que le sentiment de la peur ait parfois son origine dans l'hérédité, l'exemple des animaux et celui des enfants le prouvent avec évidence. Comment expliquer autrement, en effet, que les poussins fuient à l'approche du faucon, les chevaux à l'approche du tigre, les souris à la vue du chat qui les guette, et cela avant même que l'expérience ait pu leur apprendre qu'ils étaient en présence d'ennemis? Comment expliquer surtout que sur les côtes de certaines îles, on trouve des oiseaux qu'effraie l'arrivée de l'homme, tandis qu'au centre des mêmes îles, les oiseaux de la même espèce se laissent approcher sans manifester aucune crainte? La peur, dans tous ces cas, ne saurait être que l'effet d'une réminiscence ancestrale. — Des faits analogues ont été constatés souvent chez les tout jeunes enfants; chez les uns, c'est un tressaillement soudain, — ce tressaillement de la peur si caractéristique, notamment quand les cris l'accompagnent, — dès que la nourrice qui les porte descend les premières marches d'un escalier, ou dès qu'elle entre brusquement dans un appartement obscur; chez les autres, c'est la crainte de tomber, avant d'avoir fait aucune chute, c'est la crainte des oiseaux, des serpents, voire même des chiens et des chats... Tous ces phénomènes nous révèlent donc bien non un sentiment vraiment primitif et propre à l'espèce, mais un sentiment acquis par les ascendants et qui s'est transmis à travers les âges. Il semble que, grâce à lui, résonne encore en nous, comme un écho lointain, la voix des générations disparues et que nous pressentions ainsi le danger avant de le connaître.

Mais la peur n'a pas toujours une origine aussi lointaine; elle vient, le plus souvent, des sensations pénibles que nous avons éprouvées. Si l'enfant a peur de tomber avant même d'être tombé, sa peur s'accroît beaucoup dès qu'il a fait plusieurs chutes. Voyez comme il hésite, quand on l'a placé seul au milieu de la chambre, le regard inquiet, les bras en balancier, cherchant une main qui le soutienne, puis timidement, sur ses petits pieds mal assurés, s'avançant jusqu'à sa mère où il compte trouver un refuge! Si les chutes qu'il a faites ont été graves, il lui faudra peut-être de longs jours avant qu'il ait recouvré son assurance première. — C'est par les souffrances qu'elles lui causent, qu'il apprend peu à peu à redouter les choses; c'est quelquefois par les châtiments que ses parents lui infligent qu'il apprend à redouter les hommes.

Lorsque son imagination s'est éveillée, la peur trouve dans les récits dont on le berce un aliment plus fécond encore. Chez les anciens, on effrayait les enfants en les menaçant des Furies qui poursuivent les coupables et du Mercure noir qui volait les bébés méchants; nous les effrayons aujourd'hui par des contes tout aussi sauvages. Plusieurs d'entre nous se rappellent les histoires de loups-garous et de revenants qu'aimaient à répéter les vieilles femmes de la campagne et avec lesquelles elles nous affolaient. Dans nos villes, ce sont les ogres et les ogresses, croque-mitaine et le ramoneur qui sont substitués aux loups-garous. Quels auxiliaires commodes trouvent en eux les parents! « Celui-ci va t'emporter!... celui-là va te croquer! » Et l'on s'efforce de calmer ainsi les bébés trop tapageurs. Pour rendre ces admonestations plus efficaces, on a recours à mille ruses. Pendant que la mère gronde, le père, sans qu'on le voie, frappe fort sous la table et paraît tout heureux quand il a produit enfin la peur qu'il juge salutaire. — Dans quelques petites villes on fait mieux encore. Lorsque le cas est un peu grave, on appelle dans la maison l'un de ces pauvres hères, mal vêtus, comme il en existe partout, et qui, pour un morceau de pain, remplit, en conscience, son rôle d'épouvantail qui l'amuse! — En vérité, il semble que nous prenions un plaisir barbare à dénaturer le cerveau de nos enfants, et à étouffer en eux les germes du courage.

A ces causes, il faut ajouter celles que signale Rousseau et dont les conséquences ne sont pas moins fâcheuses. Elles résident dans l'empressement excessif que mettent quelques parents à écarter des enfants ce qui pourrait leur nuire, ou à les plaindre lorsqu'ils souffrent de quelque mal. Qui n'a vu l'une de ces mères que raille Rousseau, toujours inquiète à la pensée des accidents possibles? Son fils se heurte à un meuble ou se blesse avec ses jouets..... et les cris partent de toutes parts. Elle ne sait comment plaindre et consoler la victime : aussi en arrive-t-elle à lui persuader que son mal est très grave en voulant lui persuader le contraire. Que la scène se renouvelle fréquemment : l'enfant deviendra de plus en plus douillet ; la moindre souffrance lui fera peur et il est fort à craindre qu'il ne soit jamais qu'un poltron.

II

Jusqu'ici nous avons surtout recherché quelles sont les causes de la peur ; examinons maintenant quels en sont les effets. Ses effets sur l'organisme sont les premiers qui nous frappent. Lorsqu'elle est un peu vive, le sang se retire brusquement des extrémités du corps et afflue avec abondance aux centres nerveux ; le visage pâlit, les battements du cœur sont plus forts, le pouls plus fréquent ; la respiration devient haletante ; on tremble, la voix s'altère, les jambes fléchissent, parfois même la respiration s'arrête complètement et provoque les syncopes, l'asphyxie et la mort.

L'esprit n'est pas moins troublé. C'est d'abord l'intelligence qui s'obscurcit ou s'affole, incapable de réfléchir, et la mémoire perdue. Ceux qui ont dû quelquefois prendre la parole en public se rappellent, sans aucun doute, leurs émotions du début : on arrive plein de courage, et voici que, tout à coup, devant un auditoire devenu silencieux, sous l'action des regards qui curieusement interrogent, on se sent pris de vertige ; il semble que le souvenir du bel exorde préparé s'efface, la parole est pénible..... heureux encore lorsque l'émotion se dissipe et qu'on peut retrouver son sang-froid. Nous connaissons tous des maîtres excellents qui, le jour de l'inspection venue, se troublent à un tel point qu'ils ne font rien qui vaille et ne donnent d'eux-mêmes que la plus triste impression. Or, ce qui se produit chez des hommes faits, doit, à plus forte raison, se produire chez les enfants.

Il en est auxquels la peur de se tromper, d'être blâmés par le maître ou raillés par des camarades espiègles, ôte toute présence d'esprit et presque tout bon sens. S'ils ne gardent point le silence lorsqu'on les interroge, ils ne répondent que par des sottises, bien qu'ils se montrent, dans d'autres circonstances, lorsque la crainte ne les paralyse point, intelligents et judicieux. Lorsque cet état craintif se prolonge, il peut engendrer des maladies véritables. L'une des plus fréquentes est le délire de la persécution. Le sujet qui en est atteint aperçoit partout des dangers et des ennemis imaginaires : dans l'ombre qui joue près de lui, dans le bruit du vent à travers les feuilles, il ne voit que menaces et présages fâcheux. Un geste l'effraie, le moindre mot le blesse. On dirait qu'un mauvais génie prend plaisir à dénaturer, pour le faire souffrir, tout ce qui frappe ses sens. Les sentiments les plus bienveillants eux-mêmes sont faussés par cette disposition pessimiste : aussi la vie devient-elle parfois à charge à ces malheureux enfants. Ces prédispositions se remarquent surtout chez ceux dont la santé est débile et qui ont vécu près de parents qui les terrorisaient. Qui de nous n'a pas rencontré de ces enfants inquiets, mécontents, effarés et que tous nos bons soins ne parvenaient pas à rassurer?

A mesure que l'intelligence s'obscurcit ou se trouble, la volonté s'affaiblit et se brise.

Quand la peur est violente, nous devenons incapables de vouloir, au sens rigoureux du mot, et alors, ou bien nous fuyons l'objet qui nous effraye, sans songer aux dangers plus graves que notre fuite peut faire naître ; ou bien nous restons anéantis et comme fascinés, impuissants à écarter le mal qui nous menace. C'est ainsi que nous voyons des enfants, sous l'action de la peur, prêts à se jeter soit au feu, soit à l'eau ; tandis que d'autres restent dans une attitude passive, courbant le dos et baissant le front. — La peur des ténèbres nous permet d'observer tous ces effets réunis. Cette peur est absurde et le peureux peut-être se le dit tout bas ; mais sa raison n'est pas assez maîtresse d'elle-même pour l'en convaincre : son énergie physique l'abandonne, ses jambes refusent de le porter, et sa volonté ne peut plus élever la voix pour ordonner.

Ajoutons, enfin, que la peur d'un mal suffit souvent à le faire naître : il est clairement prouvé qu'en temps d'épidémie, les peureux sont les premiers atteints; — et, de plus, que rien n'est contagieux comme les sentiments qu'elle fait naître : un jour de bataille, la fuite d'un lâche suffit à amener la déroute générale.

III

Il aura suffi d'indiquer les causes de la peur pour en faire pressentir les remèdes, et d'en avoir décrit les principaux effets pour montrer combien il importe de la combattre.

Et d'abord, ne pourrions-nous pas suivre le conseil que nous donnent souvent les anciens traités de médecine, et chercher à guérir « le semblable par les semblables, » et la peur par une peur plus grande ? — Il est bien vrai qu'on a obtenu ainsi des guérisons surprenantes : des maladies nerveuses ont disparu, des personnes devenues muettes ont tout à coup recouvré la parole, des ivrognes même sont devenus tempérants! Mais nous doutons qu'un tel procédé puisse être vraiment utile dans nos familles et dans nos écoles; en tout cas, il présente de tels dangers que nous n'hésitons pas à le proscrire absolument. Sans doute, dans certains cas, pour fortifier, par exemple, le courage d'un enfant, et vaincre ses sentiments craintifs, nous lui faisons honte de sa lâcheté et nous cherchons à réveiller en lui la peur du ridicule et des railleries; mais remarquons bien qu'ici c'est moins la peur proprement dite qui devient notre auxiliaire que le sentiment même de la dignité personnelle. Je connais un père de famille qui, pour guérir son fils de la peur des ténèbres, renouvela, il y a quelques années, l'expérience décrite par Rousseau dans son *Emile*. Il le força, la nuit, d'aller chercher un livre dans une église où l'on ne pouvait entrer qu'après avoir traversé le cimetière. L'enfant obéit; mais ce souvenir est l'un des plus pénibles qui lui soient restés. Que l'on songe, d'ailleurs, aux tristes conséquences qu'aurait pu provoquer cette épreuve si cet enfant avait été moins robuste !

A ces moyens un peu barbares, il convient donc de préférer des procédés plus humains. Le premier est de s'interdire d'une manière rigoureuse les récits épouvantables et terrifiants, car « ce sont là autant d'épines que nous laisserions dans les chairs de l'enfant et qui le blesseraient pour toute la vie ». Il faut s'interdire également tout ce qui pourrait surexciter outre mesure son imagination et provoquer des rêveries et des illusions fâcheuses : qui nous assure, en effet, que la raison sera assez puissante un jour pour les dissiper entièrement ? — Notre conduite n'est pas moins importante que nos paroles, c'est pourquoi il est deux excès dont nous devons soigneusement nous préserver : l'un qui consisterait, à trop entourer de soins les enfants, à leur faire redouter outre mesure la souffrance, à leur faire peur, en un mot, de la peur; l'autre qui consisterait à les traiter trop durement et à chercher moins à se faire aimer qu'à se faire craindre. Il faut, a-t-on dit, agir avec l'enfant comme avec l'animal dont il se rapproche et, pour le dresser, des privations et des coups. — Parler ainsi, c'est oublier qu'avec l'âge, l'animal disparaît et que l'homme reste; or l'homme se rappelle toujours la manière dont on l'a traité enfant; c'est oublier, en outre, qu'en procédant ainsi on risque d'empêcher l'homme de se développer en comprimant en lui ses facultés les plus élevées.

Mais il est des moyens plus efficaces encore de combattre la peur : ces moyens sont la suggestion et le raisonnement. Parler sans cesse devant un enfant de ses frayeurs ridicules et le traiter toujours comme un poltron, c'est souvent accroître sa poltronnerie ; affecter, au contraire, de croire à son courage, c'est lui donner confiance en lui-même et le rendre courageux. Qu'un général mande auprès de lui le soldat qu'il sait être le moins brave de son armée et lui dise : « Il y a une mission importante et périlleuse à remplir; il me faut un homme sur lequel je puisse compter et j'ai songé à vous ! » Le soldat partira aussitôt, sans peur, et se conduira en héros. Nous savons que ce fait s'est produit; or, ne contient-il pas pour nous un enseignement précieux dont nous pouvons tirer profit? — Enfin notre œuvre doit s'achever par un appel de plus en plus fréquent à la raison, à mesure que l'enfant grandit et devient plus apte à comprendre la puérilité de ses craintes. C'est là ce qu'a bien compris Descartes : « Pour exciter en soi la hardiesse, y ôter la peur, il ne suffit pas, dit-il, d'en avoir la volonté, mais il faut s'appliquer à considérer les raisons, les objets ou les exemples qui persuadent que le péril n'est pas grand, qu'il y a toujours plus de sûreté en la défense qu'en la fuite; qu'on aura de la gloire et de la joie d'avoir vaincu, au lieu qu'on ne peut attendre que du regret et de la honte d'avoir fui, et choses semblables[1]. » — En procédant ainsi, nous donnerons à nos enfants une éducation vraiment virile, et cette éducation, conduite avec esprit de suite, est d'autant plus nécessaire à notre époque que, suivant la juste remarque d'un philosophe qui a écrit sur le sujet qui nous occupe les pages les plus instructives, « l'avenir et la puissance d'un peuple ne sont pas tout entiers dans son commerce, dans la guerre, dans la science, mais aussi dans l'aptitude des enfants à être courageux ou poltrons. Rappelez-vous, ajoute-t-il encore, que la peur est une maladie qu'il faut guérir, que si l'homme intrépide peut quelquefois se tromper, celui qui a peur se trompe toujours[2] ».

(1) Descartes. *Les passions*, art. XIV, Ire partie.
(2) A. Mosso. *La peur*. Félix Alcan, éd.

CHAPITRE IX

DE LA COLÈRE

I. De la colère : Ses différentes formes. — II. Effets de la colère sur les fonctions organiques. Ses effets sur les fonctions mentales : sensibilité, intelligence, volonté. — III. Causes de la colère. Causes organiques : état du système nerveux, hérédité. Causes psychologiques : sentiment de sa propre dignité. Vanité. Mauvaise éducation. — IV. Moyens de combattre la colère. Moyens préventifs, moyens directs.

A la peur s'oppose la colère. Entre ces deux états l'antithèse est complète. L'une est une certaine manière d'être passive et douloureuse ; l'autre est, au contraire, une certaine manière d'être agressive et souvent agréable. Celle-là est comme un affaissement et une dépression de la volonté ; celle-ci en est l'affirmation énergique. Elles diffèrent donc absolument de nature ; nous allons voir qu'elles diffèrent également et par leur évolution et par leurs effets.

I

La colère est toujours occasionnée par une cause réelle ou imaginaire qui nous est ou paraît nous être nuisible. — Dès que surgit une contrariété ou qu'une menace nous est faite, nous éprouvons, le plus souvent, un sentiment de surprise, d'hésitation et comme une sorte de défaillance ; mais cet état, d'ordinaire, dure peu. Bientôt, en effet, nous sentons sourdre en nous une irritation grandissante accompagnée parfois d'une irrésistible tendance à attaquer et à nous défendre. C'est alors qu'apparaît la colère proprement dite.

M. Ribot distingue dans l'évolution de ce sentiment, trois périodes principales auxquelles correspondent trois formes différentes [1].

Dans la première, la colère est essentiellement explosive.

Nous savons tous avec quelle soudaineté et quelle violence elle se traduit chez certains enfants, dès qu'ils sont contrariés : « Suzanne, nous raconte Anatole France, a juste trois mois et vingt jours, et elle veut saisir un coq rouge, peint sur une vieille assiette qui est à sa portée. Elle frappe l'assiette avec ses poings, la gratte avec l'ongle, lui parle, la retourne avec de grandes secousses... mais en vain. C'est alors que, constatant son impuissance à obtenir ce qu'elle désire, elle se jette dans une colère qui la rend rouge comme une pivoine, lui élargit le nez à la façon des Cafres, lui remonte les joues dans les yeux, et les sourcils jusqu'au sommet du front. Ce front, tout à coup rougi, bouleversé, travaillé de bosses, de cavités, de sillons contraires, ressemble à un sol volcanique. Sa bouche se fend jusqu'aux oreilles, et il en sort, entre les gencives, des hurlements barbares [2]. » — Chez les animaux, et notamment chez les animaux sauvages, la colère se manifeste avec la même soudaineté, car nulle force contraire ne vient en arrêter l'explosion. Seulement elle est encore plus agressive et plus destructive. Pour apaiser la faim qui le pousse, disputer sa proie à un rival importun, repousser un ennemi qu'il redoute, l'animal engage immédiatement la lutte, utilisant toutes les armes qu'il tient de la nature. La colère n'est ici que l'utile auxiliaire de l'instinct de conservation surexcité par le besoin et le danger.

(1) Ribot. *Psychologie des sentiments*, 2ᵉ partie, ch. III.
(2) Anatole France. *Le livre de mon ami*, p. 207.

Dans la deuxième période, l'explosion de la colère se traduit par une agression moins soudaine, quelquefois même elle n'est qu'un simulacre de l'agression. On la rencontre surtout, sous cette forme, chez les animaux supérieurs et chez l'homme. C'est ainsi que le chien, en apercevant un ennemi, s'arrête et grogne avant de s'élancer et de mordre; « c'est ainsi que l'homme le plus souvent s'en tient à la menace ou à quelque violence sans destruction. » Toutefois lorsque cette colère pousse jusqu'à la brutalité, il semble que, à la satisfaire, on éprouve un plaisir jusqu'ici inconnu, celui de *voir souffrir* des souffrances que l'on cause, parce qu'on est le plus fort. « Il n'est guère douteux, dit Bain, que le fait primitif dans le plaisir de la colère est la fascination produite par la vue de l'affliction et de la souffrance physique. Le fait est aussi singulier qu'horrible, mais l'évidence en est incontestable[1]. »

Enfin, dans la troisième période, l'agression est non seulement différée, mais l'irritation même qui l'accompagne est dissimulée le plus possible. C'est qu'alors, à la tendance qui nous pousse à attaquer, s'oppose la raison qui nous conseille d'attendre; de là une lutte parfois très vive qui se livre en nous, et qui engendre la rancune, le ressentiment, la haine, l'envie, l'hypocrisie... C'est là, remarque M. Ribot, « la forme civilisée de la colère », et cette forme est propre à l'homme.

II

Si puissante est l'action de la colère que toutes nos fonctions organiques sont modifiées quand elle éclate; la respiration devient haletante, la voix rauque et saccadée; les vaisseaux sanguins se dilatent, le sang afflue au visage, la circulation cutanée augmente, le cœur bat plus vite et d'une

---

(1) Cf. Charron. *De la sagesse*, liv. I, ch. xxvii.

manière moins régulière. La sécrétion salivaire est produite avec plus d'abondance, quelquefois même elle est toxique comme la sécrétion lactée, la quantité de ptomaïne qu'elle contient étant plus grande ; enfin les muscles se contractent, et le corps instinctivement prend l'attitude du combat. Lorsque la colère est très violente elle est accompagnée de phénomènes physiologiques plus caractéristiques encore et plus graves ; elle peut en effet occasionner la suffocation, l'impossibilité de parler, l'apparition de l'écume aux lèvres, la rupture des vaisseaux sanguins et de véritables crises épileptiformes.

Son action sur les fonctions mentales est tout aussi connue. La sensibilité entière est troublée. Il semble d'abord que la sensibilité physique ait en partie disparu : dans la colère, on ne sent plus les coups que l'on reçoit et tel choc qui, en temps ordinaire, ferait crier, laisse presque indifférent. De là cet acharnement avec lequel se poursuit la lutte, la douleur n'intervenant plus pour calmer les combattants. Quant à la sensibilité morale, elle paraît également inaccessible à tout ce qui est étranger à l'objet de la colère : sa zone s'est rétrécie, c'est pourquoi les sentiments de pitié, de bienveillance, de dignité même, parfois paraissent évanouis. L'intelligence est, comme la sensibilité, singulièrement obscurcie. Nous devenons incapables de discerner le bien du mal, l'utile du nuisible ; incapables de raisonner juste, incapables même quelquefois de nous rappeler ce que nous aurions intérêt à n'oublier jamais. Ici encore la portée de l'intelligence est diminuée, sa perspicacité amoindrie, sa justesse détruite : elle est comme affolée. Or, ce trouble de la sensibilité et de l'intelligence entraîne nécessairement celui de la volonté. Peut-on dire qu'il est vraiment libre et maître de lui, qu'il veut, au sens plein du mot, celui qu'entraîne la fougue de la colère ? Évidemment non. Il n'agit point, il est agi.

Il est rare, sans doute, que la colère s'offre à nous avec des caractères aussi accentués ; mais il était utile de mettre ces caractères en relief, pour bien montrer où elle peut conduire et quelles conséquences elle entraîne. L'expérience de chaque jour ne nous montre-t-elle pas, d'ailleurs, que les degrés qui séparent la colère la plus bénigne de la colère violente sont, dans bien des cas, vite franchis ? C'est ce qui arrive lorsque ces accès se produisent fréquemment sans que nul obstacle énergique ne leur soit opposé. Ils deviennent d'autant plus forts et d'autant plus difficiles à réfréner, qu'ils se répètent plus souvent.

III

S'il est relativement facile d'indiquer les effets généraux de la colère, il l'est beaucoup moins d'en indiquer les causes, ces causes variant suivant les individus, et, pour un même individu, suivant les milieux et les heures.

Nous pouvons cependant admettre que la tendance à la colère a sa cause première dans la constitution physique et dans l'hérédité. Les anciens avaient remarqué déjà qu'à un tempérament nerveux et sanguin correspond fréquemment, sinon toujours, un caractère violent, et leur remarque était juste. Il est également certain que celui dont le système nerveux, d'une irritabilité excessive et d'une extrême instabilité, l'emporte sur le système musculaire, sera plus enclin à la colère que celui dont l'organisme est bien équilibré et qui jouit d'une santé robuste. Nous constatons tous les jours que les hommes les plus forts et les plus sains sont, d'ordinaire, les plus calmes et les plus doux ; alors que les plus malingres et les plus chétifs se montrent les plus hargneux. Toutes les causes qui tendent à déséquilibrer le système nerveux et à le surexciter, en le débilitant, tendront donc, par là même, à éveiller et à fortifier notre irascibilité : or, parmi ces causes, il faut signaler en première ligne l'abus de l'alcool et le raffinement dans la recherche des plaisirs.

Les causes morales qui prédisposent à la colère ne sont point sans analogie avec celles qui précèdent. D'un côté, nous avons signalé la faiblesse de l'organisme ; de l'autre, il nous faut mentionner la faiblesse de l'esprit[1]. Les vaniteux ne sont-ils pas, de tous les hommes, les plus irritables ? Épris de leurs propres mérites, c'est-à-dire de choses frivoles et sans prix, ils ne peuvent souffrir de se voir méconnus ; c'est pourquoi un rien les froisse, les indigne, et parfois les exaspère. Leur colère, il est vrai, va rarement jusqu'à l'agression, mais elle suscite, ce qui est pire, de méchantes petites haines et de vilaines petites vengeances dont ils sont les premiers à souffrir. Non moins irritables que les vaniteux sont tous ceux qui, de bonne heure, ont été trop choyés et trop gâtés par leurs parents et leurs amis. Habitués, dès l'enfance, à voir docilement satisfaire leurs caprices, ils restent tout surpris si quelqu'un leur résiste, et leur surprise bien vite se transforme en colère. Ils s'en prennent alors aux êtres et aux choses des déceptions qu'ils éprouvent, incapables de les comprendre et de les supporter sans se plaindre. Quelquefois, il est vrai, l'irascibilité tient à des causes plus légitimes ; elle peut provenir de chagrins éprouvés, d'injustices subies, de peines imméritées. Ils sont nombreux ceux pour lesquels la vie est dure et méchante et l'on conçoit alors que la patience s'épuise et que la raison s'obscurcisse. L'impassibilité stoïcienne est aussi inaccessible à celui qui a beaucoup souffert qu'à celui qui a été très heureux. Nous nous en rendons si bien compte que nous sommes pleins d'indulgence pour les malheureux que l'infortune accable.

---

(1) Voyez sur ce sujet les pages judicieuses et profondes de Charron, liv. I, ch. xxviii, et liv. II, ch. xxxi.

Enfin, à toutes ces causes il faut ajouter « l'opinion d'estre méprisé et autrement traicté que ne devons, ou de fait, ou de parole, ou de contenance ». Dans ce cas, la source de notre colère est dans le sentiment même de notre propre dignité. Chacun de nous, même le plus modeste, a conscience d'être respectable, en tant qu'homme, conscience de ce qu'il doit aux autres, et de ce qui lui est dû; or, il ne lui est pas possible, lorsqu'il se voit injustement traité, lorsque son droit est outrageusement violé, lorsqu'il est considéré, non comme une personne mais comme une chose, de ne pas être porté à protester et à se défendre. Notre indignation est ici l'expression spontanée de l'instinct de conservation sous sa forme la plus noble et la plus haute[1].

IV

Tout élan de colère ne saurait donc être condamné comme dangereux et coupable. Il y a une colère légitime, sainte même, que tout homme, à un moment donné, doit éprouver, ou il n'est plus un homme. Celui que rien ne peut faire sortir de son calme et de son indifférence, ne nous inspire qu'une médiocre confiance; nous éprouvons, au contraire, une sympathie instinctive pour celui qui sait se redresser à l'occasion, tout prêt à la riposte. Charron lui-même en convient : « Il est bon et utile pour soi et pour autrui, dit-il, de quelquefois se courroucer. Il y en a qui retiennent leur colère en dedans, et se font un effort qui leur coûte plus que ne vaut tout. Il vaudrait mieux se courroucer et éventer un peu ce feu au dehors, afin qu'il ne fût si ardent et ne donnât tant de

---

(1) Il est bon, comme le pensait Molière, d'éprouver quelquefois.
    ... ces haines vigoureuses
   Que doit donner le vice aux âmes vertueuses.
Platon et Aristote, sur ce point, ne pensaient pas autrement.

peine au dedans. *On incorpore la colère en la cachant. Il vaut mieux que sa pointe agisse un peu au dehors que la replier contre soi : Omnia vitia in aperto leviora sunt et tunc perniciosissima cum simulata sanitate subsidunt.* » Seulement, il nous recommande de ne laisser ainsi paraître notre colère qu'avec prudence et modération.

Tout autrement doit être appréciée la colère lorsqu'elle provient de causes mesquines ou coupables, car alors elle est sans excuse. Quoi qu'il en soit, nous devons toujours veiller à ce qu'elle ne s'exagère jamais au point de troubler la raison, et surtout à ce qu'elle ne devienne pas habituelle. Or, l'unique moyen d'y réussir, c'est de supprimer, quand il se peut, ou tout au moins d'atténuer les causes qui la provoquent et peu à peu la transforment en passion véritable.

Contre les causes innées il est difficile d'agir, car on ne saurait à son gré changer le naturel. Seulement, il est bon de savoir, remarque à ce sujet Sénèque, qu'aux imaginations inflammables certains mets doivent être interdits. « C'est ainsi que, suivant Platon, il faudrait refuser du vin aux enfants, afin de ne pas attiser le feu par le feu. » « Ne les surchargeons pas d'aliments ; que le travail les exerce sans les fatiguer ; que leurs premiers bouillons s'apaisent ; mais gardons que tout ne s'exhale ; ne laissons fuir du vase que l'écume qui surmonte les bords [1]. »

Ce qui importe, en second lieu, dans notre conduite avec les enfants, c'est, d'abord, de ne jamais les irriter sans motif ; c'est, ensuite, de ne leur point donner l'exemple de colères injusticiables et violentes. Il faut bien reconnaître que beaucoup se conforment mal à ces deux préceptes très sages. Combien de parents et combien de maîtres semblent prendre plaisir, souvent, à taquiner les enfants ! Ils leur prennent leurs jouets et les leur retirent, ils les contredisent à tout propos, ils s'amusent à les humilier, à les harceler... Il

[1] Sénèque. *De la colère.*

faudrait, vraiment, que, dans de telles conditions, l'enfant fût plus qu'un saint, ou moins qu'un être intelligent et sensible, pour tout souffrir sans se récrier. Combien encore, pour des faits sans portée, grondent et tempêtent, comme s'ils voulaient anéantir leurs victimes [1] ! Étrange système de répression ! Ceux qui le subissent le plus souvent en sourient tout en en pâtissant, mais sans se corriger. C'est à un tel système qu'avait recours Rousseau avec les enfants de M. de Mably : nous savons quel résultat il produisit. Des résultats contraires seraient pour nous surprendre [2]. Que si, dans certains cas très graves, la colère est excusable ; dans tous les autres, le calme, qui n'exclut ni la fermeté ni la sévérité, lui est bien préférable surtout dans nos écoles. Un enfant élevé par Platon, de retour dans sa famille, fut témoin, nous rapporte-t-on, des fureurs de son père. « Je n'ai jamais vu cela chez Platon, » dit-il. — Que nos élèves puissent de même, en rentrant chez eux, où souvent ils sont témoins de faits regrettables, se dire aussi : « Je n'ai jamais vu cela chez mon maître. »

Nous combattrons encore les tendances à la colère en combattant la vanité, l'orgueil et la mollesse. Il faut que nos enfants s'accoutument de bonne heure aux petits mécomptes dont la vie est faite, et ils s'y accoutumeront d'autant mieux que leur raison sera plus forte et leur jugement plus droit [3].

Enfin, lorsque nous sentons la colère grandir et bouillonner en nous, tâchons de suivre les prudents avis des anciens.

---

(1) Le fouet et les verges ont été pendant longtemps et dans beaucoup d'écoles les grands remèdes opposés à la colère ; nous savons quel en était le résultat. « Jour et nuit, disait un abbé à saint Anselme, nous ne cessons de frapper les enfants confiés à nos soins, et ils empirent toujours. »

(2) Il en est de l'enfant comme du voyageur de la ballade allemande, plus le vent souffle, et plus il se resserre.

(3) C'est à ces moyens surtout qu'eut recours Fénelon pour corriger son élève des violentes colères auxquelles il se livrait : le résultat obtenu nous montre quelle en est la valeur. Cf. les fables composées à cette intention : *le Fantasque, le Jeune Bacchus et le Faune, l'Abeille et la Mouche*, etc., etc.

« Quand elle fermente au fond de l'âme, nous dit Senèque, efforçons-nous d'étouffer ses premiers symptômes; que notre visage conserve l'apparence du calme, que notre voix reste douce, que notre allure devienne moins brusque, et insensiblement sur ces dehors se modifiera l'intérieur de l'âme. » Un sage conseillait à Auguste étant en colère, de ne s'émouvoir que premièrement il n'eût prononcé les lettres de l'alphabet. Le conseil est moins puéril qu'au premier abord on pourrait le croire. Tout répit obtenu est, en effet, un gage de victoire, le propre de la colère étant de s'apaiser, d'ordinaire assez vite, lorsqu'elle ne peut sur-le-champ éclater et se satisfaire.

CHAPITRE X

LE BESOIN D'ÉMOTIONS ET LA CURIOSITÉ

I. Du besoin d'émotions. Ses manifestations diverses. Ses déviations. Dans quelle mesure on doit le satisfaire. — II. De la curiosité; est-elle toujours excitée par l'intérêt ? Ses caractères différents suivant les individus. — III. Utilité de cet instinct. Comment il convient de le stimuler, de le diriger, de le satisfaire, et parfois de le combattre.

Les inclinations personnelles qui ont pour fin non plus directement la vie physique, mais la vie mentale, peuvent se diviser en trois groupes principaux qui se rattachent à nos trois facultés : la sensibilité, l'intelligence et la volonté. De même, en effet, que l'organisme a besoin de s'exercer, pour vivre, de même notre sensibilité a besoin d'être émue, notre intelligence de connaître, notre volonté de s'affirmer en agissant.

I

Le besoin d'émotions, qui suit de près le besoin de connaître avec lequel il se confond souvent, est déjà manifeste chez le tout jeune enfant. C'est lui qui nous explique en grande partie sa recherche continuelle des perceptions nouvelles, ses goûts subits si promptement suivis de dégoûts, ses incessants caprices qui le portent sans trêve à varier ses occupations et ses jeux. Est-il complaisamment satisfait, et il devient bien vite impérieux et tyrannique : c'est l'un des caractères les plus remarquables de tous les enfants gâtés. — Ce besoin est loin de s'affaiblir avec les années ; seulement ses manifestations se modifient. Il se traduit, chez les enfants un peu plus grands, non seulement par leur turbulence, mais encore par le plaisir qu'ils prennent aux travaux imprévus, à tout ce qui est nouveau, singulier, en dehors des événements ordinaires ; il se traduit encore, chez quelques-uns d'entre eux, par la recherche des dangers propres à procurer des émotions violentes. Voyez les lorsque, le soir venu, pendant les longues veillées d'hiver, ils peuvent obtenir de quelque aïeul indulgent quelque conte bien terrible qui les effraie : ce sentiment de peur dont ils se défendent à peine, joint à celui de la sécurité qui l'accompagne, a pour eux je ne sais quelle volupté qui les charme. Ils aiment à avoir peur, et semblent, en toute circonstance, préférer même des émotions douloureuses à l'inaction et à l'insensibilité. — Ces mêmes sentiments, nous les retrouvons fréquemment grossis chez les hommes ; de là cet attrait malsain que paraissent avoir, pour les foules, les combats et les jeux dangereux, les exécutions capitales et tous les drames les plus poignants de la vie réelle.

Comme tous nos autres penchants naturels, celui-ci a son utilité, et les maîtres qui n'en tiendraient aucun compte se trouveraient impuissants à bien remplir leur tâche. C'est précisément parce que nos jeunes enfants sont incapables de rester longtemps sous le coup des mêmes émotions, encore moins de rester insensibles, que nous devons veiller à évoquer en eux, en les variant, des sensations et des sentiments utiles. Mais ici, plus que partout ailleurs, peut-être, il importe de procéder avec tact et mesure. En voulant écarter, à tout prix, la monotonie qui lasse et fatigue, prenons garde de provoquer la légèreté, le dégoût des recherches sérieuses et des travaux soutenus, l'inaptitude de plus en plus marquée aux études abstraites et à l'intelligence des idées générales. Ce qu'il faut éviter, en outre, c'est d'abuser des émotions fortes, sous le prétexte spécieux que leur action est plus prompte et plus durable. Certains maîtres ne sont jamais plus satisfaits d'eux-mêmes que lorsqu'ils ont bien fait rire leurs enfants, ou les ont fait pleurer. J'ai eu récemment sous les yeux le cahier d'un élève qui avait relevé avec soin tous les morceaux choisis qu'il devait apprendre par cœur. Quel étrange recueil ! Ce ne sont qu'idylles larmoyantes ou drames terrifiants : tout s'y trouve, depuis le jeune poitrinaire à pas lents, jusqu'à la description des massacres de Septembre ; et cela n'est rien encore, paraît-il, car les plus « belles histoires » sont réservées pour être lues en classe ! Je veux croire que toutes nos écoles ne ressemblent pas à celle-là, et c'est heureux. Par cet appel continuel à la sensibilité des enfants, surtout à l'aide de tels moyens, on s'expose à un double danger : ou bien on réveille en eux un besoin maladif d'émotions sans cesse renouvelées, ou bien on les endurcit, en les rendant indifférents. Celui qui s'est habitué aux liqueurs fortes ne trouve plus de goût aux saines boissons qui étanchent la soif et fortifient ; de même, celui qui s'est habitué aux sensations trop vives qui secouent et qui troublent, ne goûte plus les émotions calmes qui font aimer la vie sans nous détourner du devoir.

II

L'instinct de curiosité, avons-nous dit, suit de près le besoin d'émotions. Il apparaît dès que l'intelligence commence à s'ouvrir et à discerner les images des choses. Cet instinct ne se lit-il pas dans les yeux de l'enfant qui nous interroge, dans ses petites mains qui se tendent vers les objets, dans la brusquerie des mouvements qu'il fait pour inspecter un à un les jouets qu'on lui donne, dans cette tendance même qu'il a à les briser pour voir ce qu'ils contiennent? Son esprit continuellement en éveil saute d'une chose à l'autre, comme l'oiseau de branche en branche, sans appuyer longtemps sur aucune : c'est qu'il vit, lui pour qui tout est nouveau, au milieu d'une perpétuelle féerie ; ses yeux, ses mains, tous ses sens sont à la fois sollicités, et sa volonté est trop faible encore pour ne céder point à ces sollicitations continuelles. — On a prétendu que cette curiosité n'avait d'abord pour mobile qu'un intérêt personnel, et que, par conséquent, son domaine était fort restreint ; mais la juger ainsi n'est-ce pas en méconnaître la nature? Ne nous apparaît-elle pas plutôt comme un élan tout spontané, partant désintéressé, de l'intelligence vers son bien? Elle y tend comme l'aiguille aimantée tend vers le pôle. — Plus tard, il est vrai, lorsque la réflexion est intervenue, et surtout lorsque les passions sont nées, la curiosité, sous leur influence, comme sous l'influence des organes, se spécialise en quelque sorte, et se transforme. C'est alors qu'elle s'attache de préférence à ce qui nous paraît agréable ou utile avant de s'étendre peu à peu, à mesure que l'imagination se développe, à tout ce qui s'offre à elle comme mystérieux et caché. — Si cet instinct se rencontre chez tous les enfants, gardons-nous de croire cependant qu'il s'y rencontre avec les mêmes caractères et la même intensité. Tous ne sont pas également curieux de toutes choses, et, dans ces différences mêmes, un maître clairvoyant peut entrevoir déjà comme un premier indice des aptitudes futures. Les uns ne paraissent s'intéresser qu'à l'apparence des choses : le monde est pour eux un spectacle dont la variété les attire, dont les couleurs, les sons et même les harmonies, les séduisent ; les autres, plus difficiles à satisfaire, cherchent sous l'apparence, la réalité, au delà des faits, les causes ; aussi les expressions pourquoi et comment reviennent-elles continuellement sur leurs lèvres. Ce sont ces deux types d'enfants que caractérise

Anatole France avec beaucoup de précision. « Je me distinguais, dit-il, par un penchant à admirer ce que je ne comprenais pas. Fontanet, au contraire, ne prenait plaisir à examiner un objet qu'autant qu'il en concevait l'usage. Il disait : « Tu vois, il y a une charnière, cela s'ouvre. Il y a une « vis, cela se démonte. » Fontanet était un esprit juste ; c'était un observateur ; moi je suis né spectateur, et je conserverai toute ma vie la curiosité désintéressée des petits enfants [1]. »

Cet instinct de curiosité est pour l'éducateur le plus précieux des auxiliaires ; on peut soutenir même que, sans lui, tout nos efforts seraient stériles. L'enfant qui n'est pas curieux est incapable de tout progrès, car rien ne l'attire ni ne le retient ; celui qui, au contraire, s'étonne et veut savoir, peut obtenir les plus merveilleux succès. J'ai connu un élève qui éprouvait pour l'étude de la langue grecque une aversion que rien ne paraissait devoir vaincre. Un jour il aperçoit dans le cabinet de son père un livre admirablement relié et qui le tente ; comme il étendait la main pour le prendre, son père l'arrête vivement : « Ce livre, lui dit-il, ne convient qu'à des hommes ; les enfants ne doivent pas le lire. » C'était l'*Odyssée* d'Homère. — L'élève fut très déçu : aussi ne pensa-t-il plus désormais qu'à se procurer l'ouvrage prohibé, qui, sans doute, contenait les plus belles choses ! L'occasion ne tarda pas à lui être fournie d'exécuter son projet, car la bibliothèque, comme par mégarde, se trouva ouverte, un soir qu'il en approchait. — La lecture fut longue et pénible ; mais l'attrait du fruit défendu était si fort qu'il fit vaincre toutes les difficultés : c'est à lui que nous devons aujourd'hui un helléniste de plus. — La ruse qui est ici employée, les motifs qui provoquent cette curiosité de l'élève, doivent-ils être approuvés sans réserve ? Non, sans doute ; mais ils mettent bien en relief

---

[1] Anatole France, *Le livre de mon ami*.

tout ce qu'on peut obtenir du penchant qui nous occupe, lorsqu'il est éveillé au moment opportun et sagement guidé. Examinons donc rapidement comment il est possible de bien l'utiliser.

III

Notre premier soin doit être de chercher à découvrir l'âme même de l'enfant à travers les manifestations de sa curiosité : elles sont, en effet, des indices précieux sur ses aptitudes et ses goûts. En outre, que de réflexions utiles nous peuvent suggérer ses étonnements subits et ses questions incessantes. « Je croirais volontiers, disait Locke, qu'il y a plus à apprendre dans les demandes inattendues des enfants que dans les discours des hommes faits, qui tournent toujours dans le même cercle d'idées, qui obéissent à des croyances d'emprunt et aux préjugés de l'éducation. »

En second lieu, s'il est vrai que, sans curiosité, il ne saurait y avoir ni instruction, ni éducation possibles, il est vrai également que le maître doit s'ingénier à la tenir en éveil par les mille moyens dont il dispose, soit en variant ses leçons, soit en laissant sans réponses les questions intéressantes qu'il provoque, soit en recourant au défi qui stimule les intelligences et les incite à la recherche, soit en interrompant une explication commencée pour laisser à chacun le temps de réfléchir par soi-même, soit, enfin, en faisant ressortir l'importance d'un problème posé et le mérite qu'on aurait à le résoudre ; mais sur tous ces points, tout a été dit, et bien dit depuis longtemps [1]. Nous voudrions donc insister

---

[1] J.-J. Rousseau nous donne cet excellent conseil : « Rendez votre élève attentif aux phénomènes de la nature, bientôt vous le rendrez curieux ; mais, pour nourrir sa curiosité, *ne vous hâtez jamais de la satisfaire.* Mettez les questions à sa portée et laissez-les lui résoudre. Qu'il ne sache rien parce que vous le lui avez dit, mais parce qu'il l'a compris lui-même ; qu'il n'apprenne pas la science, qu'il l'invente. »

de préférence sur les dangers que peut offrir la curiosité lorsqu'elle est dirigée par une main malhabile.

Nous signalerons, en premier lieu, le danger qu'il y aurait à exciter outre mesure et sur trop de sujets à la fois, la curiosité des enfants : l'âme qui s'ouvre ainsi de tous les côtés épuise son énergie et n'acquiert aucune connaissance précise et solide ; « elle laisse tout perdre et ne garde rien ». On a constaté que cet instinct de la curiosité grandissait à mesure que les enfants se sentaient plus libres de nous interroger sur les questions qui les embarrassent ; veillons donc à ne pas laisser dégénérer cette liberté en licence, et évitons de répondre toujours et immédiatement quand ils s'adressent à nous. Profitons plutôt de leur désir de savoir pour les amener à réfléchir par eux-mêmes, à faire effort pour résoudre la difficulté dont ils s'occupent, et nous contribuerons ainsi à discipliner leur intelligence et à hâter l'éducation de leur volonté.

En second lieu, ce qui doit nous préoccuper sans cesse, c'est de ne point provoquer chez les enfants qui nous sont confiés de curiosité malsaine. Une parole imprudente, une allusion inconsidérée pourraient avoir les résultats les plus fâcheux. N'oublions pas que nous nous adressons à des enfants, et non à des hommes ; qu'il y a des choses qu'ils doivent ignorer, et dont, en aucun cas, nous ne sommes autorisés à les entretenir. « Le plus grand respect, disaient les anciens, est dû à l'enfance » : c'est là une maxime de haute sagesse et que nous devons avoir toujours présente à l'esprit. Que de fois des propos légers et mal compris sont devenus le point de départ des suggestions les plus funestes et les plus tyranniques !

Maintenant, devons-nous répondre à toutes les questions qui nous sont faites, et comment devons-nous y répondre ? Ce problème est des plus délicats et je doute qu'il soit possible de le résoudre d'une manière absolue et de donner des règles qui s'appliquent à tous les cas. Certains moralistes, il est vrai, nous disent que nous ne saurions hésiter un instant et qu'il faut toujours répondre exactement et sans détours. — L'enfant finira bien par connaître un jour ce qui est ; dès lors à quoi bon le tromper ? Peu importe qu'il connaisse un peu plus tôt ou un peu plus tard la vérité ! — Nous croyons, au contraire, que cela importe beaucoup, car une foule de choses sont sans danger pour l'homme mûr ou pour l'adolescent, qui seraient très funestes à l'enfant. — Faudra-t-il donc mentir ? Je ne le crois pas, car le mensonge est toujours un mauvais moyen d'éducation. Mais n'est-il pas possible de sortir d'embarras autrement ? — Les moralistes qui ont le mieux étudié les enfants nous donnent à ce sujet des conseils que nous nous bornerons à rappeler : le premier est de détourner, quand il se peut, l'esprit du questionneur indiscret vers d'autres idées qui l'intéressent. Le procédé est, d'ailleurs, d'une application relativement facile, étant donnés la mobilité de l'enfant et les caprices bien connus de son imagination. On substitue ainsi une préoccupation à une autre, et le péril est écarté. Le second est d'imiter la conduite du médecin en présence du malade. Avec quelle habileté il sait voiler la vérité sous quelques mots bien savants et sous quelques explications très abstruses ! Il n'a point trompé le patient ; mais celui-ci est satisfait. Plus d'une fois, sans doute, les maîtres ont dû agir comme lui, en faisant remarquer à l'enfant, si celui-ci paraissait surpris, qu'il était trop jeune encore pour pouvoir tout comprendre...

Il est des cas, cependant, où la curiosité doit être impitoyablement combattue ; c'est quand elle est inspirée par un motif désavouable. Il est évident que, dans certains cas, elle n'a rien de commun avec le désir de s'instruire. Ce n'est, comme le remarque Bain, « qu'un mouvement d'égoïsme, un désir de déranger, de se faire écouter et de se faire servir ». L'enfant tient à ce qu'on s'occupe de lui. Lui donner satisfaction, alors, ce serait plus que de la faiblesse, car on encouragerait son défaut. D'autres fois, — et le cas est plus grave, — la curiosité a sa source dans la malignité, dans la jalousie, dans une sorte de penchant mauvais pour le scandale et les propos méchants ; c'est elle qui pousse certains enfants à écouter aux portes, à se glisser auprès des grandes personnes pour surprendre leurs paroles, parfois même à lire des lettres oubliées par mégarde et qu'ils devraient respecter. Ces enfants sont rares, sans doute, mais ils existent et nous en connaissons. Inutile de dire, croyons-nous, que chercher à les excuser ou simplement fermer les yeux sur leur faute, serait manquer à tous ses devoirs d'éducateur ; nous deviendrions leurs complices. Il convient, au contraire, de manifester hautement son indignation et de sévir avec rigueur. Nous voulons des esprits ouverts, curieux de tout ce qui peut utilement les instruire, mais nous voulons avant tout des âmes probes et loyales.

CHAPITRE XI

L'AMOUR DE L'INDÉPENDANCE

I. Ses premières manifestations. L'entêtement. Le désir de la domination. — II. Son importance. Son rôle dans la vie. — III. Moyen d'en empêcher les déviations. Ne pas trop critiquer. — IV. L'art de se faire obéir.

I

Dès que la volonté s'éveille, elle se manifeste par une réaction plus ou moins violente contre tout ce qui tend à l'asservir et par un effort spontané pour rester maîtresse d'elle-même.

« Le vertige, la fringale d'indépendance, comme on l'a judicieusement observé [1], éclate dans le premier mot qui sort de la bouche des tout petits. Que dis-je ? dans le premier geste. Longtemps avant d'articuler le « oui » ceux qui sont assis dans les berceaux, avec une médaille au cou, des boucles blondes et des chaussons de laine, disent « non ». Ils le disent énergiquement, furieusement, de toute leur tête secouée, quand on leur propose de fermer les yeux sur les belles apparences de ce monde :

— Fais dodo...
— Non !

Ils le disent quand on les sollicite de renoncer à la douceur du lait pour goûter, au bout de la cuillère, à la panade, artifice de l'homme.

— Non ! »

(1) Hugues Le Roux.

Ainsi, l'enfant ne peut encore rien par lui-même; son activité s'est à peine dégagée des ombres de l'inconscient où elle sommeillait, et déjà sa petite individualité se montre et s'affirme. Il s'irrite contre tout ce qui contrarie ses désirs, résiste à ceux qui le dirigent et volontiers s'impose ; par toutes ses paroles et tous ses actes, il semble nous dire : « Je suis quelqu'un... » et en être bien persuadé.

Et cet amour de l'indépendance, les tout petits ne sont pas les seuls à le ressentir et à le défendre. Il est tout aussi manifeste et, parfois, tout aussi exigeant chez leurs aînés. Comment expliquer autrement la résistance qu'ils opposent à nos conseils? leurs préférences pour les exercices et les jeux qu'ils ont choisis eux-mêmes? leur aversion pour tout ce qui les entrave et les gêne? — En rendre compte uniquement par le malin plaisir de nous faire de la peine, serait gratuitement leur prêter des sentiments mauvais que, d'ordinaire, ils n'ont pas.

Le désir d'être son maître et de n'agir qu'à sa guise, peut devenir si exclusif et si vif, qu'il provoque, chez certains enfants, des entêtements inouïs que l'on ne saurait vaincre ni par la menace, ni par la force : — Au retour d'une excursion dans la campagne, une fillette de nos amies, âgée de cinq ans, refusa tout à coup de nous suivre, pour rester à cueillir des fleurs auprès d'un ruisseau. Bien que la nuit fût proche, sur les instances de la mère, on lui permit de faire un bouquet, puis deux, mais il fallut partir. — Nouveau refus de la fillette, plus obstiné que le premier; ses parents la prient, la menacent... rien ne la touche. Nous la quittons en déclarant que nous l'abandonnons tout à fait. Elle ne s'effraye pas de rester seule. Alors le père revient sur ses pas, la saisit et l'emporte. Elle se débat mais sans crier. — Nous étions arrivés depuis quelques minutes déjà à la maison, et ce petit incident était oublié, lorsque la mère s'aperçut que sa fillette n'était plus là. On l'appelle, on la cherche partout, sans succès; elle s'était glissée par la porte entr'ouverte et fuyait à toutes jambes vers la prairie que nous avions quittée.

De tels exemples, heureusement, sont rares, et cependant combien d'élèves, dans nos écoles, petites et grandes, dont la conduite n'est guère plus sage? Combien d'hommes même, malgré les avis qu'on leur donne, peut-être à cause de ces avis, se butent à leur résolution première, y reviennent quand on les en écarte, aveuglés, obstinés, sans le moindre souci des dangers qui les menacent! Ce qu'ils veulent avant tout, c'est agir à leur tête. Ils le font et souvent... font mal.

Cet amour, « ce vertige d'indépendance » se complique généralement du désir de la domination[1]. Il ne nous suffit pas de n'obéir qu'à nous-mêmes, nous voulons que les autres nous obéissent; d'être maîtres de nos actes, nous voulons que notre maîtrise s'étende au dehors, sur nos semblables, sur les animaux, voire sur les choses inanimées. Que cette tendance s'exagère, et nous devenons bien vite insupportables à tous, oubliant toute justice et toute bonté.

II

Par crainte de tels excès, devons-nous donc partout, dans la famille et à l'école, étouffer le sentiment qui leur donne naissance? — Ils n'étaient point éloignés de le penser, sans doute, les maîtres dont nous parle Montaigne et pour lesquels l'éducation était surtout un « *dressage* »; mais, nous doutons qu'à notre époque ils aient encore des disciples. « Si votre enfant, écrit Spencer, était destiné à vivre esclave, vous ne pourriez trop l'habituer à l'esclavage dans son enfance; mais puisqu'il sera tout à l'heure un homme libre, qui n'aura plus

---

[1] Voyez sur cet instinct, ch. XXIII: *Du Jeu.*

personne auprès de lui pour diriger sa conduite journalière, vous ne pourrez trop l'accoutumer à se diriger lui-même, pendant qu'il est encore sous vos yeux. » — « Il n'y a qu'une éducation, dit dans le même sens et sous une forme plus explicite encore, un maître contemporain, qui convienne à un pays libre : c'est celle qui fait des hommes libres. » Or, comment pourrions-nous faire de tels hommes, si nous nous appliquons à étouffer en eux les germes de toute liberté?

Nos enfants auront, un jour, au milieu de toutes les compétitions et de toutes les rivalités à lutter pour la vie et à conquérir eux-mêmes leur place au soleil; il est donc nécessaire qu'ils aient conscience de ce qu'ils valent pour ne point se laisser écraser dans la mêlée et pour défendre leurs droits.

Ils auront, après leur départ de l'école et de la famille, toute liberté de croire ce qui leur semblera juste et d'embrasser de plein gré tel ou tel parti religieux ou politique : il est donc indispensable qu'ils contractent, tant qu'ils sont près de nous, l'habitude de penser par eux-mêmes, afin de n'être point les victimes de tous les sophistes qui se placeront sur leur chemin. Celui-là n'est pas vraiment un homme libre, mais un esclave, dont le cerveau, comprimé dès l'enfance, n'a jamais reflété que les doctrines de ses maîtres, sans en discuter le bien fondé : « Comment pourrions-nous, écrit justement Jules Simon, réclamer la liberté de penser, de parler et d'agir pour des êtres en qui n'est libre, ni la parole, ni la pensée ? »

Nos enfants auront, en outre, des devoirs civiques à remplir auxquels le pays entier est intéressé; mais comment les rempliront-ils s'ils ne savent résister aux suggestions de toutes sortes qui leur viendront du dehors, et s'ils sont incapables, le moment venu, de se ressaisir, de parler, de voter et d'agir en hommes indépendants qui ne refusent point évidemment les conseils, mais qui n'obéissent, en dernière analyse, qu'à leur seule conscience?

Donc, vouloir étouffer l'amour de l'indépendance, — et nous entendons par là, ce besoin qu'a chacun de nous de penser par soi-même ; de puiser dans sa raison les motifs qui le déterminent, d'agir, non point conformément à l'opinion commune, conformément à un mot d'ordre, mais conformément à ce qu'il juge honnête ; d'être en un mot quelqu'un, — ce serait enlever à nos enfants toute originalité, tuer en eux l'esprit d'initiative, si précieux et si fécond ; ralentir leur ardeur au travail, détruire ce qu'ils ont de meilleur ; en un mot, travailler à en faire, non des personnes, mais des choses. — Aussi, l'unique question est-elle de savoir, non point comment nous combattrons ce sentiment pour l'anéantir, mais bien comment nous pourrons éviter qu'il ne s'exagère, le redresser quand il est faussé, le fortifier lorsqu'il faiblit, tout en conservant l'autorité nécessaire aux parents et aux maîtres pour mener leur œuvre à bonne fin.

III

Lorsque l'amour de l'indépendance se traduit par l'un de ces entêtements inexplicables, que ni la raison ni le sentiment ne peuvent vaincre, il n'existe, je le crains bien, dans la famille, d'autre remède efficace que celui dont fit usage le père de notre petite amie qui transforma les fleurs cueillies par sa fillette en redoutable martinet. — Ce moyen n'est plus, il est vrai, — et nous ne devons pas le regretter, — à la portée des maîtres de nos écoles ; aussi, quand des faits analogues, se produisent, n'ont-ils d'autre ressource que d'appeler les parents à leur aide. Il serait bien étrange si tant d'efforts réunis ne venaient pas à bout même des plus mutins.

Nous croyons, d'ailleurs, que, dans la plupart des cas, la résistance opiniâtre que les enfants nous opposent leur est moins imputable qu'elle ne l'est à nous-mêmes, car nous faisons tout ce qu'il faut pour la provoquer. — Nous la provoquons, parfois, en heurtant de front, à tout propos et d'une manière systématique, les habitudes, les goûts et les besoins des enfants, uniquement préoccupés d'obtenir d'eux l'obéissance, et l'obéissance à tout prix. — Qu'ils comprennent ou non la légitimité de nos ordres et l'excellence de notre discipline, peu importe : un jour viendra où tous nous rendrons pleine justice, quand ils sauront entendre le langage de la raison. — Eh bien! nous n'hésitons pas à condamner une semblable méthode, car ses résultats ne peuvent être que funestes. Avant que nos enfants puissent nous rendre justice, ils nous accusent et nous prennent en aversion ; toutes leurs tendances contrariées, révoltées, instinctivement se rebellent contre nous et se faussent. Ils s'habituent à voir dans l'autorité qui se montre si peu aimable, une ennemie, et il est fort à craindre que cette opinion leur reste pendant la vie entière.

Nous provoquons encore la rébellion lorsque, sans commander d'une manière aussi tyrannique, nous commandons cependant d'une manière irritante et capricieuse, multipliant les ordres et les contre-ordres, réglementant tous les actes, peut-être par excès de bonté, — ne pouvant nous résoudre à voir nos enfants, un peu libres, trotter allègrement devant nous, la bride sur le cou. C'est une véritable persécution qui les poursuit, à la promenade, au jeu, à l'étude, partout! Qui n'a entendu mille fois ces avertissements de la mère et du maître : « Pierre, ne va pas si vite; Pierre, ne monte pas sur le trottoir; Pierre, redresse-toi; Pierre relève ton pantalon... » ou encore : « Pierre, vous ne suivez pas; Pierre, vous causez; Pierre, étudiez votre leçon... » — Et le malheureux petit Pierre a assez à faire d'obéir aux avis qu'on lui donne... ou de leur désobéir. Comment d'ailleurs ne serait-il pas fatigué, obsédé de toutes ces recommandations, et comme l'on conçoit le plaisir qu'il éprouve à s'échapper, dès qu'il le peut, et à redevenir lui-même! — Supposez maintenant que, par suite de la multiplicité même de ces ordres et de ces conseils, nous en arrivions à nous contredire, — ce qui est facile, — ou encore, à céder trop aisément à la moindre résistance, — ce qui est fréquent, — et nous avons justifié les entêtements et la désobéissance dont nous nous plaignons [1].

Enfin, nous aboutissons au même résultat par des moyens contraires, lorsque, dans un sentiment de respect exagéré pour l'indépendance des enfants, nous les abandonnons à eux-mêmes, libres d'agir à leur guise. Ne sont-ils pas nombreux, trop nombreux même de nos jours, les parents qui, fidèles à cette méthode, se laissent conduire par leurs fils et leurs filles bien plus qu'ils ne les conduisent, n'osant ni leur donner un ordre, ni les réprimander, ni les punir? Ils veulent faire des hommes indépendants, et ils ne s'aperçoivent pas qu'ils préparent simplement des paresseux, indisciplinés, peut-être des révoltés. — Dans une classe, de semblables procédés conduiraient vite à l'anarchie. Rappelons-nous le saisissant tableau que nous trace Tolstoï de son école modèle d'Yasnaïa Poliana. « Les élèves s'assoient où bon leur semble, sur les bancs, sur les tables, sur l'appui de la fenêtre, sur le plancher, sur le fauteuil. » — Qu'ils se bousculent, se querellent, s'occupent de la leçon ou se livrent au jeu : nulle contrainte, nulle voix grondeuse, nul châtiment en perspective! Et c'est sur cette liberté même, sur cette absence de règle que compte précisément Tolstoï pour obtenir l'amour de l'étude. Les enfants travailleront d'autant mieux qu'ils travailleront de bon cœur : aussi, nous dit-il, n'est-il pas rare que le maître et les élèves se laissent entraîner, et que la classe, au lieu d'une heure, se continue trois heures du-

---

(1) J.-P. Richter raille ainsi les moyens dont nous nous servons souvent, dans la famille, pour élever nos enfants : « Le père, dit-il, c'est l'arlequin italien avec des ordres dans la main droite et des contre-ordres dans la main gauche. La mère, c'est le géant Briarée aux cent bras et des papiers sous chaque bras. »

rant. » — Si Tolstoï a pu retenir ainsi ses élèves aussi longtemps, c'est que ces élèves étaient des enfants d'élite ; dans la plupart de nos classes à nous, nous pouvons affirmer qu'ils auraient été moins... patients[1].

IV

Il n'est donc pas plus permis au maître d'abdiquer son pouvoir, qu'il ne lui est permis d'en faire un mauvais usage. Il faut qu'il ait de l'autorité sur ceux qu'il dirige ; il faut qu'il sache et qu'il puisse s'en faire obéir, sinon il manque à sa mission. Toute la difficulté est de savoir comment il y parviendra, sans porter une atteinte fâcheuse à la liberté des enfants.

Cette difficulté, que souvent on exagère, nous paraîtrait moins grande, peut-être, si nous réfléchissions d'abord aux conditions qui nous rendent à nous-mêmes l'obéissance facile. — Or, c'est un fait d'expérience, que nous n'obéissons volontiers qu'à ceux qui ont su gagner notre affection et notre respect, qui se sont imposés à nous par leur bonté, leur

---

(1) Pestalozzi lui-même qui, pourtant, a si peur d'entraver la liberté de ses élèves, reconnaît qu'il est des « cas pressants dans lesquels la liberté de l'enfant ferait sa perte et que, même dans les circonstances les plus favorables, il est nécessaire parfois de contrarier sa volonté. » C'était aussi la pensée de notre maître, M. Marion, dont la doctrine est si souvent dénaturée par ceux qui l'apprécient sans la connaître. Nul ne s'est élevé plus fortement que lui contre les maîtres « faibles qui ont de lâches complaisances » pour leurs élèves et qui hésitent à sévir lorsqu'il le faut. « La discipline libérale, écrivait-il, c'est-à-dire celle qui laisse à l'enfant le plus d'initiative possible et respecte en lui l'être libre qu'il est et surtout qu'il peut et doit devenir, suppose des enfants sensibles aux moyens délicats. » — Mais tous les enfants sont-ils sensibles à ces moyens ? — C'est alors envers ceux qui ne le sont pas que l'autorité doit se montrer « ferme et sans complaisances ». — « A tout âge, remarque M. Compayré, et dans toutes les conditions, l'homme aura toujours à obéir à ses chefs sous les drapeaux et dans l'atelier, à la loi et à ses représentants dans la société » ; il importe donc que dès l'enfance il fasse l'apprentissage de l'obéissance, de celle du moins qui n'avilit jamais.

dévouement, leur équité. — Malgré le vif amour que nous avons tous de notre indépendance, nous nous sentons, en effet, comme dominés par les hommes qui nous sont supérieurs et qui valent mieux que nous ; une force invisible nous attire vers eux, et, en nous inclinant devant leurs mérites, nous ne nous trouvons aucunement humiliés. Il semble même qu'en nous rapprochant d'eux, en faisant effort pour nous hausser en leur présence, nous nous grandissions nous-mêmes et devenions meilleurs. Loin de nous juger asservis, nous nous estimons plus libres. Et c'est à ce point que se rencontrent et se réconcilient le sentiment de notre dignité propre, notre instinct d'indépendance et notre tendance à obéir. On voit, dès lors, quelles qualités nous devrions posséder pour obtenir une obéissance féconde de nos enfants. Cette obéissance devrait être inspirée, *suggérée*, plutôt qu'imposée.

Notre autorité ainsi établie, il reste à l'utiliser pour fortifier la volonté des enfants, lorsqu'elle faiblit, pour la redresser, lorsqu'elle s'égare ; pour les amener graduellement à se décider par eux-mêmes, à accepter la responsabilité de leurs actes, à agir en êtres libres et non en automates. Pour cela, soit dans les jeux, soit dans les exercices de la classe, laissons-leur toute l'initiative possible : que notre direction et notre surveillance soient discrètes et n'apparaissent jamais tyranniques et policières. Il faut que nos élèves se sentent soutenus plutôt que conduits. Et, d'ailleurs, nous est-il donc impossible, avec un peu de tact et beaucoup de bienveillance, de les amener à désirer ce que nous désirons, à faire ce que nous voulons qu'ils fassent ? Le tout est de bien choisir les occasions où ils devront faire acte de personnes libres, consciemment et résolument. Puis, quelles ressources ne nous offrent pas encore l'encouragement et le défi ? Lorsque l'enfant se trouve aux prises avec quelque difficulté un peu sérieuse, au lieu de lui donner de suite la solution cherchée, faisons appel à son énergie, voire même à son amour-propre ;

qu'il ait confiance en lui-même : le plus souvent il pourra, s'il a conscience de pouvoir. Mais le défi « est, peut-être, dans certains cas, dont il ne faudrait pas multiplier imprudemment le nombre, plus efficace encore que l'encouragement; on pourrait définir le défi en disant que c'est le plus puissant générateur connu d'énergie morale de la volonté. En défiant un homme, on centuple chez lui le désir et le pouvoir de vaincre. On crée la volonté en la niant. Mais cela est surtout vrai d'une volonté en voie de croissance comme celle de l'enfant; car une sorte de nutrition morale y emmagasine chaque jour, et peu à peu, des forces latentes que l'enfant lui-même ne soupçonne point, et qui passent tout à coup *de la puissance à l'acte* sous l'excitation et le coup de fouet du défi [1]. »

Enfin, il est un dernier auxiliaire, — le plus puissant, celui que nous devons toujours appeler à notre aide, — c'est la raison. Quand nous sommes obligés d'intervenir d'une manière directe pour obtenir l'obéissance, quand nous sommes obligés même de l'exiger, ne craignons pas de montrer, toutes les fois que nous pouvons être compris, la légitimité de nos exigences. L'enfant qui est parfois tenté de se révolter quand il s'agit de se soumettre à une autorité supérieure, serait-ce celle du maître, cède sans murmurer quand il voit qu'il ne se soumet qu'à la raison [2].

---

(1) Maillet. *Psychologie de l'homme et de l'enfant.*

(2) M. Gréard, dans son *Mémoire sur l'esprit de discipline*, résume ainsi les conseils qu'il donne aux éducateurs de la jeunesse : « Cet affranchissement réfléchi qui est le but de l'éducation, exige chez l'enfant des conditions de travail intérieur indispensables : la réflexion et l'activité, la réflexion qui se rend compte, l'activité qui se décide, nul n'arrivant à se conduire qu'à ce prix. Mettre à profit tout ce que la conscience de l'enfant recèle d'aptitudes morales, lui en faire connaître les directions, les mauvaises comme les bonnes; l'accoutumer à voir clair dans son esprit et dans son cœur, à être sincère et vrai, lui faire faire peu à peu, dans sa conduite, l'essai et comme l'apprentissage de ses résolutions ; aux règles qu'on lui a données substituer insensiblement celles qu'il se donne, à la discipline du dehors, celle du dedans ; l'affranchir non pas d'un coup de baguette, à la manière antique, mais jour à jour, en détachant, à chaque progrès, un des anneaux de la chaîne qui attachait sa raison à la raison

d'autrui ; après l'avoir ainsi aidé à s'établir chez soi en maître, lui apprendre à sortir de soi, à se juger, à se gouverner comme il jugerait et gouvernerait les autres ; lui montrer enfin, au-dessus de lui, les grandes idées du devoir, public et privé, qui s'imposent à sa condition humaine et sociale, tels sont les principes de l'éducation qui, de la discipline scolaire, peut faire passer l'enfant sous la discipline de sa propre raison, et qui, en exerçant sa personnalité morale, la crée. » — Sur les moyens de diriger les enfants et de ménager la transition, ordinairement si dangereuse de l'enfance à l'adolescence, de l'âge « où le gouvernement de l'homme vient du dehors, à l'âge où il vient du dedans », Herbert Spencer nous donne les indications les plus utiles. « Que l'histoire de votre législation domestique, dit-il, soit en petit l'histoire de notre législation politique. Au début, l'autorité despotique, quand cette autorité est réellement nécessaire (avec les tout petits enfants). Bientôt après, un *constitutionalisme* naissant dans lequel la liberté du sujet est, sur quelques points, reconnue ; ensuite des extensions successives de la liberté du sujet, pour finir par l'abdication du maître. » — En définitive, le meilleur maître est celui qui travaille le mieux à se rendre inutile.

CHAPITRE XII

L'INSTINCT DE LA PROPRIÉTÉ

I. Des premières manifestations de cet instinct chez l'enfant. Ses caractères. Différence qu'il présente suivant les individus, dans l'enfance et dans l'âge mûr. — II. Éducation de cet instinct. Comment on apprend à l'enfant la vraie nature de la propriété. Comment on l'amène à respecter la propriété d'autrui. Conseils de Rousseau et d'Esquiros. — III. Comment on amène l'enfant à veiller sur son bien propre. L'ordre et l'économie. Dangers à éviter. Le culte de l'argent.

I

« L'amour de soi et le désir de posséder se confondent dans les premières sensations, avant de se confondre dans les premières pensées de l'homme[1]. » — L'être vivant est, en effet, porté de très bonne heure à considérer comme *sien* ce qui lui procure du plaisir ou lui est de quelque utilité. C'est pour lui comme un prolongement de sa personnalité et il se fâche dès qu'on cherche à l'en priver.

Voyez l'enfant tout jeune, avec quelle autorité, de ses lèvres et de ses deux petites mains, il prend possession du sein de sa nourrice ; avec quelle force il se récrie quand on le lui refuse ou quand on le lui enlève, avant que sa soif soit satisfaite. — Il n'a encore qu'une lueur de réflexion et déjà il proteste à sa manière si quelque autre nourrisson vient, à ses yeux,

---

(1) De Latena, *Étude de l'homme*.

lui disputer sa ration. C'est le même instinct que nous retrouvons chez les animaux petits et grands : la nourriture qu'ils rencontrent est *leur* nourriture, et ils la défendent avec le bec, les ongles ou les dents contre tous les fâcheux qui en réclament une part.

C'est avec la même ardeur que nos enfants défendent *leurs* jouets, *leurs* premiers livres, et ils sont vraiment imposants, parfois, avec leurs petits airs hautains de propriétaires, quand, étendant la main, ils s'écrient : « C'est à moi ! » Par malheur ils n'ont pas encore des notions bien précises sur « le mien et le tien ». Ils grondent quand on leur prend « ce qui leur appartient », mais assez volontiers ils prendraient « ce qui appartient aux autres ». Les belles luttes auxquelles nous assistons lorsqu'un de ces conflits s'élève ! Petit Pierre a un beau seau tout neuf rempli de sable fin, et Jeannot qui, depuis un instant, l'observait en silence, s'avance pour le prendre. — Il n'en a point le droit. — Que lui importe, il le veut ! Et voilà nos deux rivaux aux prises au grand désespoir des mamans qui prêchent la justice, sans toujours se faire entendre.

Cet instinct de la propriété ne va guère, à l'origine, au delà du temps présent ; mais, dès que la réflexion apparaît, il s'étend et se complique. — C'est alors que se montrent, entre les caractères des enfants, des différences profondes. Leur plaisir satisfait, plusieurs d'entre eux repoussent, comme objets sans valeur, ce qui les a distraits. Les jouets, que tout à l'heure ils revendiquaient hautement, maintenant ils les abandonnent au premier endroit venu, ou les brisent, ou quelquefois les donnent. — Ils ne se disent pas que, avant demain, peut-être, ils le regretteront. D'autres, au contraire, se révèlent très tôt plus conservateurs et plus clairvoyants. Même quand ils sont avec leurs camarades, ils surveillent leurs jouets ; la partie terminée, ils les emportent avec soin ; si on les leur demande, c'est à regret qu'ils les prêtent. Plus tard, avec l'argent qu'amis et parents leur confient, ils agissent de même manière. Les premiers ne voient en lui qu'un moyen de se procurer une distraction nouvelle, une gâterie désirée, et d'en faire profiter les camarades du même âge ; — les seconds songent plutôt à leur petite bourse qui va s'enrichir ; aussi sont-ils sobres de dépenses et rarement généreux. — Ceux-là courent le grand risque de n'arriver jamais à la fortune ; ceux-ci, déjà, s'annoncent, pour peu que la chance les favorise, comme de futurs capitalistes.

Ces oppositions, beaucoup plus nombreuses, il est vrai, que nous l'indiquons ici, se retrouvent et dans l'adolescence et même dans l'âge mûr. — Parmi les hommes, comme parmi les enfants, la confusion du tien et du mien est fréquente, et peu de jours se passent sans que se renouvelle la violente querelle de Pierre et de Jeannot, avec même appel à la justice et même insuccès ! — Parmi les hommes, nous rencontrons de même des insouciants et des prévoyants, des soigneux et des étourdis, des prodigues et des avares... D'où viennent ces tendances différentes ? De la nature sans doute, mais elles viennent aussi de l'éducation que nous avons reçue ; c'est pourquoi l'on doit veiller très tôt à leurs manifestations premières afin d'empêcher qu'elle ne se vicient.

II

La tâche de l'éducateur est double sur ce point : il doit apprendre, à la fois, à reconnaître et à respecter le bien d'autrui ; à traiter, comme il convient, son bien propre et à l'accroître honnêtement.

La première partie de cette tâche est loin d'être la plus facile ; le meilleur moyen d'y réussir est, le plus tôt possible, de faire comprendre à l'enfant comment le bien s'acquiert et par quels efforts soutenus l'ouvrier devient maître des objets qu'il possède. « La vue des rudes travaux auxquels se livrent les gens de la campagne, dit Esquiros, en parlant de son *Émile*, lui en a plus appris, sous ce rapport, que tous les raisonnements qu'on pourrait lui faire. Ne reconnaît-il point chaque jour par ses yeux que le blé ne pousse point sans être semé par la main de l'homme, et que la meilleure terre ne produit rien sans être remuée[1]. » Il peut reconnaître de la même manière que toutes les choses dont nous nous servons : le pain qui nous nourrit, la maison qui nous abrite, le vêtement qui nous couvre, sont dus au labeur souvent pénible de personnes qui ont travaillé pour nous et qui reçoivent un salaire en échange : détruire les récoltes, refuser ce salaire, dérober la moindre parcelle des biens créés par les autres, c'est donc agir mal et commettre une injustice. — Cela, nos enfants l'entendent beaucoup plus vite qu'on ne le pense.

Rousseau nous conseille également, pour rendre plus précise cette notion de la propriété, d'utiliser la tendance qu'a tout enfant « à vouloir créer, imiter, produire, donner des signes de puissance et d'activité », en lui concédant, s'il est possible, certains objets, un coin de jardin, par exemple, qu'il devra ensemencer et cultiver. « On vient tous les jours arroser les plantes et on les voit lever, dans des transports de joie. J'augmente cette joie, ajoute Rousseau, en disant à mon élève : Cela vous appartient ; et, lui expliquant alors ce terme d'appartenir, je lui fais sentir qu'il a mis là son temps, son travail, sa peine, sa personne, enfin ; qu'il y a dans cette terre quelque chose de lui-même qu'il peut réclamer contre qui que ce soit, comme il pourrait retirer son bras de la main d'un autre homme qui voudrait le retenir malgré lui. »

Cette leçon malheureusement n'est point à la portée de

---

(1) A. Esquiros. *L'Émile du dix-neuvième siècle*, p. 161.

tous, car tous n'ont point de jardin disponible à confier aux enfants, mais il est mille manières d'y suppléer. Il suffit pour cela de mettre à certaines de nos faveurs des conditions fixées d'avance. Au lieu de les accorder simplement pour être agréable aux enfants, accordons-les comme récompenses d'un travail accompli, d'un petit service rendu. L'enfant a accepté une tâche : la tâche remplie, *payons* sa peine soit par un jouet, soit par un livre, soit même par de l'argent : cet argent, ce livre, ce jouet, deviennent alors la vraie propriété de l'enfant : il peut les dire *siens*, et il sait pourquoi ils lui appartiennent. Il s'en rend si bien compte, qu'il est tout fier de pouvoir dire en les montrant à ses amis : *Je les ai gagnés!*

L'exemple des animaux peut aussi fournir d'excellentes leçons sur la notion du tien et du mien. Esquiros nous raconte qu'Emile se rendait souvent avec ses camarades dans les environs de Penzance, sur les bords d'un ruisseau où l'attention des enfants était vivement attirée par un martin-pêcheur. La mère d'Emile leur fit observer que cet oiseau n'était pas moins remarquable par son industrie que par son plumage. « Le malheureux gagne rudement sa vie. Perché des heures entières à son poste, c'est-à-dire, derrière une branche qui l'empêche d'être vu, sans l'empêcher de voir, il guette d'un œil attentif et inévitable le passage d'un poisson dans l'eau, s'élance comme un trait vers sa proie, et la rapporte au bout de son robuste bec. Après l'avoir dépecée et avalée, il recommence sa faction laborieuse, car il sait que les chances sont rares et que son appétit est impérieux. Un jour les enfants furent témoins d'un combat singulier entre le martin-pêcheur et un autre oiseau rapace qui voulait lui saisir le fruit de sa pêche. Emile comprit tout de suite que ce dernier était un voleur, parce qu'il venait prendre à son rival ce qui avait été conquis par le travail. » — Et c'est ainsi que, peu à peu, l'idée de justice se forme et se dégage dans l'esprit de l'enfant, qui en arrive à la comprendre et à l'aimer.

Mais ces leçons, d'ordinaire, ne sauraient suffire ; il faut, pour les compléter, relever sans pitié, et punir, à l'occasion, les moindres manquements à cette forme de la justice, dès qu'ils nous sont signalés. Jamais notre sévérité ne sera mieux comprise des enfants, jamais ils ne songeront moins à se plaindre. Ils sont bien rares ceux que ces simples mots : « Tu as volé ! » ne font pas rougir ! Lorsqu'un vol a été commis, exigeons donc impérieusement que l'objet soit restitué, ou, si la chose est impossible, que le coupable abandonne, par exemple, comme réparation, l'un des jouets qui lui appartiennent et auquel il tient beaucoup. — Qu'il soit bien persuadé que toute faute semblable doit être réparée, même lorsqu'elle est légère, même lorsqu'elle a été commise en cachette et que nul ne la soupçonne. — Dans un ouvrage consacré aux aventures d'un petit garçon, un écrivain contemporain[1] nous représente son héros, M. Poum, après mille hésitations, se dirigeant la nuit, seul, sans bruit, en très léger costume, vers le buffet où reposent de délicieux petits choux, des petits choux à la crème dont sa bonne lui a parlé, mais dont il n'a pas eu sa part. Il tremble qu'on ne le surprenne : la porte qui crie, le parquet qui craque, la clef du buffet qui grince lui donnent le frisson. Quand il croit entendre tout à coup ces mots : Voleur ! Voleur ! — Qui a parlé ? qui a parlé ? — C'est sa conscience, car il sait qu'il fait mal... Eh bien ! il faut que la conscience de nos enfants tout jeunes leur tienne ce même langage lorsque la tentation approche... Il est possible que, comme maître Poum, ils cèdent quand même à l'attrait des choux, des petits choux à la crème ; mais la guérison sera facile, car le jugement sera droit.

---

[1] Paul et Victor Marguerite. *Poum.*

III

Après avoir ainsi appris à respecter la propriété des autres, il est nécessaire d'apprendre à veiller sur la sienne. C'est un gage de sécurité pour l'avenir et même de bonheur. — Or, on apprend à veiller sur son bien, en apprenant les services qu'il peut rendre dans une société, surtout, où tout se paie jusqu'à l'air qu'on respire. Il convient donc d'initier, de bonne heure, les enfants aux exigences de la vie; de les amener peu à peu à comprendre qu'ils devront eux-mêmes, un jour, subvenir à leurs besoins; que c'est par le travail, par l'ordre et l'économie seulement, qu'on en arrive à se mettre à l'abri de la misère. Tout objet sottement brisé, tout vêtement déchiré par étourderie, tout argent dépensé par pur caprice, sans profit, est une perte qui nous rend plus pauvre et que nous pourrons vivement regretter plus tard. Ces vérités banales pour nous, mais non pour les enfants, des exemples sans nombre nous permettent de les illustrer à chaque instant et de les faire pénétrer dans leurs petits cerveaux. Nous doutons que les parents songent toujours à le faire. Combien, parmi ceux que ces idées devraient le plus préoccuper, sont indifférents, ou à peu près, aux petits actes de vandalisme qui se commettent sous leurs yeux; laissent leurs enfants libres de dépenser à leur guise la bourse qu'ils ont faite, et sont prompts à la garnir dès qu'ils la savent vide; sacrifient, pour leur faire plaisir, l'argent sans compter, comme s'ils avaient sous la main d'inépuisables richesses. Qu'en résulte-t-il? C'est que, plus tard, ces enfants, qui ne savent ni se priver, ni économiser, sont surpris de n'être plus à même de satisfaire tous leurs désirs; n'ayant plus alors, d'amis pour les aider, ils deviennent très vite des mécontents aigris et malheureux.

Mais, si les habitudes d'ordre, d'économie et de prévoyance, même dans les plus petites choses, sont des vertus de première importance que l'on doit acquérir dès l'enfance, ayons soin d'éviter que ces habitudes ne s'exagèrent et ne se transforment en défauts. L'amour de la propriété est légitime et louable, — tout le monde à peu près en convient, — mais à une condition, c'est que nous n'accorderons point à cette propriété des mérites qu'elle n'a pas. Elle vaut surtout comme moyen de nous assurer le bien-être, l'indépendance, et c'est tout. Voir en elle un titre qui dispense de tous les autres ; croire qu'elle confère, par sa seule présence, la science, l'honorabilité, le droit aux honneurs et au respect, serait singulièrement se méprendre. Et, de fait, on se méprend fort souvent, et l'éducation tout entière en est faussée.

« La vertu après les écus, voilà, disait Horace, ce que prêche Janus à tous les Romains, aux jeunes et aux vieux. Quatre cent mille sesterces sont de rigueur aujourd'hui. Vous en avez six ou sept mille de moins, eussiez-vous de l'esprit, des mœurs, de l'éloquence, de la probité, vous êtes peuple[1]. » Les mœurs ont-elles beaucoup changé ? — C'est douteux. — De là toute une aristocratie nouvelle que nos enfants apprennent à connaître et trop souvent à envier. Belle éducation, en vérité ! Nulle n'est plus propre à faire germer, suivant les circonstances et les milieux, la bassesse et la servilité, la fatuité et l'orgueil, la jalousie et la colère.

En exaltant ainsi l'argent, nous développons, en outre, chez nos enfants, l'égoïsme, et nous les trompons sur leurs droits véritables. Nous ne devrions jamais oublier que toute propriété, quelle qu'elle soit, est due, en définitive, à la collaboration incessante de milliers d'ouvriers. Le savant qui fait une découverte, le mécanicien qui crée un outil, croient ne rien devoir qu'à eux-mêmes ; en réalité, ils sont redevables

---

(1) Horace, *Épître I*, vers 53 et suivants.

envers la communauté tout entière dont ils font partie, de la science qu'ils utilisent, de la sécurité dont ils jouissent et rend possible leurs travaux, et des objets qu'ils transforment. Voilà ce qu'il faut apprendre à nos enfants, et ce qu'il faut leur apprendre le plus tôt possible. Qu'ils sachent de bonne heure clairement, fermement, que le pays est une « grande solidarité », qu'une part de ce que nous possédons appartient aux autres, à nos collaborateurs : que celui-là qui garde pour lui seul les biens qu'il peut avoir, manque, non seulement de bonté, mais de justice [1]. L'amour de la propriété n'éveillera plus alors en eux des sentiments d'orgueil ou d'avarice, mais des sentiments de générosité.

(1) Voyez Izoulet. *La Cité moderne*. Félix Alcan, éd.

CHAPITRE XIII

L'AMOUR-PROPRE

I. L'amour-propre est une des marques originelles de l'homme. Il est en même temps l'une de ses qualités les plus précieuses. Preuves tirées du sens commun, de l'expérience et de la raison. — II. Vrais caractères de l'amour-propre. Opinion de La Rochefoucauld. Les vices qu'il lui reproche viennent plutôt d'un manque d'amour-propre. — III. Rôle de l'amour-propre dans l'éducation.

Toutes les inclinations qui précèdent, sont plus ou moins tributaires de l'amour-propre. Suivant quelques moralistes, ce sentiment serait même la source première et féconde où s'alimenteraient tous les autres. De là l'intérêt qu'ils ont pris à le décrire et à l'analyser. Toutefois, leurs opinions sont si différentes, parfois même si contradictoires, qu'il est plus sage, croyons-nous, pour le bien connaître, d'oublier un instant ce qu'on a dit de lui, et d'étudier directement ses caractères, ses causes et ses effets.

I

Ce qui frappe, au premier abord, c'est que l'amour-propre ne fait vraiment son apparition que chez l'homme. Entre les animaux, sans doute, s'élèvent fréquemment des rivalités ardentes, rivalités dans les jeux, rivalités dans les courses, rivalités dans l'effort pour une conquête désirée ; mais ces rivalités, l'instinct seul les inspire ; il leur manque cette conscience de soi-même, ce pouvoir de comparer et d'apprécier les actes qu'on accomplit et les états que l'on traverse, conscience et pouvoir que l'amour-propre implique nécessairement à quelque degré. Où l'intelligence fait défaut, ne saurait naître ce sentiment. C'est pourquoi nous ne le rencontrons guère chez les esprits tout à fait bornés ; c'est pourquoi nous le voyons graduellement poindre et grandir chez l'enfant, à mesure que s'éveillent en lui le jugement et la raison. Il est donc bien, comme ces facultés, l'une de nos marques originelles.

Suivant l'opinion commune, il serait en même temps l'une de nos plus précieuses qualités. Si l'on nous dit d'un homme ou d'un enfant qu'il a de l'amour-propre, nous sommes instinctivement portés à avoir confiance en lui ; si l'on nous dit, au contraire, qu'il en manque, spontanément nous le jugeons mal. Or, cette appréciation que formulent ici le bon sens et la sagesse vulgaire, la réflexion la confirme et l'expérience la justifie.

La réflexion et la raison nous disent, en effet, qu'on ne saurait, *à priori*, blâmer l'amour de soi-même, puisque toute morale implique que la personne humaine a une valeur qui lui est propre, et que nous devons la respecter et l'aimer partout où elle se trouve, en nous, par conséquent, aussi bien que dans les autres. Ne serait-il pas étrange que notre souci dût aller uniquement à nos semblables, et que l'oubli de tout ce qui nous concerne fût indispensable à la vertu? Cet oubli, d'ailleurs, est tout à fait impossible, car l'homme ne saurait pas plus s'abstraire « de son moi », qu'il ne saurait sauter par-dessus son ombre.

Nous ajouterons même que, sans l'amour de soi, il ne saurait aimer les autres ni pratiquer le devoir. Supprimez le charme qui accompagne l'amour de nos semblables, le dévouement, l'obéissance à la loi du bien, et tous ces actes deviennent inexplicables : ils n'existeraient pas s'ils ne nous étaient point en quelque façon agréables Mais l'amour-propre, dans le plus grand nombre des cas, n'implique pas seulement l'amour de soi, il implique aussi l'amour d'autrui et le désir d'en être favorablement apprécié. Que de sacrifices ne faisons-nous pas souvent à l'opinion, que d'efforts pour nous la concilier! Si nous craignons si fort d'être méprisés des hommes, c'est que, malgré tout, nous les estimons.

Que nous montre maintenant l'expérience ? Elle nous montre l'amour-propre comme un mobile, qui tantôt détourne la volonté du mal et tantôt l'incite aux plus belles actions. L'homme qui a de l'amour-propre, évite avec un soin jaloux tout ce qui, dans sa tenue, dans ses paroles et dans ses actes, pourrait l'avilir à ses yeux et aux yeux de ceux qui l'entourent : devant ce gardien vigilant, fuient toutes les passions dégradantes. — En outre, nous le voyons souvent lutter pour se surpasser lui-même, lutter pour égaler et surpasser les autres, lutter pour devenir de plus en plus intelligent, brave et généreux. De là naît l'émulation qui stimule nos facultés, ranime notre énergie et nous facilite le succès. Que l'on oppose à celui que soutient un tel sentiment celui qui en est dépourvu : l'un aura toujours le souci de sa dignité, l'autre l'oubliera à chaque instant; le premier ne saurait souffrir que l'on touche à son honneur; le second, à son honneur, préférera le plaisir; celui-là sera toujours prêt à défendre son indépendance et à respecter la liberté des autres; celui-ci sera prêt pour toutes les servitudes et toutes les bassesses. Quant à cette fierté et à cette satisfaction très vive que ressent l'homme, après avoir noblement agi sous l'impulsion de l'amour-propre, irons-nous les condamner comme égoïstes et illégitimes ? Ce serait pure folie.

II

Il nous est possible, des analyses qui précèdent, de dégager les vrais caractères de l'amour-propre. Notons d'abord que s'il implique l'amour de soi, il ne se confond pas précisément avec lui. Avoir de l'amour-propre, c'est avoir le sentiment de sa propre dignité, c'est aimer non point tout ce qui est en nous, mais simplement ce qui est digne d'être aimé, ce qui constitue notre véritable supériorité sur les autres êtres, ce qui est bon, sans conteste, et nous ennoblit; c'est en même temps mépriser tout ce qui est bas et vil, tout ce qui nous abaisse à nos propres yeux, et aux yeux des autres. — L'amour-propre implique, en second lieu, comme nous l'avons établi, l'estime de nos semblables et un respect profond pour le caractère inviolable et sacré de la personne humaine, partout où nous la rencontrons. — Ainsi défini, ce sentiment est un puissant auxiliaire du devoir, puisque les actes qu'il inspire ne peuvent être qu'utiles et honnêtes : aussi le sens commun a-t-il raison contre les moralistes qui le condamnent sans pitié et nous le représentent comme la source de tous les vices. Il suffirait d'ailleurs, pour justifier ce jugement, de passer en revue quelques-uns des défauts dont l'amour-propre est rendu coupable : c'est lui, suivant La Rochefoucauld, qui nous amènerait toujours à subordonner l'intérêt des autres à notre propre intérêt, à n'être sincère que par habileté, généreux que par ambition, reconnaissant que par prévoyance, bon que par paresse ou impuissance de mal faire..... Mais alors, dans tous les exemples que l'on nous donne ici et dont il serait facile d'allonger la liste, est-ce bien l'amour-propre véritable qui est en jeu, l'amour-propre tel que nous le concevons dans le langage ordinaire, tel que le conçoit la foule, tel que le conçoivent même nos grands écrivains, lorsqu'ils ne se piquent d'être ni moralistes ni philosophes ? Evidemment non, car il n'est pas possible que les hommes dont parle La Rochefoucauld, dissimulant leurs vraies intentions, rusant avec leurs semblables, affectant des sentiments qu'ils n'ont pas, se respectent et s'estiment. Le moindre retour sur eux-mêmes ne peut pas ne pas les amener à rougir de leur conduite et à avoir honte de leur duplicité. Or, accepter ce sentiment de déchéance morale; souffrir cette honte journellement, n'est-ce pas pécher par défaut plutôt que par excès d'amour-propre ? Que si, sous l'influence de l'habitude, l'homme qui fait le mal n'aperçoit même plus sa bassesse et n'en souffre aucunement, c'est que l'amour-propre a tout à fait disparu [1].

III

On comprend, par ce qui précède, toute l'importance que, dans l'éducation, nous accordons à l'amour-propre. Loin de le combattre, de parti pris et par tous les moyens, comme un fléau, nous le considérons comme l'auxiliaire indispensable de nos efforts, celui qui nous permettra le mieux de réveiller chez nos enfants et le sentiment de la dignité personnelle et le sentiment de l'honneur. C'est qu'en effet, si l'amour-propre, tel que nous l'avons défini, est un sentiment légitime, c'est aussi un sentiment qu'il nous est relativement facile, chez la plupart de nos enfants, de stimuler, de diriger et d'affiner de plus en plus. Grâce à lui, nous pouvons ébaucher en eux presque toutes les vertus, et d'abord ces vertus si simples

---

[1] Au XVIIe siècle, amour-propre est généralement synonyme d'égoïsme ; les écrivains emploient le plus souvent ce mot en mauvaise part : « L'amour-propre comprend l'amour de son être et l'amour de son bien-être. » (Malebranche.) — « L'amour-propre est l'amour de soi-même et de toutes choses pour soi. » (La Rochefoucauld.) — « Ce sentiment subordonne tout à ses commodités et à son bien-être. » (Vauvenargues.)

qu'on néglige parfois même de les mentionner : le respect de soi-même dans sa tenue et dans son langage ; puis ces vertus plus hautes, la persévérance dans le travail, le respect de ses semblables, l'honnêteté dans la conduite.

Qui de nous n'a point constaté, en recommandant ces vertus à des enfants, que l'appel à l'amour-propre souvent réussissait où avaient échoué l'appel à l'intérêt et même l'appel au devoir ? Et nous n'entendons point parler ici d'un appel explicitement formulé ; pour être efficace, au contraire, il doit être discret : que nos enfants comprennent que nous avons confiance en eux, que nous les estimons assez pour les croire incapables d'actes gravement répréhensibles, et, peu à peu, ils en arriveront à s'estimer eux-mêmes et à faire effort pour mériter notre affection. Par là, nous préviendrons souvent les fautes ; ces fautes, maintenant, ont-elles été commises, nous en empêcherons probablement le retour si nous pouvons persuader à leur auteur qu'elles sont indignes de lui et devraient le faire rougir : « Un enfant qui se respecte ne fait point telle chose. Vous devriez avoir honte de votre conduite ! » — Ce sont là remontrances fréquentes sur les lèvres des mères ; sur les lèvres des maîtres elles ont souvent plus de puissance encore. Est-ce à dire cependant que ces moyens réussiront toujours ? Il y aurait quelque naïveté à le croire ; mais alors il nous faut exiger ce que par la persuasion nous n'avons pu obtenir, et l'exiger énergiquement et sans faiblesse ; obligeons nos enfants à se surveiller davantage, à remplir avec soin tous leurs devoirs d'écoliers ; amenons-les à contracter ainsi, malgré leur résistance du premier moment, des habitudes utiles, et peut-être réveillerons-nous l'amour-propre qui en eux sommeille. A mesure qu'ils s'amélioreront, ils apprendront à se mieux connaître, à se mieux apprécier et à faire par dignité ce qu'ils ne faisaient, d'abord, que par obéissance ou par contrainte.

CHAPITRE XIV

LES PRINCIPALES DÉVIATIONS DE L'AMOUR-PROPRE

I. De la vanité : ses principales formes. La coquetterie et la fatuité. — II. Leurs causes : les éloges maladroits. L'exemple. Conseils de Fénelon. — III. L'orgueil : ses différentes formes. Ses dangers. — IV. La fausse modestie.

Comme tous les sentiments délicats et complexes, l'amour-propre, aisément, peut se vicier et se corrompre. C'est ce qui arrive lorsque l'amour du moi l'emporte sur tous les autres éléments qui le composent, et lorsqu'il s'attache non plus à nos qualités véritables, mais à nos petitesses et à nos infirmités. De là les métamorphoses qu'il subit et qui nous le représentent, suivant les temps et les lieux, sous les traits de la vanité et de l'orgueil, ou sous ceux de la fausse modestie, sœur jumelle de l'hypocrisie.

I

La vanité que Charron appelle « la plus essentielle et propre qualité de l'humaine nature », est la préoccupation inquiète de se faire valoir pour les petites choses et de se glorifier même des avantages les plus frivoles. La coquetterie et la fatuité en sont les formes les plus communes.

Sous sa première forme, elle consiste à s'éprendre de la

beauté qu'on croit avoir, et de tout ce qui peut lui donner plus d'éclat; mais tant qu'elle est discrète, et, docilement, écoute les conseils prudents de la raison et du goût, elle reste le moindre de nos défauts, peut-être le plus aimable. La discrétion malheureusement lui est pénible. Lorsqu'on est sûr d'être bien doué, il est si doux de le montrer, et, lorsqu'on a quelque parure, n'est-ce point pour qu'on l'admire? Il est vrai qu'on éprouve une intime et profonde joie à constater, même lorsqu'on est seul, ses incontestables mérites et à s'admirer en silence sous ses propres ornements; — elles ne sont point rares les personnes qui sont coquettes pour elles-mêmes, même quand nulle amie ne pourra les jalouser, — mais combien, d'ordinaire, la joie est plus complète, quand tous ces avantages ont des témoins! — En second lieu, cette coquetterie de la beauté physique et des vêtements s'exagère très vite, et, dès qu'elle veut briller, elle le veut à tout prix. C'est alors qu'elle accapare à son profit et notre temps et notre argent, nous faisant oublier parfois les plus graves de nos devoirs. Les hommes, jusqu'ici, sont en très petit nombre chez lesquels ce défaut dégénère en passion, — car sont-ils bien des hommes encore nos mondains désœuvrés qui lui sacrifient chaque jour? — Mais combien de jeunes filles et combien de femmes s'y livrent tout entières, considérant comme affaires capitales le choix d'une coiffure, la couleur d'une robe ou le nœud d'un ruban? Combien négligent pour ces préoccupations supérieures, et leur ménage et leurs enfants, leur refusant même le nécessaire, pour se donner, à elles, ce superflu?

A côté de cette coquetterie est celle des manières, moins redoutable, sans doute, mais non moins ridicule. C'est elle qui nous pousse, non plus à copier les toilettes que nous avons trouvées jolies, mais bien à imiter les gestes, les attitudes, les façons de parler que nous avons jugées distinguées. Qu'en résulte-t-il? C'est que nous cessons d'être nous-mêmes; c'est qu'il y a dans toute notre personne un je ne sais quoi de faux et de guindé qui détonne ; nous manquons à la fois de sincérité et de naturel ; le modèle pouvait être charmant, la reproduction n'est qu'une grimace.

De nos avantages physiques, acquis ou naturels, réels ou imaginaires, notre attachement s'étend vite à tout ce qui paraît nous conférer quelque titre. Il n'est pas si petit esprit qui, à la longue, ne se découvre quelque qualité rare et ne s'en glorifie. Oronte s'admire dans son sonnet ; Alcippe est fier de ses idées sublimes, et Philémon de ses beaux chevaux. Les uns et les autres sont des fats. — L'homme est ainsi fait qu'il tire vanité de tout, de sa naissance[1], de son pays, des amis qu'il fréquente, de ceux qui le saluent et de ceux qui ne le saluent pas ; il est vain jusque dans sa pitié, dans ses joies et dans ses larmes, et presque dans la pierre de son tombeau. Ce défaut, remarque Pascal, est si ancré en lui « qu'un soldat, un goujat, un cuisinier, un crocheteur se vante et veut avoir des admirateurs ; et les philosophes même en veulent ; et ceux qui écrivent contre veulent avoir la gloire d'avoir bien écrit ; et ceux qui le lisent veulent avoir la gloire de l'avoir lu, et moi qui écris ceci ai peut-être cette envie, et peut-être que ceux qui me liront l'auront aussi. » — Et pour satisfaire ce désir de briller, que de peines nous supportons, que de ruses nous déployons ? Notre vanité se fait courtisane aux dépens de notre repos, de notre bien-être, de notre santé ; ainsi les soins frivoles l'emportent dans la vie sur les pensers sérieux. Une telle manière d'agir est même devenue si générale que « c'est habileté de bien jouer cette farce, et sottise de n'être pas vain ».

---

(1) Ce défaut est déjà visible chez les enfants. — « Que fait ton père ? demande Pierre Nozière à son ami. — Il est médecin. — Le mien est avocat, c'est mieux. » (A. France.)

II

Pour que la vanité soit un travers si commun, il faut, sans doute, qu'elle rencontre en nous des auxiliaires bien puissants ; mais plus puissants encore sont ceux qu'elle trouve hors de nous, dans l'éducation qu'on nous donne et dans les préjugés que la société protège. — Ne semble-t-il pas, en effet, que nous prenions à tâche d'éveiller et d'encourager, même chez nos enfants tout jeunes, et la coquetterie et la fatuité ?... Nous leur répétons à tout propos, et surtout hors de propos, qu'ils sont « mignons et bien faits » ; ont-ils leurs habits de fête et nous les admirons tout haut et les faisons admirer, très fiers de les montrer. — « Quand vous passez auprès d'une mère dont vous connaissez le fils, mais qui l'ignore, écrit un contemporain, dites un peu haut : « Oh ! le ravissant « enfant ! » Soyez assuré que la mère vous répondra aussitôt : « Monsieur, c'est mon fils ! » — Je crois que l'écrivain, ici, exagère un peu. Mais ce qu'il a bien observé, c'est que, dans cette conduite des parents envers les enfants, il entre beaucoup de ce qu'on appelle aujourdhui l'*amour-propre d'auteur*. Nous dressons un trône au Roi Bébé, et comme nous n'oserions nous y placer nous-mêmes, nous y plaçons notre image, et notre vanité est satisfaite. — Il en résulte que l'enfant auquel ce manége intéressé n'a point échappé, en arrive promptement à attacher une importance excessive à ce qui, en réalité, le devrait laisser indifférent.

Ces leçons inconscientes sont à chaque instant fortifiées par d'éloquents exemples. La coquetterie des enfants n'est, dans bien des cas, qu'une imitation de la coquetterie des parents. La fillette, qui gentiment se fait des mines devant son miroir, ou qui, précieusement, relève, sur le côté, en se rengorgeant, sa robe trop courte, n'est qu'un petit singe imitateur des gestes qu'elle a surpris, et à cela il n'y a point grand mal ; mais le mal apparaît lorsque cette imitation devient habituelle et dégénère en frivolité.

Comment ne deviendraient-ils pas encore vains et fats les enfants qui entendent sans cesse leurs parents louer leurs réparties, citer leur bons mots, vanter leur mémoire, chercher, à tout ce qu'ils font, une grâce qui n'y est pas? Ou encore, parler devant eux de leur fortune, de leurs amis puissants? Ils deviennent à cette école non seulement vaniteux, mais ils deviennent aussi injustes et cruels. Nous avons tous rencontré de ces petits personnages infatués d'eux-mêmes qui, dédaigneusement, s'écartent de leurs camarades pauvres et misérablement vêtus ; qui inventent mille mensonges sur leurs prétendus exploits, sur la richesse de leur famille et leurs relations flatteuses ; qui regardent de haut leurs concurrents malheureux et jalousent ceux qui les surpassent ; qui se glorifient des moindres éloges et s'indignent de la critique. Que les parents et les maîtres laissent ces tendances se développer, et l'armée, déjà si nombreuse, des *struggle-for-lifers* comptera bientôt quelques soldats de plus.

C'est pour nous mettre en garde contre ces conséquences fréquentes que Fénelon nous conseille d'être plus circonspects et plus sages avec ceux que nous élevons. « Le plaisir qu'on veut tirer des jolis enfants les gâte, écrit-il. Ils aperçoivent qu'on les regarde avec complaisance, qu'on observe tout ce qu'ils font, qu'on les écoute avec plaisir. Par là ils s'accoutument à croire que le monde sera toujours occupé d'eux. — Pendant cet âge où l'on est applaudi, et où l'on n'a point encore éprouvé la contradiction, on conçoit des espérances chimériques, qui préparent des mécomptes infinis pour toute la vie. J'ai vu des enfants qui croyaient qu'on parlait d'eux toutes les fois qu'on parlait en secret, parce qu'ils avaient remarqué qu'on l'avait fait souvent. Ils s'imaginaient n'avoir rien en eux que d'extraordinaire et d'admirable. Il faut donc prendre soin des enfants, sans leur laisser voir qu'on pense beaucoup à eux. Montrez-leur que c'est par amitié et par le besoin qu'ils ont d'être redressés, que vous êtes attentifs à leur conduite, et non par l'admiration de leur esprit. Contentez-vous de les former peu à peu, selon les occasions qui viennent naturellement : quand même vous pourriez avancer beaucoup l'esprit d'un enfant sans le presser, vous devez craindre de le faire, car le danger de la vanité et de la présomption est toujours plus grand que le fruit de ces éducations prématurées qui font tant de bruit. »

III

On a dit de la vanité dont nous venons de parler qu'elle était l'orgueil des petites âmes ; on pourrait dire de l'orgueil qu'il est la vanité des âmes grandes, bien qu'entre les deux la différence soit difficile à marquer. On connaît la conduite de ce gueux castillan dont nous parle Voltaire : « Un passant lui dit : — N'êtes-vous pas honteux de demander l'aumône, quand vous pourriez travailler ? — Monsieur, répondit le mendiant, je vous demande de l'argent et non pas des conseils. — Puis il lui tourna le dos en conservant toute sa dignité. » — Cette réponse vient-elle d'orgueil ou de vanité ? — Dans la plupart des cas, pourtant, l'orgueil se reconnaît aux causes qui le produisent et aux actes qu'il inspire. Comme la vanité, il vient de l'amour-propre, et fait du moi son Dieu ; mais le moi dont il s'éprend a plus de force et de noblesse, l'idéal qu'il poursuit plus de grandeur véritable, la conduite qu'il s'impose moins de mesquines faiblesses. — L'orgueilleux pour se satisfaire est prêt à tous les sacrifices, même à celui de sa vie, comme le remarque Pascal : « L'or-

---

(1) Fénelon. *De l'Éducation des filles*, ch. III.

gueil, dit-il, nous tient d'une possession si naturelle au milieu de nos misères et de nos erreurs, que nous perdons même la vie avec joie, *pourvu qu'on en parle.* » — Combien peu de vaniteux voudraient en faire autant! Enfin, l'orgueil implique un amour plus exclusif de notre propre personne que la vanité, et un moindre souci de l'opinion des autres, puisqu'il nous porte parfois à la braver. Il se peut, il est vrai, qu'en agissant ainsi, nous ne songions encore qu'à étonner et à affirmer notre supériorité sur tous; l'orgueil n'en reste pas moins un défaut peu vulgaire.

Par sa nature même, l'orgueil peut donc parfois être très utile à l'homme, car il lui donne de sa valeur et de ses forces un sentiment qui les accroît; il lui fait accomplir, en vue de son ambition, des efforts et des sacrifices dont il serait, sans lui, tout à fait incapable, comme il le contraint, chaque jour, à s'abstenir, par fierté, des mille petites bassesses qui ne rebutent point le vaniteux. Qui pourrait énumérer les services qu'il a rendus aux arts, aux sciences, à l'industrie? Le savant pour montrer sa science est porté, à la répandre; l'homme puissant, pour montrer son crédit, est porté à faire du bien; le poète, l'artiste, le philosophe, pour conquérir des suffrages, s'imposent de durs travaux qui contribuent à l'amélioration de tous. Sans doute, il serait préférable que tous ces efforts fussent désintéressés, mais ne demandons pas à l'homme, qui n'est qu'un homme, plus qu'il ne peut donner, et sachons-lui toujours gré du bien-être qu'il nous procure. — Aussi s'explique-t-on que l'orgueil ait trouvé, de tous temps, des poètes pour le chanter et des moralistes pour l'absoudre. — En outre, quand il repose sur des mérites solides, quand, pour se justifier, il a des titres certains, n'aurions-nous pas mauvaise grâce à nous montrer trop sévères? Qui donc oserait, par exemple, faire à nos grands poètes un crime impardonnable de s'être, par avance, promis l'immortalité?

Mais, il peut arriver, — et le cas est fréquent, — que, dans l'orgueil, l'amour du moi devienne si exclusif qu'il étouffe complètement le respect des autres et le sentiment de la justice : alors il n'inspire plus que de l'indignation et de la colère. Lorsqu'il porte à humilier et à faire souffrir ses inférieurs, à blesser ceux qui ne peuvent se défendre, il est odieux et ne saurait être trop combattu; lorsqu'il inspire des ambitions démesurées et suscite, par exemple, les conquérants que nous voyons, dans l'histoire, entraîner des millions d'hommes à la mort, il devient pour les peuples le plus redoutable fléau. L'orgueil peut même se rencontrer jusque dans l'âme des plus grands criminels. Plusieurs d'entre eux, nous le savons, sont fiers de leurs forfaits; ils déploient, pour donner la mort, autant d'énergie, parfois, et autant de ruses, ils affrontent autant de dangers que beaucoup d'autres pour la combattre; et, leur œuvre accomplie, ils sont heureux, eux aussi, pourvu que l'on en parle. Comme on le voit, dans tous les cas, l'orgueil nous apparaît comme une force des plus puissantes, et qui, plus que toute autre, a besoin d'être réglée.

IV

Chez les âmes petites et basses, l'amour-propre dégénère en un défaut plus méprisable, la *fausse modestie*, qui n'est qu'une ruse habile pour s'attirer des éloges qu'on ne mérite point. Avec quel art, quelle componction touchante, certaines gens déclinent les hommages d'autrui, surtout quand ils estiment qu'ils sont un peu mérités; avec quelle candeur, au contraire, ils confessent eux-mêmes, certains de leurs défauts, en se disant tout bas qu'on ne les croira point! Ils mettent dans leur aveu tant de sincérité naïve, ils s'accusent avec tant de bonne foi apparente, ils choisissent les travers dont ils se blâment avec tant de discernement, qu'ils nous les font presque aimer comme des qualités, jusqu'au jour où leur ruse nous est enfin connue. — De ces hypocrisies mesquines, la vie entière est remplie, et, comme la vertu est encore ce qu'on aime le mieux dans le monde, il n'est point de vertu que le vaniteux n'imite, de qualité estimée dont il n'emprunte le masque : il parodie tout, jusqu'aux sentiments les plus sacrés. C'est ainsi, nous dit La Rochefoucauld, que l'on cherche à se rendre célèbre par tous les moyens possibles : « on pleure, par exemple, pour avoir la réputation d'être tendre; on pleure pour être plaint; on pleure pour être pleuré; enfin on pleure pour éviter la honte de ne pleurer pas. » — Remarquons, toutefois, que, pour réussir dans ce rôle, que tant de personnes jouent, et pour y réussir longtemps, il faut des qualités rares. Pour être un vaniteux tout court, il suffit d'être un sot, pour être un bon hypocrite, il faut de l'habileté. Les tartufes, petits et grands, sont gens subtils; c'est pourquoi ils sont si dangereux; c'est pourquoi surtout nous ne saurions trop les mépriser et les combattre.

Ces deux derniers défauts, l'orgueil et l'hypocrisie se rencontrent principalement dans la jeunesse et dans l'âge mûr ; mais n'oublions pas que les déviations de l'amour-propre dont ils sont la conséquence peuvent se produire déjà dès la première enfance. Or, c'est à empêcher ces déviations que nous devons veiller à toute heure, car nulle part nous n'avons besoin de plus de vigilance, de tact et de prudence, en raison même de la susceptibilité extrême que développe chez ses victimes l'amour-propre en se corrompant. — L'essentiel est, en premier lieu, lorsqu'on le peut, de s'attaquer au mal dès qu'il se montre, et avant qu'il ait grandi. C'est là, sans doute, une règle bien générale et bien banale, car elle s'applique à tous nos défauts; mais elle a, dans ce cas, une importance toute particulière, les vices que nous avons signalés étant, de tous, les plus difficiles à extirper. — En outre, lorsqu'on s'adresse à ceux que l'on veut guérir, il faudrait éviter d'appeler trop souvent, — comme beaucoup de pères et de maîtres le font, — leur attention sur les travers que l'on veut combattre. Recourir à tout propos aux reproches, aux punitions, à la raillerie, c'est surexciter l'amour-propre, l'irriter, parfois même le développer au lieu de le détruire. Sans doute aucun de ces procédés ne doit être absolument banni ; seulement nous croyons qu'il n'y faut recourir qu'avec beaucoup de discrétion. Plus sages nous paraissent les conseils des éducateurs qui nous engagent à opposer à ces sentiments fâcheux les sentiments qui leur sont contraires. Si nous voulons que nos enfants ne s'exagèrent pas leurs mérites et ne songent point qu'à eux-mêmes, apprenons-leur à respecter et à aimer les autres ; développons en eux les sentiments sympathiques que l'égoïsme étouffait, et peu à peu s'effaceront la fierté ridicule, l'orgueil et la vanité. Apprenons-leur surtout à être sincères envers eux-mêmes, et pour qu'ils se jugent sainement, amenons-les à se former le plus tôt possible un idéal élevé de l'homme qu'ils doivent être. En apercevant ce qui leur manque encore pour le réaliser, ils seront moins portés à s'exalter leurs mérites, à commettre des actes qui les en pourraient écarter. Ce sont tous ces conseils que résumait Shakespeare dans cette belle formule : « Sois loyal envers toi-même, et tu seras aussi nécessairement juste et bon envers les autres, que la nuit nécessairement suit le jour. »

CHAPITRE XV

LES INCLINATIONS SOCIALES

I. Union des inclinations sociales et des inclinations personnelles. De l'instinct de sociabilité. Opinion d'Aristote et de Hobbes. — II. Des inclinations domestiques : de l'amour des parents pour les enfants ; ses caractères chez l'animal et chez l'homme. Ses déviations et leurs causes. — III. De l'amour filial : son évolution. Ses caractères. Messieurs les enfants et messieurs les jeunes gens (Legouvé). — IV. De l'amour fraternel. Ses caractères. L'amour du frère et de la sœur. De la jalousie. Ses principales causes.

I

Étant données les conditions nécessaires à l'existence des êtres vivants et à l'exercice normal de leurs différentes fonctions, on conçoit aisément qu'en eux les inclinations sociales soient inséparables des inclinations personnelles. La plupart, en effet, ne sauraient, dès leur naissance, ni se nourrir, ni se défendre; l'isolement leur est même d'autant plus funeste que leur organisme est plus parfait et que les manifestations de leur activité physique et mentale sont plus complexes et plus variées. Aussi les voyons-nous s'unir, se grouper, former parfois des sociétés véritables régies par d'admirables lois : lorsqu'ils vivent solitaires, c'est non point par instinct, mais par nécessité, quand la nourriture fait défaut dans les régions où ils sont nés. — Cette même tendance à rechercher la compagnie de ses semblables, nous la retrouvons chez les tout jeunes enfants dont la joie éclate dès que se rangent autour d'eux des petits amis de leur âge; — nous la retrouvons chez l'homme fait qui cherche de plus en plus, dans l'association, le moyen d'accroître son bien-être et le bien-être de tous : pour lui, comme pour l'enfant, la solitude est pénible et l'on assure que le plus dur supplice à infliger à un condamné est l'emprisonnement cellulaire. — Peut-être même la retrouverions-nous encore jusque chez les savants qui semblent fuir le monde, et les misanthropes les plus aigris; nous croyons fort que les uns et les autres mettraient beaucoup moins d'ardeur soit à travailler, soit à se plaindre, s'ils étaient assurés d'avance que nul jamais ne les remarquera : — c'est là ce qu'Aristote avait bien compris lorsqu'il définissait l'homme « un animal politique et sociable », c'est-à-dire un être qui est naturellement porté à s'unir à ses semblables et à former avec eux des sociétés de plus en plus parfaites, afin que chacun puisse être utile à tous, et que tous puissent être utiles à chacun. Rien ne nous paraît donc plus contraire à la vérité que cette maxime de Hobbes : « L'homme est un loup pour l'homme », bien que, parfois, dans la lutte ardente que nous nous livrons chaque jour pour la vie, bien des faits paraissent lui donner raison.

II

C'est sous l'influence de cet instinct de sociabilité que ce sont formés, entre les êtres vivants, des groupes de plus en plus étendus auxquels correspondent autant d'inclinations particulières. — Le plus essentiel de ces groupes est la *famille*, non seulement parce qu'il est le point de départ de tous les autres, mais encore parce que la famille répond à une loi impérieuse de notre nature et favorise l'éclosion et le développement des inclinations altruistes les plus pures et les plus fécondes : l'amour des parents pour les enfants, l'amour filial et l'amour fraternel.

De ces trois affections, la première est de beaucoup la plus spontanée, la plus généreuse et la plus agissante. — Nous la trouvons déjà, avec tous ses caractères, chez les animaux supérieurs. Chacun sait avec quelle sollicitude la plupart d'entre eux veillent sur leurs petits, avec quelle force l'instinct maternel pousse même des oiseaux fort timides à braver de graves dangers, bien qu'ils le fassent en hésitant, et contrairement aux inspirations de l'instinct de conservation [1]. Toutefois ce qui nous frappe, chez l'animal, c'est que cet instinct semble disparaître dès qu'il devient inutile. Lorsque les petits peuvent se suffire à eux-mêmes, ils vont se perdre dans la foule des autres animaux de leur espèce ; les parents ne les connaissent plus et les abandonnent. Tout lien entre eux est rompu, et l'affection qui, tout à l'heure, inspirait de véritables actes d'héroïsme et de dévoûment, est maintenant évanouie à jamais.

Il en est tout autrement chez l'homme. L'amour qu'il a pour ses enfants, amour également désintéressé, s'éveille avant leur naissance et persiste toute la vie. Malgré notre âge et nos cheveux blancs, ne sommes-nous pas toujours pour nos parents « les petits » ? Cet amour persiste même quand les enfants ne sont plus, et c'est de lui vraiment qu'il est juste de dire qu'il « est plus fort que la mort ». L'une de nos plus poignantes et de nos plus ineffaçables douleurs est précisément celle qui résulte de cette affection brisée.

Comme toutes les autres, cependant, cette affection a des degrés ; comme toutes les autres, également, elle peut se vicier et se corrompre. — Charron remarquait déjà dans son entourage qu'elle n'est, parfois, qu'un « simple instinct selon

---

(1) Voyez Darwin. *The descent of man*, trad. Barbier, p. 29, et La Fontaine : *Les deux rats, le renard et l'œuf; La perdrix et ses petits*.

lequel les parents aiment et chérissent leurs petits encore bégayans, trépignans et tettans, et en usent comme de jouets et petits singes¹ ». Qui de nous, aujourd'hui, ne pourrait faire encore constatations semblables ?

D'ordinaire, heureusement, l'amour du père et de la mère est plus sérieux et plus sage. Pour eux, l'enfant n'est point un jouet dont on s'amuse, mais un être moral que l'on protège et que l'on guide. L'affection dont ils l'entourent est faite tout à la fois de tendresse et de raison. — La tendresse il est vrai, souvent l'emporte sur la raison, et c'est alors qu'elle dévie, se fausse, et manque le but qu'elle poursuit.

Elle est faussée, par exemple, lorsque, entre nos enfants, elle nous fait établir d'injustes préférences, comme si tous, par cela même qu'ils sont issus de nous, n'avaient pas les mêmes droits à être aimés et soutenus ? Les préférences ne sont excusables qu'en faveur des plus faibles et des moins bien doués par la nature. Les soins plus délicats qu'alors on leur prodigue, sont comme une compensation aux maux qui les affligent. — Elle est faussée encore lorsqu'elle nous fait exagérer les qualités de nos enfants. Avec quelle partialité constante nous apprécions leurs moindres mérites et avec quelle imprudence nous étalons cette faiblesse ! Nous ne soupçonnons même pas qu'en agissant ainsi nous prêtons à sourire et, — ce qui est plus grave, — encourageons la vanité. — Elle est faussée, enfin, lorsqu'elle cache à nos yeux, jusqu'aux plus grands défauts, ou leur trouve toujours d'introuvables excuses. Combien de parents ressemblent à la mère-hibou de La Fontaine : combien sont plus aveugles encore, qui transforment en qualités, non seulement les défauts physiques, dont nul n'est responsable, mais les défauts de conduite qui ne devraient jamais laisser indifférents ?

La principale cause de cette déformation de l'amour des

---

(1) Charron. *Ouv. cit.*, liv. III, ch. xiv.

parents est sans doute dans une bonté excessive, mais fréquemment aussi nous pourrions la trouver dans le pur égoïsme. Dans son analyse si pénétrante de nos inclinations, La Rochefoucauld omet, avec dessein, sans doute, celle qui nous occupe; et pourtant, nous pensons qu'il aurait pu, sans peine, nous montrer que *souvent* l'amour-propre la vicie. Nous croyons sincèrement admirer nos enfants, lorsqu'en réalité c'est nous-mêmes, qu'à notre insu, nous admirons en eux : nous atténuons leurs défauts, moins pour innocenter ceux qui les possèdent que pour nous innocenter, nous, qui les avons vus grandir. Ne sont-ils pas nombreux encore ceux qui, par crainte de s'aliéner un instant l'affection de leur fils ou de leur fille [1], les laissent contracter des habitudes funestes qui compromettent leur avenir ? Que les parents fassent leur examen de conscience, sans arrière-pensée égoïste, et ils reconnaîtront, nous en sommes persuadés, que nos critiques peu obligeantes, dans bien des cas, sont justifiées.

Pour être vraiment fécond, et pour atteindre sa fin, l'amour paternel et l'amour maternel ont donc besoin d'être éclairés et guidés. Il faut qu'à l'occasion ils aient le courage de se dissimuler en prenant une voix sévère ; il faut même qu'ils ne craignent point de sévir, quand la nécessité l'exige. — « Qui aime bien châtie bien, » dit un vieux proverbe trop décrié. — Qui aime vraiment, dirons-nous à notre tour, veut avant tout le bien de ceux qu'il aime; c'est pourquoi il sait s'oublier lui-même lorsqu'il le faut et quoiqu'il lui en coûte, pour songer uniquement aux moyens d'être utile.

---

(1) Les mères qui s'imaginent être d'autant plus aimées qu'elles sont plus indulgentes, pardonnent plus de fautes, cèdent à plus de caprices, s'illusionnent grandement. Les enfants ne sont point dupes, et souvent ils leur préfèrent le père qui sait, au moment opportun, les réprimander et les punir. « Quel malheur, disait récemment une fillette de sept ans à sa mère, que ce soit papa qui parte pour faire ses vingt-huit jours, et non pas toi ! » Or, la mère est précisément une maman-gâteau, et le père, un papa-grondeur.

III

L'amour filial est beaucoup moins primitif et spontané que l'amour maternel. Celui-ci, en effet, s'éveille, comme nous l'avons montré, dès que l'enfant commence à vivre, et il était bon qu'il en fût ainsi, car, de longs mois, de longues années même s'écoulent avant que l'enfant puisse se suffire. En créant l'instinct maternel, la nature lui assurait donc les soins dont il a besoin. — L'amour filial, au contraire, ne fait son apparition qu'assez tard, lorsque l'intelligence s'éclaire, et c'est peu à peu seulement qu'il se développe et devient vraiment humain.

A l'origine, ce que l'enfant aime dans ses parents, ce sont moins ses parents eux-mêmes que le bien-être qu'ils lui procurent et les tendresses dont ils le bercent. C'est pourquoi il ne les distingue point de tous ceux dont la vie est mêlée à la sienne ; c'est pourquoi il leur préfère souvent la nourrice qui l'élève, peu soucieux des colères et des jalousies secrètes, qu'en agissant ainsi, fréquemment il provoque. — Lorsqu'il prend conscience de lui-même et, sentant sa faiblesse, comprend un peu, déjà, les services qu'on lui rend, son attachement devient plus clairvoyant et plus durable. Il aime ses parents comme on aime tout ce qui protège, comme on aime tout ce qui paraît grand et fort; aussi éprouve-t-il auprès d'eux une sécurité complète : là est le refuge assuré, l'inviolable forteresse où nul ennemi ne pourra l'atteindre. Avec quel accent, lorsqu'il est malheureux, il en appelle à « sa ma-man ! » et quelle éloquence il sait mettre dans ces trois courtes syllabes ! Avec quelle promptitude, au moindre danger, il prend la fuite et vient se blottir, comme le poussin sous l'aile de sa mère ! — A ces sentiments graduellement s'ajoutent l'admiration et la reconnaissance : l'*admiration*, car, dans l'enfance, toute supériorité étonne et frappe, et nos parents nous sont si supérieurs ! — le *respect*, car le père et la mère sont pour nous la loi et les prophètes ; car, instinctivement, nous croyons ce qu'ils nous disent, approuvons ce qu'ils approuvent, et blâmons ce qu'ils blâment. Et lorsque l'idée nette du devoir et de la justice s'est dégagée enfin des brumes de l'inconscience, ce sentiment du respect devient presque un sentiment religieux : c'est alors qu'il est véritablement humain et agissant ; c'est alors qu'il entraîne à sa suite la *reconnaissance* pour tous les bienfaits dont nous avons été comblés : il devient la *piété filiale*.

Tous ces sentiments dont se forme la piété filiale, c'est surtout au foyer de la vie commune qu'ils éclosent et grandissent. A ce foyer où l'on se réunit tous les jours, où se défendent les mêmes intérêts, où l'on jouit et où l'on souffre des mêmes joies et des mêmes douleurs, les âmes insensiblement se pénètrent et se fondent, les affections s'appellent et se répondent, les mêmes manières de penser et de sentir s'établissent entre tous, et il semble qu'un même esprit et qu'un même cœur animent la famille. Ainsi s'explique que l'amour filial soit parfois si profond et si dévoué, aussi dévoué et aussi profond même que l'amour maternel [1].

Gardons-nous de croire, cependant, qu'il se développe également chez tous, et que son intensité soit toujours proportionnelle aux mérites des parents. Il est des natures ingrates que ne sauraient gagner les plus purs dévoûments ; comme il en est dont l'affection est sans limite, même pour des

---

(1) Nul n'a parlé de l'amour filial avec plus d'éloquence touchante que Pierre Loti dans le livre où il nous raconte sa jeunesse. Si profond lui paraît cet amour et si indestructible qu'il lui semble devoir échapper à la mort. « Il me semble, écrit-il, que quand j'aurai fini de jouer en ce monde mon bout de rôle misérable, fini de courir par tous les chemins non battus, après l'impossible, j'irai me reposer quelque part où ma mère, qui m'aura devancé, me recevra ; et ce sourire de sereine confiance qu'elle a maintenant, sera devenu alors un sourire de triomphante certitude ; mon amour pour ma mère est si affranchi de tout lien matériel, qu'il me donne presque confiance, à lui seul, en une indestructible chose qui serait l'âme ; et il me rend encore une sorte de dernier et inexplicable espoir. » *Ouv. cit.*, p. 24 et 25.

parents qui n'en sont dignes qu'à demi. — En outre, dans la piété filiale, bien souvent ne subsiste très vivante que l'affection, alors que le respect et la reconnaissance lentement diminuent, lorsqu'ils sont nés, et finissent presque par disparaître. On connaît le tableau frappant que trace M. Legouvé de « messieurs les enfants » et de « messieurs les jeunes gens » d'hier et d'aujourd'hui [1]. Le tableau, croyons-nous, n'a rien d'exagéré, et nous avons à maintes reprises déjà signalé le mal qu'il décrit ; mais par quels moyens le combattre? « Il faut, nous dit l'auteur, redoubler de tendresse, de dévoûment et d'affection. » Il faut que les pères deviennent de vrais *pères constitutionnels*..... A ce conseil, nous souscrivons volontiers, mais à la condition expresse que la constitution ne sera jamais violée, sans que l'autorité intervienne.

IV

L'amour fraternel se développe comme l'amour filial et sous les mêmes influences. La vie en commun, la force de la sympathie, la contagion des émotions et des pensées, tels sont ses facteurs essentiels. Il est possible, en outre, que, par suite de l'hérédité, les frères dont l'origine est la même et dont l'être est formé, suivant l'expression d'Aristote, d'une même substance, aient plus d'affinités entre eux que des étrangers, et une tendance plus vive à se rapprocher et à s'aimer ; mais cet attachement ne mérite vraiment le nom d'amour fraternel que plus tard, quand il a conscience de lui-même et de son objet.

Ce qui donne à cet amour son originalité propre, c'est la parfaite égalité qui existe entre les frères, égalité qui ne se rencontre pas dans les rapports entre parents et enfants. Ici, en effet, il y a, d'un côté, supériorité ; de l'autre, dépendance ; aussi la confiance n'est-elle jamais absolue. Les parents

---

[1] Legouvé. *Les pères et les enfants au* IXe *siècle.* Voyez également : *Une éducation de nos jours*, par J. Noury.

aiment, sans doute, leurs enfants, et quelquefois plus qu'eux-mêmes, mais ils sentent qu'ils ne peuvent ni ne doivent penser toujours tout haut devant eux ; les enfants devraient peut-être pouvoir penser tout haut devant leurs parents, mais bien souvent ils ne l'osent ; le respect leur impose silence, quand ce n'est point la crainte ou la timidité. Entre frères, et surtout entre frères à peu près du même âge, il en est autrement ; la confiance est plus spontanée, plus entière ; de là l'influence moralisatrice, immense, qu'ils peuvent exercer les uns sur les autres.

Par cela même qu'ils se connaissent aussi complètement que possible et qu'ils s'affectionnent, ils peuvent se conseiller mutuellement, et mutuellement se redresser quand ils font mal. Un avertissement affectueusement donné, une réprimande discrète sont rarement repoussés de la part d'un frère, car rarement ils blessent. Et puis, avec quelle sagacité nous savons choisir les meilleurs moyens d'amender ceux que nous aimons, avec quelle sagacité aussi nous savons apercevoir ce qui leur peut être nuisible ! C'est pourquoi Socrate mettait l'amitié d'un frère au premier rang des bienfaits que nous devons à la Providence. « Il me semble, disait-il à Chérécrate, que le ciel en formant des frères a bien plus consulté leurs intérêts mutuels, que celui des pieds, des mains et des yeux, en les créant doubles ; car les mains ne peuvent saisir à la fois des choses éloignées de plus d'une brasse... Mais placez à une grande distance l'un de l'autre des frères qui s'aiment : ils se rendront des services mutuels [1]. »

Le sentiment qui unit le frère et la sœur est plus délicat encore : « L'amour de la sœur pour le frère est une sorte de vague respect pour la supériorité de la force et de la raison, mais un respect qui n'est pas accompagné du devoir de l'obéissance ni de la crainte de l'autorité, et qui, par conséquent,

---

[1] Xénophon. *Les Mémorables*, liv. 1, ch. III.

est sans humiliation et ne révolte point l'indépendance naturelle ; c'est un respect uni au sentiment de l'égalité, c'est un respect mêlé d'affection, mais d'une affection vive, pleine, entière, où le cœur se donne sans aucune inquiétude ; c'est une affection familière et aisée, aussi pure que vive. De la part du frère, le sentiment fraternel est un instinct de protection, mais sans pouvoir, sans autorité, sans responsabilité ; de là un sentiment heureux, joyeux, tendre, sans mélange de ces craintes, de ces scrupules qui se mêlent au sentiment paternel. L'amour du frère et de la sœur met en commun ce qu'il y a de plus charmant, de plus délicat dans le rapport des deux sexes, sans aucun mélange de ce qui est moins pur et moins innocent [1]. »

Le plus redoutable ennemi de l'amour fraternel est la *jalousie*. Ce sentiment est, si l'on n'y veille, l'un des plus prompts à se glisser et à se développer dans l'âme de nos enfants. Souvent, en effet, nous le rencontrons avec tout ce qu'il a de douloureux et de cruel, même chez les tout petits. N'est-ce pas lui qui apparaît déjà quand, dans les bras de sa mère, l'enfant s'irrite et se fâche, en voyant que son aîné vient lui disputer les caresses ? La jalousie des aînés est plus fréquente encore et peut pousser à des actes de véritable sauvagerie. Je connais une fillette de deux ans qui, furieuse d'être un peu délaissée, à l'arrivée d'un petit frère, mordit au bras, pour s'en venger, le nouveau-né jusqu'au sang[2]. Une telle conduite provoqua naturellement l'indignation de la famille entière et la fillette fut sévèrement punie ; et pourtant était-elle seule coupable ? Lorsqu'un enfant a été jusque-là l'objet de toutes les prédilections, et qu'il se voit tout à coup un rival préféré ; lorsque des défenses et des réprimandes, jusqu'alors inconnues, l'obligent à sacrifier quelque chose de

---

(1) Janet. *La Famille*, p. 255.
(2) Dans son indignation, la mère prit le bras de sa fille, et, à son tour, le mordit. — Nous ne citons point ce fait comme exemple à imiter.

sa liberté à celui qui a déjà usurpé son bien, comment s'étonner de son mécontentement ?

« Il n'avait encore vécu que pour lui-même, suivant la judicieuse remarque de Mme Guizot, et les premières impressions que lui apporte la société d'un autre, sont des impressions de privation et de chagrin ; alors il s'irrite ou s'attriste, devient incommode ou maussade, et se croit rebuté ou délaissé sans comprendre qu'il l'ait mérité [1]. »

Cette jalousie a parfois des causes plus légitimes encore : parents, grands parents, oncles et tantes, nous avons fréquemment nos préférences, et ces préférences nous ne savons pas suffisamment les dissimuler. Il en résulte que nos préférés facilement s'enorgueillissent des attentions dont ils sont l'objet, tandis que les autres, auxquels rien n'échappe, en éprouvent de la colère et de l'indignation. Les querelles et les inimitiés fâcheuses qui s'élèvent entre les frères ont bien souvent cette origine. Alors tout est pour eux prétexte à jalousie. Ce ne sont plus des amis, mais des rivaux qui se surveillent et s'épient sans cesse. Le moindre éloge adressé à l'un est une peine pour l'autre. Fait-on à chacun d'eux un cadeau, et leur premier soin est d'examiner si les objets reçus ont bien la même valeur. Ainsi la vie en commun qui devrait être une source de joies, est, dès lors, une source intarissable de froissements et de chagrins. Sous l'influence de la jalousie, tous leurs plaisirs sont gâtés, tous leurs sentiments pervertis ; l'amour se change en haine, la confiance en suspicion, la sympathie en aversion. Et ces faits sont beaucoup moins rares, qu'au premier abord on le pourrait supposer ; c'est que l'égoïsme est au fond de tous les esprits, et que le tact, la prudence et la justice peuvent manquer même aux éducateurs qui se croient les plus parfaits.

(1) Mme Guizot. *Lettres sur l'éducation.*

CHAPITRE XVI

DE L'AMITIÉ

I. De l'amitié. Description de Montaigne. Causes de la véritable amitié. Ses caractères. — II. Peut-on avoir plusieurs amis ? L'amitié repose-t-elle sur la ressemblance ou sur la différence des caractères ? L'amitié n'est durable qu'entre égaux. Avantages de l'amitié. — III. L'amitié chez les enfants. — IV. De l'amour. Opinion de Platon et de Pascal. Ce sentiment se rencontre-t-il chez les enfants ? Opinion de P. Lombroso. Objections. Causes qui favorisent l'éclosion de ce sentiment. Moyens de le combattre.

I

Des inclinations *domestiques* il nous faut rapprocher les inclinations *électives* : l'*amitié* et l'*amour*.

On peut définir l'amitié : une affection réciproque, née du libre choix de deux personnes qui sympathisent entre elles. Nul, peut-être, n'en a mieux montré la vraie nature que Montaigne dans cette page souvent citée : « En l'amitié de quoi je parle, dit-il, les âmes se meslent et confondent l'une en l'autre d'un meslange si universel, qu'elles effacent et ne retrouvent plus la cousture qui les a joinctes [1]. Si on me presse de dire pourquoy je l'aymais, je sens que cela ne se

---

[1] Charron dit à peu près dans les mêmes termes : « L'amitié est une confusion — non une simple conjonction et joincture, — de deux âmes, très libre, pleine et universelle. » *Ouv. cit.*, liv. III, ch. XVII.

peult expliquer qu'en respondant : « par ce que c'estait lui, « parce que c'estait moi ». Ce n'est pas une spéciale considération, ny deux, ny trois, ny mille ; c'est je ne sçais quelle quintessence de tout ce mélange qui, ayant saisi toute ma volonté, l'amena se plonger et se perdre en la sienne ; qui, ayant saisi toute sa volonté, l'amena se plonger et se perdre en la mienne d'une faim, d'une concurrence pareille ; je dis perdre à la vérité, ne nous réservant rien qui nous fust ou sien ou mien. Nos âmes ont charrié si uniment ensemble ; elles se sont considérées d'une si ardente affection, et de pareille affection découvertes jusqu'au fin fond des entrailles l'une de l'autre, que non seulement je connaissais la sienne comme la mienne, mais que je me fusse certainement plus volontiers fié à lui de moi, qu'à moi [1]. »

L'amitié dont parle ici Montaigne est un idéal que, sans doute, on doit très rarement trouver réalisé. Pour être ainsi durable et profonde, il faut, en effet, qu'elle ne repose ni sur le plaisir, ni sur l'intérêt, car l'intérêt et le plaisir sont essentiellement mobiles et variables : « Regarde, dit Épictète, jouer ensemble ces petits chiens ; ils se caressent, ils se flattent, ils te paraissent bons amis. Jette un petit os au milieu d'eux, et tu verras. Telle est l'amitié de certains hommes ; qu'ils aient à disputer une terre, un champ, il n'y a plus d'amis. » Leur amitié s'évanouit avec la cause qui l'avait fait naître. En outre, suivant la profonde remarque d'Aristote, de telles amitiés ne peuvent être qu'accidentelles, car « on n'aime pas celui qu'on aime pour ce qu'il est réellement, mais simplement pour les avantages qu'il nous procure ». Tout autre, ajoute-t-il, est l'amitié des gens vertueux et qui se ressemblent par leur vertu, « car ceux-là se veulent mutuellement du bien *en tant qu'ils sont bons*. Or, la vertu est une chose solide et durable ; aussi l'amitié de ces cœurs généreux

---

(1) Montaigne. *Essais*, liv. I, ch. xxvii. Cf. Michelet, *Ma Jeunesse et Mon Journal*.

subsiste-t-elle aussi longtemps qu'ils restent eux-mêmes bons et vertueux [1]. »

Ainsi entendue, l'amitié est, de plus, une inclination essentiellement *élective* : elle ne s'impose pas plus que l'estime : si la nature nous donne nos parents et nos frères, c'est nous-mêmes qui nous donnons nos amis, cédant surtout à une inspiration du cœur et à une sympathie plus ou moins instinctive qui parfois a sa source dans les conseils de la raison, mais qui souvent aussi nous reste inexplicable. C'est grâce à cette liberté, que l'amitié est un sentiment des plus intimes et des plus doux, plus doux encore parce que nous aimons que parce que nous sommes aimés. Elle ne pèse ni comme un devoir à remplir, ni comme un intérêt à défendre; elle n'a d'autre objet que le bonheur réciproque des amis. Enfin, elle implique, — et c'est par là qu'elle est si féconde, — confiance, don de soi et dévoûment : c'est là ce que La Fontaine a si bien décrit dans ces beaux vers connus de tous :

> « Qu'un ami véritable est une douce chose,
> Il cherche nos besoins au fond de notre cœur,
>   Il nous épargne la pudeur
>   De les lui découvrir nous-même ;
>   Un songe, un rien, tout lui fait peur,
>   Quand il s'agit de ce qu'il aime. »

II

Les moralistes se sont demandé si nous pouvions avoir plus d'un ami véritable, et quelles conditions plus spécialement favorisent la naissance et le développement de l'amitié ? A la première de ces questions, plusieurs ont répondu par la

---

(1) Aristote. *Morale à Nicomaque*, I, VIII et suiv. — « Les méchants, dit Voltaire, n'ont que des complices ; les voluptueux ont des compagnons de débauche, les intéressés ont des associés ; les politiques assemblent des factieux ; le commun des hommes oisifs a des liaisons... les hommes vertueux ont seuls des amis. »

négative, de telle sorte que l'amitié serait non seulement un sentiment électif, mais encore un sentiment exclusif, au champ singulièrement restreint. Une telle opinion est en contradiction manifeste avec les faits que l'expérience met chaque jour sous nos yeux. Ne voyons-nous pas fréquemment des sociétés d'amis sincères et dévoués, dans l'adolescence surtout? Ce qui est vrai, cependant, c'est que ces sociétés ne sont jamais très nombreuses; c'est que, en outre, instinctivement, nous sommes portés à nous défier de ceux qui prodiguent le titre d'ami et dont le cœur est trop prompt à s'ouvrir au premier venu. Nous pensons tous à peu près comme Alceste :

> « Je veux qu'on me distingue, et, pour vous parler net,
> L'ami du genre humain n'est pas du tout mon fait. »

Quant aux causes de la sympathie et de la bienveillance qui se retrouvent au fond de l'amitié, les anciens les cherchaient, les uns dans la ressemblance, les autres dans la différence et le contraste. Mais plus sage nous paraît l'opinion d'Aristote qui les place dans ces deux conditions réunies : c'est cette doctrine que résume Chateaubriand, lorsqu'il écrit : « L'amitié se fortifie autant par les oppositions que par les ressemblances; pour que deux hommes soient parfaits amis, ils doivent s'attirer et se repousser sans cesse par quelque endroit; il faut qu'ils aient des opinions opposées (?) et des principes semblables, des humeurs tranchées et pourtant des goûts pareils; en un mot, de grands contrastes de caractères et de grandes harmonies du cœur. » — Remarquons cependant que l'amitié est rarement durable lorsqu'elle s'établit entre personnes de conditions et d'âges trop différents. On conçoit mal l'amitié, — en donnant à ce mot son sens rigoureux, — entre un vieillard et un enfant; entre un homme très riche et un homme très pauvre; entre un inférieur et un supérieur. En admettant même qu'une affection sincère puisse naître dans ces conditions, combien il sera difficile de la conserver intacte au milieu de tous les heurts et de tous les froissements qui ne tarderont pas à surgir? Il est donc à désirer que nous ne choisissions, autant que possible, nos amis, que parmi nos égaux. Les avantages de cette amitié entre égaux ne sont pas moins importants au point de vue purement utilitaire qu'au point de vue moral. Elle répond en effet à un impérieux besoin de notre nature, celui d'aimer et de nous sentir aimés ; elle peut seule efficacement nous conseiller, nous guider et nous secourir. Enfin, dans l'habitude de penser tout haut, devant nos amis, dans le souci de mériter leur estime et de la conserver, dans l'affection qui nous porte à nous dévouer pour eux, lorsque notre aide leur est nécessaire, ne trouvons-nous pas de nombreuses raisons qui nous engagent dans la voie de l'honnête et nous y maintiennent? Aussi conçoit-on que les anciens qui ont parlé si éloquemment de l'amitié, l'aient considérée comme un auxiliaire de la vertu et une condition indispensable du bonheur.

III

Chez les enfants, l'amitié ne peut guère offrir réunis les nombreux caractères que nous avons mis en relief ; aussi ne saurait-on assimiler leur camaraderie à l'affection qui unissait un La Boétie et un Montaigne. Il n'en est pas moins vrai qu'un instinct puissant les rapproche, et qu'ils se lient d'autant plus facilement que leur âme a plus besoin de s'épancher et de se répandre ; qu'ils sont plus prompts à s'enthousiasmer et que les préoccupations utilitaires ne les ont point encore envahis. Ces liaisons, formées dès l'enfance, sont si naturelles et parfois si puissantes, qu'elles durent toute la vie. L'un de nos plus grands plaisirs n'est-il pas, quand nous avons déjà blanchi, de retrouver nos compagnons du jeune âge, ceux avec lesquels nous avions pris l'habitude de sentir et de penser en commun, ceux qui avaient été les premiers confidents de nos joies et de nos peines ?

Chercher à combattre cette tendance qui pousse les enfants les uns vers les autres, comme on le fait si souvent, c'est donc méconnaître à la fois leurs besoins les plus intimes et leur véritable intérêt. Ceux que des parents timorés outre mesure tiennent continuellement en lisières, écartant tous les compagnons de leur âge, n'autorisant des jeux en commun que sous l'œil vigilant d'un maître, tranformé en geôlier, ceux-là auront toujours quelque chose de faux dans l'esprit et dans le cœur.

En outre, ils ne seront jamais complètement heureux, car ils conserveront les habitudes de défiance qu'on leur aura données, et ignoreront ces consolations sans égales que seule peut procurer l'amitié sincère et confiante. C'est que l'on apprend à aimer et à se confier, comme l'on apprend à se défier et à se haïr ; or, la confiance et l'amitié ne s'apprennent que dans un milieu où l'on est libre.

Est-ce à dire que nous ne devions jamais veiller aux relations que nos enfants peuvent faire ? qu'il soit nécessaire de les livrer absolument à leurs propres inspirations ? Non, sans doute ; ils n'ont point encore une raison assez sûre pour se guider toujours eux-mêmes, et leur expérience est trop courte pour qu'ils discernent clairement les dangers des amitiés imprudentes. Mais, autant nous devons les prémunir contre ces dangers, en écartant, d'une manière rigoureuse, les compagnons dangereux, autant nous devons encourager les réunions qui les rapprochent de camarades dignes d'eux. Du choix de ces camarades, sur lequel il nous est si facile d'influer, dépend, dans bien des cas, le progrès de nos enfants. L'essentiel est qu'ils aient sous les yeux l'exemple des qualités qui leur manquent : l'affection, d'une part, et l'émulation, de l'autre, collaboreront alors à une œuvre commune d'amélioration morale dont nous serons les premiers à nous réjouir.

IV

L'amour, que les romanciers et les poètes ont analysé et chanté avec tant de prédilection, n'a été, contrairement à l'amitié, que fort peu étudié par les philosophes et les éducateurs. Ceux-ci semblent l'écarter, comme échappant à leur action et inconnu des enfants; quant à ceux-là, lorsqu'ils en parlent, le plus souvent ils le dénaturent.

Platon, Schopenhauer et Pascal, suivant M. Janet, sont les seuls qui aient fait de ce sentiment une étude vraiment philosophique. Or, pour Platon, l'amour serait une sorte de délire qui s'éveille en nous lorsque l'âme croit retrouver dans un objet, l'image de la beauté qu'elle a contemplée dans une vie antérieure. « En présence d'un visage presque céleste, dit-il, ou d'un corps dont les formes lui rappellent l'essence de la beauté, le nouvel initié frémit d'abord, quelque chose de ses anciennes émotions lui revient; puis, il contemple cet objet aimable et le vénère à l'égal d'un Dieu; et s'il ne craignait de voir traiter son enthousiasme de folie, il sacrifierait au bien-aimé, comme à l'image d'un Dieu, comme à Dieu même. » — Pour Schopenhauer, au contraire, l'amour n'est qu'un instinct, dont l'unique but est d'assurer la conservation de l'espèce. — Ce que méconnaissent ici Platon et Schopenhauer, c'est d'abord le caractère électif de l'amour, qui est essentiellement un choix. — En second lieu, Platon ne tient aucun compte de la distinction des sexes; aussi nous décrit-il moins l'amour proprement dit que l'enthousiasme provoqué par la vue de la beauté. Ce qu'il a bien vu, toutefois, et clairement signalé, c'est que le beau suscite l'amour; d'où cette espèce de vénération que l'on éprouve d'ordinaire pour l'objet aimé. Quant à Schopenhauer, il fait la part trop large à l'élément sensible au détriment de l'élément intellectuel : privé du second de ces éléments, l'amour n'aurait plus rien de cette délicatesse, de cet abandon et de ce dévouement que l'analyse même la plus superficielle nous fait découvrir en lui.

Beaucoup plus exacte est l'analyse de Pascal : l'amour proprement dit lui apparaît comme distinct à la fois et de l'amour mystique, et de l'amour sensuel. C'est un sentiment électif qui a pour objet la beauté que nous cherchons en autrui ; qui, par conséquent, est inséparable de la raison, mais « qui se détermine ailleurs que dans la pensée ». De là son extrême complexité puisqu'il intéresse toutes les facultés de notre être ; de là, également, la force avec laquelle il agit sur nous, et les déviations fréquentes qu'il subit[1].

V

Il est difficile de dire à quelle époque apparaît une telle inclination. Suivant Paola Lombroso, dont l'opinion s'accorde avec l'opinion commune, elle serait inconnue de la plupart des enfants, et cela pour une excellente raison, c'est que l'enfant « tend non pas à aimer, mais à être aimé », c'est que l'amour implique une dépense de force, un don de soi qui répugnent à l'être qui est encore faible et débile. L'histoire, d'ailleurs, nous montre que les enfants amoureux sont « des enfants anormaux, différents en tous points des enfants ordinaires », et que leur nombre est extrêmement restreint. Pour justifier sa thèse, l'auteur invoque les exemples de Berlioz, de Rousseau, et de Marie Baskirtseff qui, dans leurs confessions,

---

(1) Voyez pour plus de détails l'analyse critique que fait de ces théories M. Janet dans son *Traité élémentaire de philosophie*, p. 267 et suivantes.
Voyez surtout le discours de Pascal sur : *les Passions de l'amour*.

nous ont décrit les sentiments qu'ils ont éprouvés entre six et huit ans. Ces descriptions ne nous laissent aucun doute sur la nature des émotions qu'ils ont ressenties et qui ressemblent évidemment à celles que fait naître l'amour proprement dit [1]. — Or, qu'était Berlioz ? Un enfant de génie, un névropathe et un mégalomane. Rousseau ? Un esprit supérieur encore, mais un misanthrope et presque un fou. — Marie Baskirtseff ? Un peintre et un écrivain de talent mais aussi une enfant bizarre, issue d'une famille dégénérée, et qui mourut phtisique à l'âge de vingt-quatre ans [2].

A ces faits nous ne saurions assurément répondre que par des faits. Or, nous avons eu la curiosité d'établir sur ce point une enquête, et les réponses que nous avons reçues nous conduisent à des conclusions fort différentes. Plusieurs personnes qui ont bien voulu évoquer pour nous leurs souvenirs d'enfance, nous ont transmis de leurs sentiments passés des descriptions qui ressemblent étonnamment à celles de Berlioz et de Marie Baskirtseff, dont cependant elles ignoraient l'histoire. En outre, plusieurs éducateurs qui vivent depuis de longues années au milieu des enfants et surtout des enfants de la campagne, nous assurent que le sentiment dont nous nous occupons ici est beaucoup moins rare qu'on ne le croit

---

(1) « En la voyant, dit Berlioz dans ses *Mémoires*, racontant l'amour qu'il ressentit dès l'âge de huit ans, pour une grande personne, j'éprouvais comme une secousse électrique ; je l'aimais, voilà tout ! Je sentais au cœur une douleur profonde. Je passais des nuits entières, désespéré. Le jour, je me cachais dans les haies et dans les champs, dans l'obscurité, comme un oiseau muet et blessé. La jalousie me torturait au moindre mot qu'un homme adressait à mon idole. » — Quand Marie Baskirtseff apprend le mariage du prince qu'elle aime, elle note ainsi ses impressions : « Je me cache le visage dans le livre, car je deviens rouge comme du feu. J'ai senti comme un couteau aigu me pénétrer dans le cœur. Je tremblais tant que je ne pouvais tenir le livre à la main ; j'avais peur de m'évanouir...... Je ne peux rester tranquille, je voudrais me cacher loin, dans quelque endroit éloigné où il n'y eût personne. — Je sens la jalousie, l'amour, l'envie, l'amour-propre offensé, tout ce qu'il y a de pire au monde !... »

(2) Paola Lombroso : *L'instinct de conservation chez les enfants*. (Revue philosophique, année 1896, t. II, p. 387 et suivantes.)

d'ordinaire. Sans doute il n'offre point toujours tous les caractères qu'il présente chez l'homme fait et il est inutile d'en énumérer les raisons; mais si ce n'est pas encore l'amour avec ses emportements et toutes ses conséquences physiologiques et mentales, c'en est déjà l'annonce et comme la première aurore.

S'il en est ainsi, on comprend que l'éducation de ce sentiment, non moins que l'éducation des autres, doive préoccuper tous ceux dont la mission est de veiller sur les enfants. Or, leur premier soin doit être d'en retarder le plus possible l'éclosion; nous ne devons pas oublier que sa précocité excessive peut entraîner à sa suite de très graves conséquences; chaque âge a ses sentiments qui correspondent au développement de l'organisme et au développement de l'esprit; ceux qui paraissent avant l'heure ne peuvent que troubler l'harmonie de la vie. Ils sont donc vraiment coupables les parents et les maîtres qui, par leurs paroles imprudentes, contribuent à éveiller cette inclination lorsqu'elle sommeille; plus coupables encore, ceux qui ne surveillent point les lectures de leurs enfants et les relations qu'ils se créent. Beaucoup provoquent aussi le mal qu'ils redoutent par leur zèle maladroit et leurs questions indiscrètes. Que chacun de nous rappelle ses souvenirs et il comprendra le danger que nous signalons ici. Le mystère dont on entoure quelquefois les choses les plus naturelles ne suscite-t-il pas souvent les rêveries de l'imagination? Il se trouve ainsi qu'on précipite les enfants dans le mal, par l'ardeur même que l'on déploie pour les en éloigner. — Le plus sage est donc encore d'écarter le plus possible l'attention de nos enfants des sujets qui ne sont point encore de leur âge; et, quand on est dans la nécessité de leur en parler, de le faire toujours avec simplicité et franchise.

CHAPITRE XVII

L'AMOUR DE LA PATRIE

I. Ce qu'est la Patrie pour l'enfant. L'amour du sol natal et l'amour de la famille. Conditions qui les favorisent. — II. Comment l'idée de patrie s'étend peu à peu à la commune, à la région, au pays entier. Causes qui favorisent cette évolution. — III. Patriotisme et chauvinisme. — IV. L'idée de patrie et les sentiments qui l'accompagnent ne sont-ils pas appelés à disparaître ? — V. Nécessité du sentiment patriotique. Comment on doit le diriger.

L'amour de la patrie résume et synthétise toutes les inclinations sociales dont nous venons de faire l'analyse ; c'est pourquoi son apparition est relativement tardive ; c'est pourquoi, également, suivant les temps et les individus, il offre des caractères fort différents. Examinons rapidement comment il naît, évolue, se transforme, et, quelquefois aussi, malheureusement, se déforme.

I

La patrie, pour l'enfant, ne saurait être encore ce qu'elle est pour l'homme fait. Pour lui, c'est le nid qui l'abrite, la maison où il grandit, le jardin qu'il explore ; ce sont les parents qui l'élèvent, les camarades qui l'entourent et les amis qui le gâtent. — Son domaine ne s'étend guère au delà de ces frontières, mais ce domaine lui est d'autant plus cher qu'il n'en connaît point d'autre, et que son imagination sait mieux l'animer et l'embellir. — Fait d'égoïsme et de sympathie, l'attachement qu'il éprouve pour ce petit monde où il vit est extrêmement profond, d'ordinaire; c'est que tant de liens invisibles le rattachent à lui! Ne lui doit-il pas les premières images et les premières idées qui formeront la trame de ses pensées; ses premières émotions et même cette nuance particulière de sentiment propre à chacun de nous et qui ne s'efface jamais!

A mesure que l'enfant grandit, cet attachement se fortifie de toute la force des habitudes qu'il contracte; habitudes physiques, habitudes intellectuelles et habitudes morales. Il aime les endroits qu'il a habités dans ses premières années, et dont les sites lui sont familiers, comme il aime à sentir à ses côtés ceux dont la vie s'écoule intimement unie à la sienne, dont il reflète à son insu les sentiments et les pensées, dont il a partagé les joies et les souffrances. — Le lien qui, chaque jour, grâce à l'accoutumance, l'unit de plus en plus à ce milieu est si puissant, que ni les épreuves, ni les années, ni les absences, ne parviennent complètement à le rompre. De là le charme que conservent toujours et le pays natal et le foyer de la famille. — Pierre Loti nous raconte quelles émotions il ressentit quand, après plusieurs voyages, il revit sa vieille maison. Tous ces objets dont la plupart lui étaient autrefois, — du moins il le croyait, — indifférents, sont maintenant d'anciens amis dont la vue seule évoque mille souvenirs : ce jardin lui rappelle ses premières excursions... imaginaires; cette table, ses premiers efforts d'écolier; ce salon, les longues causeries du soir... A chaque meuble, à chaque angle de cette demeure, on dirait qu'il retrouve comme un lambeau de son ancienne âme, des traces de ses plaisirs, de ses soucis et de ses rêves envolés[1].

---

(1) « Les hommes, dit Bossuet, se sentent liés par quelque chose de fort lorsqu'ils songent que la même terre qui les a portés et nourris, étant

Il semble même, comme on l'a souvent observé, que notre amour pour le sol natal et pour la famille soit d'autant plus vif qu'il a été plus éprouvé par la douleur. — Les oiseaux qui habitent les sites nus et déserts, sont, paraît-il, les plus difficiles à dépayser. « De même, dit Chateaubriand, un sauvage tient plus à sa hutte qu'un prince tient à son palais (?), et le montagnard trouve plus de charme à sa montagne que l'habitant de la plaine, n'en trouve à son sillon. » Quelque paradoxal que paraisse ce jugement, il n'en est point moins vrai, comme les faits le prouvent, que de tous les ouvriers poussés par le besoin vers les grandes villes, ceux-là sont les premiers à revenir au village qui ont passé leur enfance dans un pays triste et pauvre. — Il en est de même pour la famille. Les enfants élevés par des parents malheureux et qui ont été témoins des inquiétudes et des souffrances des leurs, sont ceux qui, dans nos écoles, s'acclimatent le plus péniblement. Bien qu'ils y jouissent d'un bien-être matériel, tout à fait nouveau pour eux, leur pensée les reporte sans cesse vers ceux qu'ils ont quittés, et ils regrettent amèrement la vie frugale et les soucis qu'ils ne peuvent plus partager.

Nous constatons donc, une fois de plus ici, la puissance de la douleur. Seule, elle unit vraiment et fortement les hommes à leurs semblables et aux choses. Lorsqu'on est heureux, au contraire, au milieu de gens heureux, volontiers on se laisse vivre, sans éprouver le besoin de se

---

vivants, les recevra en son sein, quand ils seront morts. C'est un sentiment naturel à tous les peuples. Thémistocle, Athénien, était banni de sa patrie comme traître ; il en machinait la ruine avec le roi de Perse à qui il s'était livré, et toutefois, en mourant, il oublia Magnésie que le roi lui avait donnée, quoi qu'il y eût été si bien traité, et il ordonna à ses amis de porter ses os dans l'Attique pour les y inhumer secrètement. Dans les approches de la mort où la raison revient et où la vengeance cesse, l'amour de la patrie se réveille ; il croit satisfaire à sa patrie, il croit être rappelé de son exil et que la terre serait plus légère et plus bénigne à ses os. » (Bossuet. *Politique tirée de l'Ecriture sainte.*)

donner; aussi quand on s'éloigne, on s'éloigne sans regret, car on laisse derrière soi peu de soi-même.

II

A mesure que l'esprit de l'enfant s'ouvre plus large à la vie sociale et qu'il vit davantage de la vie des autres, les limites de sa première patrie graduellement reculent et s'étendent. — La patrie devient alors son village, puis la commune dont ce village fait partie, avec son église, sa mairie, son école ; avec toutes les personnes qu'il apprend à connaître et surtout les camarades dont il partage les travaux et les jeux. — Ainsi naît cet amour du clocher et de ceux qu'il groupe autour de lui ; amour naïf, exclusif, violent même parfois qui suscite déjà entre nos enfants des jalousies et des luttes, images de celles qui se livreront plus tard entre nations. — Je ne sais si nos enfants de la campagne sont plus civilisés et plus sages qu'ils ne l'étaient autrefois, mais je me rappelle encore les combats homériques auxquels, avec une ardeur un peu sauvage, prenaient plaisir les élèves d'écoles et de communes voisines. On se portait gravement des défis ; on prenait jour pour la bataille, et, ce jour venu, solidement armés de bâtons et de pierres, sous la conduite de quelques entraîneurs, les adversaires s'attaquaient. Quand l'ennemi était en fuite, la joie était délirante, et les chroniques allaient bon train.

Plus tard, la Patrie étend encore ses frontières : elle comprend toute la région dont les habitants ont entre eux des relations plus fréquentes, parlent même langage et suivent mêmes coutumes. Le petit Breton aime surtout sa Bretagne, celle où il peut aller sans se sentir dépaysé ; comme le Provençal aime le soleil de sa Provence. Cet amour de la Région est si naturel et si tenace qu'il meurt difficilement : c'est qu'il a sa source dans nos habitudes premières, et se fortifie de toutes les affections durables que nous avons eues dès l'enfance... « Nous sommes, disait Renan, dans une réunion d'anciens amis, nous sommes tous ici des Français, mais des Français de Bretagne! » C'est dans le même sens qu'un historien contemporain, parlant de sa province perdue, disait : « Tout Alsacien a deux patries : l'Alsace, et puis la France. » De cette petite patrie ne tenons-nous pas, d'ailleurs, ces caractères distinctifs qui, dans la mêlée humaine, nous permettent de nous reconnaître aisément, et nous invitent à nous rapprocher et à nous tendre la main.

Mais l'idée de patrie ne tarde pas à s'élever et à s'élargir encore! — Chaque jour et notamment pendant les longues veillées d'hiver, pendant que parents et grands parents devisent du passé, l'enfant entend parler avec émotion et respect des ancêtres disparus, et voici que peu à peu, il se prend, lui aussi, à les aimer, et qu'il commence à comprendre combien les derniers venus sont redevables à ceux qui les ont précédés. — A l'école, grâce aux leçons de ses maîtres, toutes ces idées, tous ces sentiments, de nouveau se précisent et s'éclairent. Il apprend quels rapports existent entre tous les habitants du pays ; comment les efforts de l'un sont utiles à tous les autres ; comment nous collaborons à une même œuvre ; pourquoi nous devons, par nos paroles et par nos actes, par l'impôt et par le service militaire, payer les services qui nous sont rendus ; pourquoi s'isoler de ses semblables et vivre en égoïste qui ne pense qu'à soi, est une injustice, et, dans certains cas, une lâcheté véritable. — A l'école, il apprend de plus que le pays dont il fait partie doit sa richesse, son honneur et sa gloire, aux ouvriers qui, dans le passé, ont peiné pour construire ces routes, ces canaux, ces monuments, ces musées, toutes ces œuvres littéraires et scientifiques, dont il jouit aujourd'hui ; aux soldats qui ont versé leur sang pour défendre le territoire, à tous les grands hommes, enfin, dont le génie a contribué à nous léguer des titres dont nous avons le droit d'être fiers. — Et alors se dresse dans l'esprit de l'enfant et du jeune homme l'image vraie de la patrie... La patrie lui apparaît « comme une grande solidarité » qui a ses sources à la fois dans le présent et dans le passé. — C'est la famille élargie ; comme la famille, elle exige de ses membres pour être forte, honorée et prospère, l'union des sentiments et des volontés ; la ferme résolution non seulement de continuer à faire valoir l'héritage qu'ils ont reçu indivis, mais encore d'en accroître la richesse et de le défendre contre toute agression[1].

III

Nous n'avons point à rechercher quel rôle ce sentiment a joué dans l'histoire ; mais il importe de constater combien sont différents les caractères qu'il peut prendre. — Lorsque cet amour est généreux, sans jamais être exclusif, lorsqu'il est fait de bienveillance et de dévouement pour nos compatriotes, plutôt que de haine pour les étrangers ; lorsqu'il reste toujours fidèle à la justice, il prend le nom de patriotisme proprement dit. Il ressemble dans ce cas à l'amour de la famille. De même que cet amour ne nous empêche point d'estimer et même d'aimer ceux qui ne portent point le même nom que nous ; de même le patriotisme bien entendu ne nous empêche

---

(1) « La nation, comme l'individu, dit Renan, est l'aboutissant d'une longue série d'efforts, de sacrifices et de dévouements ; les ancêtres nous ont faits ce que nous sommes. Un passé héroïque, de grands hommes, de la gloire, voilà le capital social sur lequel on assied une idée nationale... Avoir souffert, joui, espéré ensemble, voilà ce qui vaut mieux que des douanes communes, et des frontières conformes aux idées stratégiques ; voilà ce que l'on comprend malgré les diversités de race et de langue... Avoir souffert ensemble ! oui, la souffrance en commun unit plus que la joie. En fait de souvenirs nationaux, les deuils valent mieux que les triomphes, car ils imposent des devoirs, ils commandent l'effort en commun. » *Qu'est-ce qu'une nation ?* (*Revue politique et littéraire*, 18 mars 1882.)

point de nous lier avec des hommes de nationalités différentes, de sympathiser avec eux, de leur venir même en aide dans le besoin. — Lorsque le patriotisme, au contraire, perd ces caractères, lorsqu'il s'exalte et s'exagère, il devient le chauvinisme et le fanatisme. Le chauvinisme est un patriotisme immodéré. Il apparaît surtout aux époques critiques de l'histoire, lorsque la patrie a souffert l'injustice, lorsque l'ennemi l'a envahie, iniquement rançonnée ou cruellement mutilée. Qui, alors, oserait le considérer comme un crime ? Qui même oserait le blâmer ? N'est-ce pas grâce à lui qu'un peuple se relève, reprend conscience de sa dignité humiliée, retrouve le courage de réparer le mal qu'on lui a fait et de se préparer des jours meilleurs ? — Mais, dans tous les autres cas, lorsque le chauvinisme nous aveugle au point de nous cacher complètement nos propres défauts et les qualités des autres ; lorsqu'il tend à établir entre notre nation et les nations voisines, une infranchissable barrière ; lorsqu'il va jusqu'à étouffer en nous tout sentiment de bienveillance, il n'est plus que fanatisme, et, comme tel, il doit être énergiquement condamné. Ce sont précisément ces différences entre le patriotisme sage et le patriotisme exagéré que marque avec précision Corneille dans sa pièce d'Horace. — Dès qu'Horace est choisi pour défendre son pays, il n'est plus ni frère, ni ami, ni époux ; il oublie tout lien de famille :

> Albe vous a nommé, je ne vous connais plus,

dit-il à celui qu'il va combattre ; mots qui lui attirent cette touchante réponse du héros plus humain qui cependant pourra lutter et, courageusement, affronter la mort :

> Je vous connais encore, et c'est ce qui me tue !

IV

Ces déformations du patriotisme ont servi de prétexte aux nombreux adversaires qui, de nos jours, le combattent. Ce qu'on lui reproche surtout, c'est d'être un ferment de discorde entre les peuples et de perpétuer, à travers les siècles, la guerre dont les tueries sont la honte de l'humanité. — De plus, suivant Tolstoï, ce sentiment ne saurait être considéré comme un sentiment naturel; « c'est un virus qu'on nous a inoculé. Il a pu être utile autrefois, pour unir les hommes en nations, et pour maintenir l'unité des États; mais, à présent, les hommes sont groupés, c'est un fait accompli... Dès lors, prétendre qu'il est encore nécessaire, c'est comme si l'on disait que le labourage, qui fut profitable et bienfaisant pour la terre avant les semailles, l'est encore lorsque les semailles sont levées. Les hommes devraient donc conserver le patriotisme, en souvenir du profit qu'il leur apporta autrefois, de même qu'ils conservent les monuments antiques, les temples, les tombeaux, etc. Mais les temples et les tombeaux demeurent sans causer aux hommes aucun dommage, tandis que le patriotisme amène chaque jour d'innombrables malheurs [1] ».

Au reste, les progrès continus de la science et les changements qu'ils apportent dans les croyances et dans les relations des peuples, doivent forcément amener la disparition de l'idée de patrie et des sentiments qui s'y rattachent. D'où viennent la plupart de nos préventions contre les hommes? De ce que nous les connaissons mal; or, la facilité de plus en plus grande des communications nous permet chaque jour de les mieux apprécier et de mieux comprendre aussi les

---

[1] Tolstoï. *Le patriotisme ou la paix.* (La Revue blanche, 1ᵉʳ mai 1896.)

services qu'ils nous peuvent rendre. De là l'extension du commerce et de l'industrie, de là les échanges qui se font entre nations, chacune demandant aux autres les produits qui lui manquent, toutes collaborant au bien-être et à la prospérité générale. — Le jour où les peuples auront bien compris que leurs intérêts sont solidaires, au lieu de se faire la guerre, ils feront des traités et la paix sera assurée.

La science contribue encore à l'avènement de ce nouvel état de choses en détruisant un à un les préjugés qui nous divisent. Elle tend à faire disparaître le fanatisme religieux, en nous montrant les vrais caractères de la croyance ; elle tend à supprimer les luttes de classes et de castes qui pendant si longtemps ont enrayé tout progrès, et, souvent, suscité d'effroyables guerres civiles ; — en nous montrant, enfin, à quel point se sont croisées et enchevêtrées les diverses races d'hommes, elles nous a prouvé « qu'ethnologiquement, le mot *nation* ne répond plus désormais à rien de réel. Dans l'avenir, il n'y aura plus qu'une espèce humaine : dans l'avenir, par conséquent, il n'y aura plus qu'un peuple humain ». — Et cet avenir est moins loin peut-être que beaucoup le supposent, ne voyons-nous pas déjà les ouvriers se tendre la main, par de là les frontières, comme l'ont fait depuis longtemps les savants ?

Ainsi l'idée de patrie et les sentiments qu'elle inspire vont en s'affaiblissant de plus en plus, et nous devrions tous, par nos efforts, hâter leur disparition complète. Il est temps que le patriotisme s'efface devant le sentiment plus haut, plus large et plus fécond de la fraternité des hommes.

V

Telle est la thèse que Tolstoï et beaucoup d'autres, dont les intentions ne sont pas toujours aussi généreuses et aussi pures, défendent autour de nous ; or, dans cette thèse, il est deux choses qu'il nous faut distinguer avec soin : les faits sur lesquels on s'appuie, et les conséquences que l'on en tire. — Les faits sont généralement exacts, et il serait puéril de les nier. Que le sentiment patriotique surexcité et transformé en passion ait déchaîné sur les peuples d'immenses désastres, tout le monde en convient ; mais qui donc songe encore à défendre le fanatisme national? Qui ne déplore les maux de la guerre ? Ce qui est vrai, c'est que l'amour de la patrie, comme l'amour de la famille, comme tous les sentiments, en général, peut se pervertir ; seulement on n'en saurait conclure qu'ils sont mauvais en eux-mêmes.

En second lieu, on constate avec raison que, sous l'influence bienfaisante de la science, la conception du patriotisme s'est modifiée, et qu'elle tend de plus en plus à perdre de son âpreté et de son exclusivisme primitif, mais lorsqu'on en infère qu'elle doit nécessairement perdre toute son efficacité, on commet un nouveau sophisme. — L'idée de patrie, comme l'idée de famille, est une idée nécessaire comme sont nécessaires les sentiments qu'elles impliquent. Ils sont nécessaires comme stimulants du progrès et comme garanties de notre dignité propre. On lutte pour la gloire de sa patrie, comme on lutte pour l'honneur de son nom.

« Les plus grands prodiges de vertu, dit J.-J. Rousseau, ont été produits par le patriotisme. C'est lui qui, durant tant de siècles, maintint la tempérance à Sparte, la justice à Athènes, l'amour de la pauvreté et le respect des mœurs à Rome ; c'est lui qui exalta le courage de Léonidas, la probité d'Aristide, la sagesse de Socrate et l'éloquence de Démosthènes ; c'est lui qui éleva au-dessus de l'humanité les Décius, les Camille, et les Scipion. »

En outre, au point de vue de la science, ces théories nous paraissent fausses, car « la nation, comme le dit un écrivain contemporain, est un élément indestructible de l'harmonie des mondes, au même titre que la commune, la famille et l'individu : elle est, comme eux, impérissable. Le genre humain doit rester diversifié pour demeurer fort dans une activité sans cesse renaissante. — Pour composer l'humanité il n'y aura pas fusion, mais union de ces éléments divers. — Chacun gardant son individualité, tous graviteront à leur place, sans se mêler, sans se confondre, unis par pondération, comme les planètes dans le système solaire [1]. »

Ce sont ces principes qui doivent nous guider dans l'éducation de nos enfants. Non seulement il ne saurait être question de combattre en eux l'amour de la patrie, mais encore ne point chercher à le développer et à le fortifier, ce serait, à notre époque, plus qu'une faute, ce serait un crime. — Or, le meilleur moyen de le développer et de le fortifier est d'insister sur les raisons qui l'expliquent et le justifient. Le jour où l'enfant comprendra bien quelle dette il a contractée envers ses compatriotes d'aujourd'hui, comme envers ses compatriotes d'autrefois; où il connaîtra, dans ses grandes lignes, l'histoire des ancêtres dont il est l'héritier, il aimera la patrie qu'ils ont formée, qu'ils ont défendue, et il sera prêt à la défendre à son tour. — Ce qu'il importe, toutefois, c'est de veiller à ce que ce patriotisme reste sage et vraiment humain, à ce qu'il pousse moins aux luttes à main armée, sur les champs de bataille, qu'aux luttes pacifiques sur le terrain commun de la science, de l'art, du commerce et de l'industrie. — Ici, toutes les rivalités sont permises, sont louables même, car elles contribuent au progrès, pourvu que l'on ne cherche à triompher jamais, que par des moyens honnêtes.

Ce qu'il importe en second lieu, c'est de mettre nos enfants en garde contre les sophismes des sans-patrie. Sous les beaux noms de cosmopolitisme et d'internationalisme,

---

(1) J. Revel. *Chez nos ancêtres*, p. 378, et *Dialogues des vivants*, p. 6 et suivantes.

ces apôtres d'un nouveau genre ne tendent, en définitive, qu'à nous aveugler sur nos devoirs et à amnistier la lâcheté [1].

[1] « Qui ne souhaite, écrivait récemment J. Lemaître, les Etats-Unis d'Europe et la fraternité universelle ? Mais pour que nous ne fussions pas victimes et dupes en cette affaire, il serait indispensable que tous les autres peuples eussent précisément le même idéal que nous. Il s'en faut de beaucoup, comme on sait... Je lisais dernièrement un recueil de chansons d'étudiants allemands. Elles célèbrent infatigablement la patrie et les vertus allemandes, et les légendes nationales, et le Rhin, roi des fleuves... De ces chansons, il y en a des centaines. On y sent partout l'adoration d'une terre et d'une histoire par un peuple. Quant aux Anglais, on sait de quel air ils portent à travers le monde l'orgueil d'être Anglais... » Ne serait-il pas inouï, en présence de ces faits, que de jeunes Français et de « pâles intellectuels » dédaignent encore d'être patriotes et considèrent chez nous le patriotisme comme un préjugé suranné ». (*Opinions à répandre*, le Figaro, 14 avril 1898.)

CHAPITRE XVIII

DE LA SYMPATHIE

I. De la sympathie. Définition. Ses formes principales. Analyse de la sympathie : elle implique communauté des sentiments et conspiration des efforts. — II. Causes de la sympathie : théorie de Schopenhauer. Rôle de l'imagination : influence de l'éloignement dans le temps et dans l'espace, sur la sympathie. — III. De l'antipathie. Théorie de Reid et de Bossuet. Ses causes : différences des caractères, l'amour-propre, etc. — IV. Importance de la sympathie. Ses déviations possibles. Dangers de l'antipathie ; dans quel cas elle est légitime.

I

Au fond de toutes les inclinations sociales dont nous avons fait l'analyse et de toutes celles qui, directement ou indirectement en dérivent, nous retrouvons un sentiment commun : la *sympathie*.

La sympathie est une tendance naturelle qui nous porte à nous substituer, non seulement à nos semblables, mais encore aux autres êtres sensibles, à jouir de leurs joies et à souffrir de leurs souffrances ; à nous identifier même parfois tellement avec eux que nous en arrivions presque à perdre la conscience de notre moi. Il en est de nous comme de l'acteur qui, en jouant un rôle, oublie un instant qui il est, vit de la vie de son héros et éprouve réellement les sentiments qu'il exprime ; ou encore comme de la mère qui, au chevet de son enfant malade, reproduit inconsciemment les mouvements pénibles qu'elle lui voit accomplir et agonise avec lui[1]. « Quand vous toussez, disait Mme de Sévigné à sa fille, j'ai mal à votre poitrine »; ne voir dans cette phrase qu'une simple métaphore, serait montrer que l'on méconnaît les véritables lois du cœur humain. — Bien que la sympathie nous pousse à partager les joies et les tristesses d'autrui, il semble cependant qu'elle nous attire de préférence vers ceux qui peinent et qui pleurent. Nous sommes, en effet, bien moins touchés, d'ordinaire, par le bonheur de nos semblables, que nous ne sommes émus par leur malheur. Pour que la vue d'une personne très heureuse, nous rende vraiment heureux, il faut que nous l'aimions déjà beaucoup; nous ne pouvons, au contraire, voir un être souffrir, sans que sa souffrance éveille en nous un sentiment douloureux.

Ainsi s'explique, sans doute, l'inégale richesse du langage pour traduire ces différentes formes de la sympathie : nous avons pour désigner les unes des mots propres et distincts, tels que compassion, commisération et pitié; nous n'avons pour désigner les autres que des termes généraux et imprécis. C'est que, de bonne heure, les émotions si vives et si fréquentes dont le spectacle des misères humaines est la cause, ont attiré l'attention; c'est que, de bonne heure, on a éprouvé le besoin de les fixer par des signes, afin de les communiquer et peut-être aussi de les mieux secourir.

Mais la sympathie, lorsqu'elle est profonde, ne consiste pas simplement dans cette communauté de joies et de douleurs; elle consiste encore dans cette conspiration des efforts que nous faisons pour prolonger les unes et écarter les autres. Si je sympathise vraiment avec l'un de mes semblables, à la vue de son bonheur, non seulement je m'y asso-

---

(1) Cf. *La suggestion*. (*op. cit.*, p. 36 et 110).

cie; mais, de plus, je suis porté à écarter les obstacles qui le menacent et à lutter pour qu'il devienne aussi complet que possible; à la vue des revers qui l'accablent, en même temps que je partage sa peine, je me sens prêt à me dévouer pour lui.

La sympathie nous apparaît donc comme une source féconde d'actes et de sentiments. Si, parfois, elle accroît notre souffrance, le plus souvent elle contribue à notre bonheur, car l'homme est heureux des sympathies qu'il ressent et de celles qu'il inspire ; car les joies partagées, sont toujours plus vives, les douleurs moins amères. — Elle est, de plus, un stimulant et un soutien dans les entreprises que l'on tente et dans les épreuves que l'on traverse : ne semble-t-il pas que nos forces sont centuplées, quand nous sentons autour de nous de chaudes affections prêtes à nous venir en aide, des cœurs qui battent à l'unisson du nôtre. — Les âmes sont comme les aimants : quand elles sont unies, elles accomplissent des travaux qui révèlent des trésors d'énergie insoupçonnés. — Enfin, la sympathie donne naissance aux plus hautes vertus sociales; c'est d'elle que procèdent et la bonté et la bienveillance et la charité; en nous amenant à nous oublier en quelque sorte nous-mêmes, elle nous unit de plus en plus intimement avec les êtres qui nous entourent [1],

---

[1] « Il est d'expérience, écrit Adam Smith, que nous faisons toujours effort pour accorder nos sentiments avec ceux d'autrui; nous affaiblissons instinctivement l'expression de nos croyances, de nos intérêts, de nos passions, quand nous les savons contraires aux croyances, aux intérêts et aux passions de ceux avec qui nous nous trouvons, et ceux-ci, à leur tour, modifient les leurs dans un sens contraire. — Ce besoin qu'éprouvent deux créatures humaines de combler l'intervalle qui sépare l'affection de l'une et la sympathie de l'autre est un phénomène très réel qui reparait à tous les moments de notre vie morale. Quel est celui de nous qui, se sentant animé d'un ardent enthousiasme, n'en diminue pas l'énergie, à la vue d'un témoin dont le caractère est froid ; et ce témoin lui-même n'exagère-t-il pas, comme par un retour de complaisance, la démonstration de sa sympathie ? Ne s'exalte-t-il pas, tandis que la personne placée devant lui se modère, de manière à faire, pour se rapprocher d'elle, autant de pas, en quelque sorte, que celle-ci en fait pour aller au-devant de lui. » (Traduction de Cousin.)

elle nous intéresse à la vie et nous la fait aimer, car elle la rend utile. Celui-là seul qui la ressent au fond du cœur, peut dire avec Térence : « Je suis homme et rien de ce qui est humain ne m'est étranger [1]. »

II

Ces effets de la sympathie ont paru si merveilleux à Schopenhauer que, pour en rendre compte, il croit devoir supposer l'unité fondamentale de toutes les personnes morales. Si nous sommes aussi vivement attirés les uns vers les autres ; si toutes les émotions qu'éprouvent mes semblables peuvent trouver en moi un écho ; si, en un mot, toutes les âmes sont, suivant la comparaison de Gœthe, comme des lyres qui vibrent aux mêmes contacts et tendent à se mettre à l'unisson, c'est que, sous le moi apparent et éphémère dont nous avons conscience et qui constitue notre individualité, il existe un moi permanent et commun à tous, le moi humain dont la vie anime chacun de nous. Nous sommes donc plus encore que les membres d'une même famille, nous sommes les parties d'un même tout ; aussi, est-il naturel qu'une modification un peu profonde ne puisse se produire dans l'une sans que les autres en ressentent le contre-coup. — On ne saurait assurément refuser à une telle conception ni la grandeur, ni la beauté ; mais l'explication qu'elle nous fournit est une explication bien lointaine ; voyons s'il n'est pas possible d'en découvrir une plus simple, et plus aisément vérifiable, en recourant aux principes que nous avons établis déjà.

Le premier et le plus important de ces principes, c'est que toute idée est une force, un commencement d'action, et que nos

[1] On comprend ainsi que George Eliot, dans *Adam Bede* ait pu dire de la sympathie : « Ce mot exprime tout ce qu'il y a de meilleur en nous et notre meilleur amour. »

divers états de conscience tendent à se traduire au dehors par des mouvements appropriés. Penser au jeu ou au repos, c'est, par anticipation, se reposer et jouer ; songer à un plaisir ou à une douleur, c'est réaliser à quelque degré, en soi, l'un ou l'autre de ces états. Or, examinons, en appliquant ce principe, ce qui se passe en nous quand nous sommes témoins des émotions de nos semblables. Si ces émotions se manifestent et s'expriment par des signes suffisamment expressifs, elles font naître dans l'esprit des images qui spontanément évoquent des émotions semblables ; elles les évoquent même avec une intensité d'autant plus vive qu'elles sont elles-mêmes plus nettes et plus saisissantes. — Correspondent-elles à des sentiments que nous avons intérieurement éprouvés, leur puissance est presque irrésistible [1]. — C'est là, d'ailleurs, ce que l'expérience de chaque jour nous permet de vérifier à l'aide des faits les plus nombreux : celui qui manque d'imagination et ne reçoit des choses que des impressions vagues et fugitives, ne sera jamais profondément ému ; il ne saurait être ému davantage par la plupart de nos joies et de nos tristesses, l'enfant qui est ignorant de la vie et ne soupçonne encore ni nos bonheurs les plus intimes, ni nos soucis les plus profonds. Ce n'est que peu à peu, et à mesure que s'éveilleront en lui des sentiments nouveaux, qu'il apprendra à partager les nôtres. — D'où vient que les récits de tant d'écrivains contemporains nous laissent froids et insensibles, que nous ne parvenions jamais à nous intéresser aux héros qu'ils mettent en scène ? De ce qu'ils nous offrent la peinture de sentiments inconnus et nous transportent dans un monde que l'imagination est impuissante à se représenter comme réel. — Nous expliquerons de la même manière pourquoi nous ne sympa-

[1] Il est à remarquer que la plupart de nos affections sympathiques proviennent d'une certaine conformité entre nous et la personne aimée, d'une harmonie entre ses qualités, ses défauts et les nôtres. Il y a cependant à côté de ces sympathies par convenances, des sympathies par contrastes et oppositions. (Voyez le chap. préc. sur l'*Amitié*.)

thisons pas également avec tous nos semblables et avec tous les sentiments qu'ils éprouvent. — Si notre sympathie va plus spécialement, comme nous l'avons constaté, à ceux qui souffrent, c'est que la souffrance nous est mieux connue, frappe davantage notre imagination et laisse dans l'esprit des traces plus durables de son passage. — En second lieu, de toutes les personnes qui nous entourent, ce sont généralement nos parents que nous affectionnons le plus ; mais pourquoi sommes-nous si sensibles à tout ce qui les touche et nous identifions-nous plus aisément avec eux ? C'est encore parce que nous les connaissons mieux, parce que leur vie est plus étroitement mêlée à la nôtre ; parce que nous avons pris de bonne heure l'habitude de penser, et en quelque sorte de sentir en commun. — Rien de ce qui leur arrive ne saurait donc nous être tout à fait étranger. Dans une intéressante étude sur la sympathie, M. Bouillier remarque également que notre émotion varie suivant que les événements dont on nous parle sont récents ou anc'ens [1]. Nous ressentons une sympathie beaucoup plus profonde pour des malheureux qu'un désastre vient d'atteindre, que pour les victimes d'accidents remontant à l'époque des Grecs et des Romains. Qu'une chaloupe sombre sur nos côtes de Bretagne ou de Provence, et nos regrets vont aussitôt vers nos marins engloutis et vers leurs familles désolées ; que le même sinistre se produise dans les mers du Japon ou de la Chine, frappant des hommes que nous connaissons à peine, et notre émotion est très atténuée. La puissance de la sympathie s'affaiblit donc avec l'éloignement, — éloignement dans le temps et éloignement dans l'espace, et elle s'affaiblit parce que les faits apparaissent de moins en moins précis à l'imagination. — Il est à remarquer cependant que, grâce aux progrès de la science, la sympathie humaine s'étend de nos jours beaucoup plus loin qu'elle ne le faisait autrefois. Les

---

(1) F. Bouillier. *Études familières de psychologie et de morale*, p. 125 et suivantes.

relations entre les peuples étant devenues plus promptes et plus faciles, leurs institutions, leurs mœurs, leur littérature plus familières à tous, des liens de plus en plus étroits s'établissent, et, à mesure que les hommes apprennent ainsi à se connaître davantage, ils comprennent mieux les raisons de se rapprocher et de se tendre la main.

III

A la sympathie s'oppose l'antipathie, comme à l'attraction s'oppose la répulsion. L'une nous porte à imiter nos semblables, l'autre à penser, à agir, à sentir autrement qu'ils ne le font. Celle-ci est une cause de discorde et de guerre, celle-là une cause de concorde et de paix.

Suivant Reid, l'antipathie ne serait point un sentiment primitif, mais bien un sentiment acquis, dû à la déviation de nos inclinations personnelles. Bossuet nous avait déjà représenté la haine comme un amour contrarié. — Le thèse est défendable, mais, quoi qu'il en soit, nous ne saurions nier que l'être vivant apporte en naissant des aversions instinctives. Le chien de chasse qui n'a point quitté sa basse-cour se précipite sur le gibier, dès qu'il est mis en liberté dans la pleine campagne, comme le chat se précipite sur la première souris que, par hasard, il rencontre. Or, ne constatons-nous pas également chez l'enfant des antipathies soudaines pour certains animaux, voire même pour certaines personnes et certains visages, antipathies qui ne sauraient s'expliquer que par des tendances héréditaires et des habitudes ancestrales? — D'autres fois, l'antipathie a sa source dans des associations d'images et d'idées, associations le plus souvent inconscientes et dont les effets, par suite, déconcertent. Descartes nous raconte qu'il eut toute sa vie un faible pour les femmes qui louchaient, parce que sa nourrice, qu'il aimait beaucoup, avait ce défaut; plusieurs de nos antipathies ont la même origine. Certaines personnes nous inspirent une irrésistible aversion, uniquement parce qu'elles offrent certaines ressemblances avec d'autres qui, autrefois, nous ont causé quelque peine, et c'est ainsi que, sans doute, l'on pourrait rendre compte d'un grand nombre de préjugés qui nous divisent. — A ces causes il faut ajouter l'opposition trop grande des caractères, et l'amour-propre froissé. Comment ne serions-nous pas éloignés, et cela presque malgré nous, de ceux qui n'ont ni nos manières de penser, ni nos manières d'agir, chez lesquels nous ne rencontrons aucun point commun où nos âmes, comme le dit Montaigne, puissent s'accrocher et s'unir ? — Il semble alors que tous nos efforts pour sympathiser avec eux n'aient d'autre résultat que de nous montrer l'impossibilité d'y réussir et de nous diviser de plus en plus. — Cette opposition des caractères est surtout féconde en désaccords et en antipathies, lorsque l'amour-propre entre en jeu car l'amour-propre pardonne difficilement les blessures qu'on lui fait. — Enfin l'antipathie peut provenir de causes plus légitimes et plus nobles, à savoir : l'amour de l'honnête et le sentiment de notre propre dignité. S'il est naturel que le bien nous attire et que l'honnête homme nous inspire de la sympathie et du respect, il est naturel aussi que le vice nous répugne, et que le malhonnête homme nous inspire du mépris.

IV

Il nous est facile maintenant d'apprécier les sentiments qui précèdent. Le principal mérite de la sympathie et des inclinations qui s'y rattachent est de nous faire vivre d'une vie toujours plus complète, plus intense et plus utile, en brisant les cadres étroits dans lesquels nous enferme l'égoïsme. Grâce à elles, les intelligences s'enflamment les unes les autres, les cœurs et les volontés s'unissent et collaborent en vue du bien commun. — Et cependant, ici encore, comme nous l'avons montré, il convient de veiller aux déviations possibles de ces inclinations excellentes en elles-mêmes. Nous savons, en effet, que l'amour de la patrie, en engendrant les préjugés de caste et le fanatisme, peut avoir les plus fâcheuses conséquences au point de vue social. — L'amour de l'humanité, la philanthropie, adoucit les mœurs et fait cesser les haines barbares de nation à nation; mais lorsqu'il suggère ces théories monstrueuses qui nous représentent l'idée de patrie comme une idée chimérique et funeste, il ne saurait être trop énergiquement combattu. — La charité a peuplé les nations civilisées d'asiles où ceux qui souffrent trouvent un soulagement à leurs peines ; véritable Protée, elle revêt, de nos jours, les formes les plus diverses, afin de mieux saisir et étouffer la douleur ; mais n'a-t-elle jamais encouragé la paresse et le vice ? Lorsqu'elle est aveugle et inintelligente, ne contribue-t-elle pas à grossir le nombre de ceux qui préfèrent demander à l'aumône les ressources qu'ils ne devraient demander qu'au travail ? — Il est donc nécessaire que nos inclinations sympathiques, comme toutes les autres inclinations, d'ailleurs, soient soumises à la raison, le seul guide sûr, auquel nous devons toujours, en dernier ressort, nous adresser et obéir.

Quant à l'antipathie irraisonnée ou inspirée par le seul amour-propre, il serait superflu d'en montrer les dangers ; mais il est nécessaire de reconnaître qu'elle peut avoir des effets heureux, lorsqu'elle est due au sentiment du devoir. « Il y a, en effet, comme le remarque M. Marion, des haines généreuses et saines. La paix est sans doute l'idéal, mais non pas la paix à tout prix. S'il est toujours beau de pardonner à ceux qui nous causent un dommage personnel, d'oublier nos propres injures et de plaindre nos ennemis plutôt que de les haïr, ce n'est jamais une supériorité morale de faire trop bon visage à qui ne mérite que le mépris. Dans les conflits où nous ne sommes point engagés, il est des cas où, sans nul doute possible, quelqu'un a tort et quelqu'un a raison. Prendre fait et cause est alors un devoir. Il y a des laideurs morales dont il est bon de savoir se détourner avec dégoût. C'est là une juste sanction. Elle profite aux coupables qu'elle peut déconcerter et corriger ; elle profite aussi à ceux qui l'infligent, car on se fortifie dans le respect du devoir à témoigner une franche répugnance pour qui le viole... Une juste antipathie, avec les actes de défiance qu'elle entraîne, peut contribuer à l'ordre général. La moralité publique ne gagnerait rien à ce que les bons fussent toujours dupes de ceux qui n'ont pas de scrupules. »

CHAPITRE XIX

DE LA PITIÉ

I. De la pitié. Définitions de Descartes, de Bossuet et de La Rochefoucauld. Éléments qu'elle implique. Ses causes. Sentiments qu'elle inspire à ceux qui en sont l'objet. — II. A quelles conditions la pitié est-elle utile ? Opinion d'Épictète et de Charron. Réfutation de cette opinion. Services rendus par la pitié. De la fausse pitié. — III. Rôle de la pitié dans l'éducation. Les enfants sont-ils accessibles à ce sentiment ? Opinion de La Fontaine, de La Bruyère, de Victor Hugo. D'où vient l'insensibilité des enfants ? — IV. Moyen d'éveiller et de diriger la pitié.

La pitié n'étant qu'une des formes de la sympathie, nous en connaissons déjà les principaux caractères; toutefois, ce sentiment joue un rôle si considérable dans la vie, et les moralistes nous en ont laissé tant d'analyses pénétrantes, qu'il est utile de l'examiner ici de plus près, afin d'en bien voir la nature, les causes et les effets.

I

Descartes définit la pitié : « Une espèce de tristesse mêlée d'*amour* et de *bonne volonté* envers ceux à qui nous voyons souffrir quelque mal duquel nous les estimons indignes ; » et Bossuet : « Un sentiment de *compassion* qui ne nous permet pas de voir souffrir nos semblables, sans y *prendre part* à moins de n'être plus des hommes. » — Dans la pitié véritable nous trouvons donc deux éléments distincts, bien qu'inséparables : une émotion pénible semblable à l'émotion d'autrui, c'est-à-dire une souffrance causée par la vue de sa souffrance, et une tendance plus ou moins vive à la secourir. C'est grâce à ce dernier élément que la pitié est si bienfaisante et si féconde ; c'est par lui, également, qu'elle s'oppose à la bonté hypocrite qui est rarement agissante.

Tout autre est la définition que La Rochefoucauld nous en donne : « La pitié, dit-il, n'est qu'une habile prévoyance des malheurs où nous pouvons tomber ; nous donnons du secours aux autres pour les engager à nous en donner en de semblables occasions ; et ces services que nous leur rendons sont, à proprement parler, un bien que nous faisons à nous-mêmes par avance. » — A cette définition, nécessairement, doivent souscrire tous les utilitaires fidèles à leurs principes ; mais ne semble-t-il pas que les faits chaque jour viennent protester contre elle ? — Est-ce qu'il est vraiment besoin, comme le remarque Vauvenargues, « pour éprouver de la pitié, d'être excité par un retour sur soi-même » ? Est-ce que ce sentiment, à l'origine, n'est pas tout spontané et, par suite, absolument désintéressé ? Sans doute, des considérations égoïstes parfois le peuvent profondément altérer, mais ce n'est que plus tard. S'il en était autrement, d'ailleurs, comment expliquer la pitié que nous inspirent, non seulement les hommes malheureux, mais encore les simples animaux qui souffrent ? Comment expliquer l'aide que nous leur donnons, alors que nul ne nous voit, alors même que nous savons très bien qu'aucun service ne nous sera rendu en échange ? Rendre compte ainsi, par un mesquin calcul, de tous nos sentiments les plus purs, c'est vouloir, comme à plaisir et sans raison, rabaisser la nature humaine et en méconnaître la générosité.

La pitié est donc bien le sentiment altruiste par excellence, mais, comme la sympathie, il est loin de se trouver chez tous également vif et agissant ; c'est qu'il a d'abord ses causes, comme nous l'avons montré, et dans la sensibilité et dans l'imagination, et que ces deux facultés diffèrent suivant les individus et les temps. Si la femme sait mieux que l'homme compatir à toutes les douleurs, si elle sait trouver des paroles consolatrices pour toutes les infortunes, c'est que, en général, elle a une sensibilité et une imagination plus vives que les nôtres. — Ajoutons, cependant, que la raison et la volonté sont souvent, pour la pitié, de précieux auxiliaires ; c'est grâce à ces auxiliaires qu'elle devient réfléchie, éclairée, persévérante, partant d'autant plus utile.

Enfin, la pitié, plus encore peut-être que nos autres sentiments, a pour caractère d'être contagieuse : qu'auprès d'un pauvre qui tend la main à la foule indifférente, un passant tout à coup s'arrête ; qu'il interroge ce malheureux, lui parle avec affection, et s'intéresse à sa misère ; aussitôt, on fait cercle autour de lui, et, quand son aumône tombe dans la sébile, il est rare que beaucoup d'autres immédiatement ne l'y rejoignent.

Quant aux effets de la pitié sur ceux qui en sont l'objet, il est plus difficile de les analyser. — Si, le plus souvent, nous éprouvons de la reconnaissance pour ceux qui nous sont pitoyables dans nos chagrins ; si, au contraire, nous ressentons instinctivement de la colère et du mépris pour l'homme qui est « sans cœur », il peut arriver aussi que la pitié nous blesse comme une insulte. De là, sans doute, ce proverbe souvent cité : « Mieux vaut faire envie que pitié. » — S'il en est ainsi, c'est bien souvent parce que la pitié est gauche, maladroite, indiscrète, inconséquente, même dans ses manifestations les plus bienveillantes ; qu'elle prend inconsciemment la forme de la vanité, ce qui lui enlève tout son charme ; mais c'est surtout parce qu'il y a, en chacun de nous, un fond d'orgueil irréductible, même dans la plus profonde misère. — Nous perdons l'un des nôtres, et les témoignages de condoléances, lorsqu'ils paraissent sincères, nous font du bien ; mais que l'ami qui nous les adresse fasse allusion à la situation précaire où cette mort nous laisse, qu'il nous plaigne, à ce sujet, avec trop d'insistance et nous nous sentons blessés. — Pourquoi ? — C'est que le deuil qui nous frappe ne nous ôte, en lui-même, aucune de nos prérogatives, tandis que notre changement de position nous diminue à nos yeux, et, il faut bien le dire, aux yeux des autres : c'est pourquoi nous nous sentons humiliés et irrités contre ceux qui nous le font remarquer. — Nous n'avons pas à rechercher ici si un tel sentiment est bien moral et bien respectable, mais il est nécessaire d'en constater l'existence, si nous voulons pouvoir, en développant la pitié chez nos enfants, leur apprendre à l'utiliser sagement.

II

Suivant les stoïciens, la pitié, telle que nous l'avons définie, devrait être absolument bannie, car elle ne saurait s'accorder avec la vie raisonnable. « Il faut, dit Sénèque, porter secours à ceux qui souffrent, non s'apitoyer sur leur sort. » — Epictète, il est vrai, consent que nous compatissions aux maux de nos semblables, mais en *paroles seulement*. « Si tu vois un homme dans le chagrin qui pleure la mort de son fils ou la perte de sa fortune, lisons-nous dans son *Manuel,* prends garde d'être la dupe de ton imagination, et d'attribuer le malheur de cet homme à des événements extérieurs. Dis-toi bien vite : « Ce qui le trouble, ce n'est pas la chose en elle-même, « car un autre n'en serait pas troublé, mais bien l'opinion qu'il « a d'elle. » Ne crains pas cependant d'*accommoder tes discours à sa douleur*, et même, s'il le faut, de gémir avec lui, mais *ne gémis qu'en paroles, et que ton âme ne soit point émue*[1]. » C'est

---

(1) Epictète. *Manuel*, xvi.

la même opinion qu'expose et défend Charron[1]. — « Il y a, dit-il, double miséricorde, l'une bonne, forte et vertueuse, qui est en Dieu et aux saints, qui est par volonté et par effet secourir aux affligés *sans s'affliger soi-même*, sans rien ravaler de la justice et dignité ; l'autre est une *sotte et féminine* pitié passionnée qui vient de mollesse et faiblesse d'âme. Contre icelle la sagesse apprend de secourir l'affligé, mais non pas de *fléchir et compatir avec lui*. Comme le médecin et l'avocat à leur patient et à leur partie apportent toute diligence et industrie, mais ne se donnent au cœur de leurs maux et affaires, ainsi le sage fait, sans accepter la douleur et noircir son esprit de sa fumée[2]. »

Quand la pitié n'est pas complètement chassée, elle n'est plus, comme on le voit, qu'une condescendance feinte à laquelle le cœur ne doit se mêler jamais. Des deux éléments qui la composent, les stoïciens suppriment le premier, sans s'apercevoir qu'ils font par là même s'évanouir le second. Ce qui rend, en effet, la pitié efficace, c'est, avant tout, l'émotion dont elle est inséparable.

Voyons donc, lorsqu'elle est sincère et complète, quels services elle nous rend. Le premier est d'atténuer en nous l'égoïsme : « Les hommes, dit Rousseau, n'eussent jamais été que des monstres, si la nature ne leur eût donné la pitié à l'appui de la raison ; c'est elle qui modère, en chacun de nous, l'activité de l'amour de soi. » Par là elle est donc essentiellement moralisatrice ; elle nous est même, de plus, extrêmement utile, car en nous faisant comprendre les maux d'au-

---

[1] Charron. *Ouvrage cité*, liv. III, ch. xxx.
[2] Combien plus sages et plus vrais sont ces vers de Juvénal :

« Mollissima corda
Humano generi dare se natura fatetur,
Quæ lacrymas dedit : hæc nostri pars optima sensus.
Quis enim bonus et face dignus
Arcana, qualem Cereris vult esse sacerdos,
Ulla aliena sibi credat mala ? »

(*Satire* XVI.)

trui, et en nous les faisant secourir, elle nous empêche de désespérer des nôtres.

> « Heureux qui sur les maux, se penche et souffre et pleure,
> Car la compassion refleurit en vertu. » (J. Lemaitre.)

En second lieu, la pitié rapproche les hommes. Quand nous rencontrons des hommes heureux, suivant une remarque déjà faite, il est rare qu'une sympathie très vive nous pousse à rechercher leur société : quand nous en rencontrons qui sont dans la peine, nous nous sentons émus malgré nous, et une force plus puissante que notre volonté nous attire vers eux. Les premiers restent pour nous, plus ou moins, des indifférents, lorsqu'ils ne deviennent pas des objets d'envie ; il n'en est pas de même des seconds : L'homme qui souffre n'est plus pour nous un étranger.

L'histoire ne nous prouve-t-elle pas, d'ailleurs, que la pitié telle que nous la comprenons, telle que la comprennent tous ceux que n'aveuglent point les préjugés et l'esprit de système, a toujours parmi nous enfanté des miracles. N'est-ce pas à elle qu'ont recours tous les orateurs qui plaident la cause des pauvres et des déshérités ; n'est-ce pas à elle que nous devons les œuvres de saint Vincent de Paul, et toutes ces créations admirables qui vont se multipliant d'année en année pour le plus grand bien des malheureux ? Quand elle part d'une âme vraiment bonne, elle sait revêtir toutes les formes, je dirai presque recourir à toutes les ruses pour mieux atteindre la douleur et en triompher.

Mais à côté de cette pitié qui est une admirable vertu, croît souvent une pitié fausse qu'il faut savoir démasquer. Et nous ne parlons pas ici de la pitié d'Épictète ou de Charron, qui ne mérite pas le nom qu'on lui conserve, nous voulons parler de celle de tous ces dilettanti qui ont sans cesse sur les lèvres des paroles bienveillantes pour les déshérités de la vie, mais qui s'en tiennent aux paroles ; de celle de tous les hypocrites qui ne voient dans la charité qu'un moyen honorable de se créer des clients, voire même des électeurs; de celle, enfin, de toutes ces âmes qui se croient très sensibles parce qu'elles pleurent sur la mort de leur oiseau favori, ou sur les héros de leur feuilleton, et qui voient mourir sans émotion leur voisin, et ne songent même pas à secourir ses enfants dans la misère. Nous connaissons tous de ces faux honnêtes gens, mais le sentiment qu'ils nous inspirent fait encore mieux ressortir l'excellence de la vraie pitié.

III

Nous venons d'étudier la pitié en elle-même et de signaler quelles conséquences généralement elle entraîne, il nous reste à montrer quel peut et quel doit être son rôle dans l'éducation.

Et d'abord, les enfants sont-ils bien accessibles à ce sentiment? — On connaît sur ce point l'opinion de La Fontaine. Elle se résume dans ce vers qu'on lui a si souvent reproché : « Cet âge est sans pitié. » — Cette opinion est également celle de La Bruyère : « Les enfants, dit-il, ne veulent point souffrir le mal et ils aiment à en faire. » — Enfin, l'auteur de *l'Art d'être grand-père*, Victor Hugo lui-même, les juge non moins sévèrement :

> « J'étais enfant, j'étais petit, j'étais cruel ;
> Tout homme sur la terre où l'âme erre asservie,
> Peut commencer ainsi le récit de sa vie. »

Ailleurs il nous représente une mère qui agonise pendant que son bébé chante :

> « La mère allait dormir sous les dalles du cloître,
> Et le petit enfant se remit à chanter ! »

D'où cette conclusion que beaucoup de philosophes et

d'écrivains n'ont pas manqué de tirer : c'est que l'enfant, naturellement égoïste, est incapable de compatir aux souffrances d'autrui. — Il est difficile, sans doute, de savoir exactement ce qu'éprouvent les tout petits, et quels sentiments les agitent ; mais ce qui est absolument certain, c'est que la pitié, de très bonne heure, fait en eux son apparition, et se manifeste par des actes dont le sens n'est point douteux. Que l'on se rappelle cette pièce de Musset qui a pour titre : « Une bonne fortune », et qui est, peut-être, l'un de ses plus purs chefs-d'œuvre ; le poète vient de perdre son argent au jeu et rêve de quelque aventure :

> « Comme j'en étais là de mon raisonnement,
> Enfoncé jusqu'au cou dans cette rêverie,
> Une bonne passa qui tenait un enfant.
> Je crus m'apercevoir que le pauvre innocent
> Avait dans ses grands yeux quelque mélancolie.
> Ayant toujours aimé cet âge à la folie
> Et ne pouvant souffrir de le voir maltraité,
> Je fus à sa rencontre et m'enquis de la bonne
> Quel motif de colère ou de sévérité
> Avait du chérubin dérobé la gaîté :
> — Quoi qu'il ait fait, d'abord, je veux qu'on lui pardonne,
> Lui dis-je, et ce qu'il veut, je veux qu'on le lui donne.
> C'est mon opinion de gâter les enfants.
> — Le marmot, là-dessus, m'accueillant d'un sourire,
> D'abord à me répondre hésita quelque temps,
> Puis il tendit la main et finit par me dire :
> « Qu'il n'avait pas de quoi donner aux mendiants ! »
> Le ton dont il le dit, je ne peux pas l'écrire ! »

Le tableau est trop précis pour avoir été inventé à plaisir. Musset nous raconte ce qu'il a vu et ce qu'ont vu bien souvent ceux qui vivent au milieu des enfants, attentifs à toutes les émotions qu'ils éprouvent.

Il faut cependant reconnaître que, dans bien des cas, nos enfants font preuve d'une insensibilité surprenante ; mais quelles en sont les causes ? Ces causes se trouvent d'abord dans leur inexpérience. Ils ne savent pas qu'il existe tant d'orphelins sans famille, tant de malades sans secours, tant de déshérités sans consolation... S'ils martyrisent leurs animaux domestiques et font une guerre barbare aux hannetons et aux mouches, est-ce par cruauté native ? Nous croyons bien plutôt que c'est par étourderie, par ignorance. Est-ce que vraiment les mouches et les hannetons souffrent ? Est-ce que les oiseaux éprouvent de la douleur lorsqu'une pierre les atteint ? La preuve que, sur tous ces points, les idées de nos enfants sont très vagues, c'est qu'ils pleurent au moindre avertissement et cherchent à réparer leur faute aussitôt qu'ils la comprennent. Dans une classe que nous connaissons, un élève de sept ans s'amusa un jour à plumer entièrement un pauvre moineau tombé du nid, et qu'il avait recueilli sur sa route. Dès que le maître s'en aperçut, il ne put retenir son indignation et la manifesta devant tous. Le petit coupable, ou plutôt le petit ignorant, parut d'abord très surpris des reproches qu'on lui adressait. A toutes les questions du maître il ne savait que répondre : « Je ne savais pas ! » Mais bientôt, se rendant compte de la méchanceté de sa conduite, il fondit en larmes, reprit dans ses mains l'oiseau qui courait tout tremblant sur le parquet, cherchant à réparer ainsi le mal que maintenant il comprenait.

L'insensibilité au moins apparente des enfants tient, en outre, à leur mobilité excessive et à leur incessant besoin d'activité. Les émotions, chez eux, ne sont qu'à fleur de peau ; un rien les distrait et les repose ; c'est pourquoi leur pitié, quand ils en ressentent, n'est jamais de longue durée. C'est de tout cœur qu'ils se désolent en nous voyant malheureux ; mais, dès qu'un plaisir les appelle, ils oublient leur tristesse et c'est de tout cœur aussi qu'ils se livrent à leurs jeux. Enfin, il faut bien reconnaître que nous contribuons souvent à développer, même chez les petits, l'égoïsme et la méchanceté. Qui de nous n'a jamais vu la mère ou la nourrice armant leur bébé d'un bâton et lui disant : « Frappe Médor » ou : « Frappe

Minet ! » Et l'enfant frappe, sans malice d'abord, puis par habitude et, peu à peu, son cœur s'endurcit. Il en arrivera dès lors, si l'on n'y prend garde, à frapper également ses camarades, dès qu'ils l'auront contrarié. — Et puis, que de fois encore, en sa présence, n'avons-nous pas repoussé, et peut-être durement, le pauvre qui nous demandait l'aumône ? Ne soyons donc pas surpris si, dans la suite, il nous imite. Ainsi, ne disons pas que l'enfant est sans pitié par égoïsme et sécheresse de cœur. Il l'est par ignorance. Que son esprit s'éclaire, que l'expérience l'instruise des maux qu'il ne soupçonne pas, et aussitôt le sentiment de compassion, qui en lui sommeillait, s'éveillera, et nous n'aurons plus qu'à le guider.

IV

Pour remplir cette nouvelle tâche, c'est à la sensibilité et à l'imagination de l'enfant que nous devons, en premier lieu, recourir. Si nous l'amenons graduellement à réfléchir aux souffrances des autres, à comparer ces souffrances à celles qu'il connaît déjà ; si nous savons choisir les lectures qu'il doit faire, et appeler son attention sur les événements fâcheux qui se produisent dans son entourage, son indifférence primitive bientôt disparaîtra. Il apprendra non seulement à connaître les maux qui le peuvent frapper, mais encore à s'y associer et à les plaindre. En outre, puisque la pitié est contagieuse, montrons-nous nous-mêmes pitoyables aux malheureux, et que notre pitié aille de préférence à ceux que la nature a cruellement déshérités, car plus que tous les autres ils ont droit à nos secours. En nous voyant agir ainsi, et, à l'occasion, en nous entendant expliquer les motifs de notre conduite, nos enfants chercheront à nous imiter et, insensiblement, ils s'amélioreront.

Toutefois, quelque importante que soit l'influence de

l'exemple, on ne saurait s'en remettre uniquement à lui du soin d'inspirer la bonté. Il faut que nos enfants soient discrètement amenés à faire preuve de bon cœur, afin que leurs intentions ne restent pas stériles. Ils sont donc sages les parents qui les encouragent à former avec leurs jeunes amis des associations charitables. Nous connaissons plusieurs écoles où, sur ce point, ont été réalisés des progrès admirables. Sous l'inspiration des maîtres, les élèves ont créé de véritables caisses de secours au profit de tous les malheureux du quartier ou du village. Est-il rien de plus moralisateur que cette ligue d'un nouveau genre contre la souffrance et la misère ? — Enfin un moyen efficace de fortifier les sentiments généreux que nous avons fait naître, c'est de combattre énergiquement toutes les tendances qui leur nuisent. Peut-être ne faisons-nous pas une guerre assez soutenue à ces travers trop communs : la manie de faire de l'esprit aux dépens des autres ; celle de se moquer de leurs infirmités ou de leur ignorance : ces travers ne pouvant se développer, en effet, qu'aux dépens de nos sentiments les meilleurs. — Il est cependant un écueil contre lequel nous devons être en garde. Nous voulons que nulle souffrance ne trouve nos enfants insensibles, mais il nous faut vouloir aussi que cette sensibilité ne dégénère pas en sensiblerie, car si une sensibilité saine est le meilleur auxiliaire du devoir, une sensibilité maladive en est souvent l'ennemie.

CHAPITRE XX

DE L'ÉMULATION

I. Définition. Différents jugements portés sur l'émulation par ses défenseurs et par ses critiques : Port-Royal, Rousseau, Bernardin de Saint-Pierre. — II. De l'auto-émulation. Sa valeur éducative. Analyse de l'émulation proprement dite : elle est un sentiment naturel qui implique l'amour du mieux, la conscience de sa propre valeur et l'estime de ses semblables. Ses déviations. Leurs causes. — III. Sans émulation point d'éducation possible. Services qu'elle rend. Conclusion.

I

De l'amour-propre et de la sympathie naît l'émulation. L'émulation est ce sentiment qui nous pousse non seulement à imiter, mais encore à égaler et même à surpasser nos semblables, toutes les fois que nous remarquons en eux quelque qualité qui nous manque.

Nul sentiment n'a été plus énergiquement défendu et plus violemment attaqué par les moralistes et les éducateurs. Si nous ouvrons l'histoire, nous constatons d'abord qu'il était en grand honneur chez les anciens et qu'il a suscité les plus belles œuvres que nous ayons à admirer. — « Chez les Grecs, comme le remarque M. Boutroux, tout était objet de concours : les exercices physiques, les arts, la poésie. Les vainqueurs des jeux olympiques étaient chantés par un Pindare, et leurs noms étaient gravés en lettres d'or sur des tables de marbre. C'est à l'ambition d'obtenir le premier prix, que le monde doit les œuvres immortelles d'Eschyle, de Sophocle et d'Euripide[1]. » — Les écrivains romains s'en étaient bien rendu compte : « C'est l'honneur, écrit Cicéron, qui nourrit les arts, et tout homme s'enflamme d'amour pour une étude qui promet la gloire. » Et Quintilien ajoute que « l'émulation inspire souvent plus d'ardeur pour l'étude que les exhortations des maîtres, la surveillance des pédagogues et les vœux des parents ». — Plus près de nous, Rabelais; plus près encore Bossuet, Fénelon, Locke, Rollin recourent à cet auxiliaire pour stimuler leurs élèves ; — enfin, si nous nous plaçons à un point de vue plus général, quel est le but des expositions qui se multiplient dans nos villes, des concours institués par nos académies, grandes et petites, des compositions imposées à nos élèves, sinon d'amener les nations, les cités et les individus à rivaliser entre eux, afin de collaborer à des œuvres de plus en plus parfaites et de plus en plus utiles à l'humanité ?

Un tel accord entre des esprits si différents prouve sans doute en faveur de la cause qu'ils défendent, mais cette cause a été si vivement combattue qu'on ne saurait écarter à priori les objections qu'on lui adresse. Aux premiers rangs de ceux qui la combattent, se trouvent les éducateurs de Port-Royal. Plus préoccupés de faire des saints que de faire des hommes, dans l'acception large et forte du mot, ils ne voient, dans l'émulation, qu'une source de vanité et d'orgueil, moins propre à élever l'âme qu'à la détourner de sa fin. Bien que placé à un point de vue plus humain, Rousseau se montre aussi sévère envers elle. Une seule émulation trouve grâce à ses yeux, c'est celle qui porte l'enfant à se surpasser, à faire mieux qu'il n'a fait, à se comparer en un mot à lui-même, afin de se perfectionner de plus en plus. — « Jamais, dit-il, de comparaison avec d'autres enfants; point de rivaux, point de

---

[1] E. Boutroux. *Questions de morale et d'éducation*, p. 73 et suivantes.

concurrents, même à la course, aussitôt qu'Émile commence à raisonner. J'aime cent fois mieux qu'il n'apprenne point ce qu'il n'apprendrait que par jalousie ou par vanité. Seulement je remarquerai tous les ans les progrès qu'il aura faits; je les comparerai à ceux qu'il fera l'année suivante, je lui dirai : Vous êtes grandi de tant de lignes ; voilà le fossé que vous sautiez, le fardeau que vous portiez ; voici la distance où vous lanciez un caillou, la carrière que vous parcouriez d'une haleine, etc... Voyez maintenant ce que vous ferez. Je l'exciterai ainsi sans le rendre jaloux de personne. Il voudra se surpasser. Je ne vois aucun inconvénient qu'il soit l'émule de lui-même. »

Bernardin de Saint-Pierre qui, sur tant de points, a subi l'influence de Rousseau, se montre plus radical encore : dans deux de ses ouvrages, ses *Études de la nature*, et ses *Vœux d'un solitaire*, il prend à partie l'émulation et dresse contre elle un véritable réquisitoire où sont accumulés tous les arguments que l'on a si souvent reproduits depuis. Il proscrit même l'auto-émulation préconisée dans l'*Émile*. Pour lui, l'enfant modèle est celui qui a été élevé dans la maison paternelle « sans envie de surpasser personne, et encore moins, ajoute-t-il, de se *surpasser lui-même*, suivant notre grande phrase à la mode, vide de sens comme tant d'autres. » — Quant à l'émulation proprement dite, il la considère d'abord comme un *excitant factice*, dont l'éducateur peut aisément se passer. « Les fonctions de l'âme, dit-il, sont aussi naturelles et aussi agréables que celles du corps. Si elles attristent nos enfants, il en faut accuser nos méthodes. Voulez-vous les attacher à vos exercices, leur faire aimer les sciences et les lettres, attachez-y du plaisir, ils y courront d'eux-mêmes. » On reconnaît ici la thèse chère aux philosophes du xviiie siècle qui ont foi dans l'excellence originelle de l'enfant, toutes ses tendances naturelles devant le porter vers le beau et vers l'honnête. — Mais l'émulation n'est pas simplement un excitant factice, c'est encore un *excitant dangereux*. Il est dangereux, car il fait poursuivre *non le bien et le devoir*, mais une *satisfaction égoïste*; car il fait estimer non le *mérite et l'effort*, mais le *succès*, non les qualités acquises de haute lutte, mais les dons naturels. — Il est dangereux, car il fait naître chez les *vainqueurs*, la *vanité* et l'*orgueil*, l'amour des honneurs et du pouvoir, le fanatisme même; chez les *vaincus*, la sourde *colère*, l'*envie*, la *jalousie* qui pousse souvent à la médisance et à la calomnie. De là ces inimitiés fréquentes que nous rencontrons chez nos élèves, comme nous les rencontrons chez les hommes, et qui rendent de plus en plus pénible leur lutte dans la vie. — Il est dangereux encore, car il inspire la *passion des croix et des médailles*, des prix et des distinctions, de tous les hochets, en un mot, qui servent à dissimuler notre médiocrité satisfaite. — Il est dangereux, enfin, car il peut *faire également de nous des tyrans ou des esclaves* : des tyrans, car il exalte notre amour de la domination et fausse le sentiment de notre valeur personnelle; des esclaves, car, en nous suggérant le goût excessif des grandeurs, il nous fait accepter toutes les platitudes et toutes les bassesses qui peuvent y conduire.

Le réquisitoire, comme on le voit, est complet; mais, s'il n'avait trouvé d'autres défenseurs que ceux dont nous avons cité les noms, nous pourrions, à bon droit, le tenir pour suspect. Les éducateurs de Port-Royal invoquent, en effet, des raisons qui ne sauraient plus être les nôtres. C'est pour la vie et non pour le cloître que nous préparons nos enfants, et c'est par conséquent à la vie que nous devons songer. Nous avons également de sérieux motifs pour n'accepter qu'avec défiance les théories de Rousseau qui, précepteur médiocre, et père de famille plus médiocre encore, n'a jamais bien connu les enfants, et se fait de la nature primitive de l'homme une opinion que la science a définitivement condamnée. Quant à Bernardin de Saint-Pierre qui ne connaissait guère plus la jeunesse, il nous apparaît surtout comme un utopiste et un rêveur dont la grâce du style ne parvient pas toujours à dissimuler le peu de profondeur des idées. — Mais voici que leurs critiques de l'émulation ont été reprises de nos jours par les éducateurs les plus sérieux qui se sont efforcés de les mettre en pratique. De là cette campagne qui a été conduite, — nous savons avec quelle ardeur, — contre tout notre système de récompenses et de punitions, contre nos distributions de prix et contre nos compositions scolaires, campagne dont les résultats connus de tous permettent aujourd'hui d'apprécier la valeur. Examinons donc les arguments que l'on invoque.

II

Comme Bernardin de Saint-Pierre, nous croyons qu'on a beaucoup exagéré la valeur éducative de l'auto-émulation. Si, en effet, ce sentiment rend les plus grands services à l'homme fait, au savant, à l'artiste, uniquement épris de beauté et de science; si, nous-mêmes, nous lui devons parfois les corrections heureuses apportées à nos travaux, et les efforts soutenus qui, peu à peu, nous améliorent, nous doutons qu'il agisse aussi efficacement sur nos enfants, surtout sur ceux de l'âge d'Émile, moins aptes à s'analyser et à juger leurs œuvres. N'oublions pas ce que sont nos élèves et de quoi ils sont capables; les traiter en personnes tout à fait raisonnables, serait s'exposer à n'être pas compris et à manquer le but que nous poursuivons. — Et cependant, l'expérience ne nous prouve-t-elle pas chaque jour que, même chez nos enfants, le désir de se « surpasser soi-même », c'est-à-dire de devenir meilleur, plus intelligent et plus sage, peut avoir les plus heureux effets? — Notre petit écolier a, dans sa dictée, par exemple, commis trois fautes énormes, et nous lui faisons honte de son ignorance. S'il a de l'amour-propre, il s'appliquera désormais avec une attention plus grande à ses nouveaux devoirs, et combien grande sera sa joie s'il réussit pleinement. « Papa, j'ai zéro faute ! » Avoir zéro faute, c'est son idéal à lui, et remarquons bien qu'ici n'intervient nulle rivalité avec ses camarades. De même si, après avoir encouru plusieurs punitions, il parvient à n'obtenir pendant une semaine que des éloges, il est tout fier de ce succès, et ce succès l'encourage à surveiller davantage encore sa conduite pour se montrer de plus en plus digne de l'estime qu'on lui témoigne. — Il ne saurait donc être question d'écarter ce moyen d'éducation comme inutile et puéril, bien qu'il n'ait pas toute l'importance que lui attribue Rousseau.

Reste l'émulation proprement dite, celle qui nous porte à rivaliser avec nos semblables. Pour être sûr d'en bien apprécier la portée, oublions un instant les critiques qu'on lui adresse et faisons-en l'analyse.

Le moindre examen nous montre d'abord que, loin d'être un excitant factice, elle est, au contraire, un stimulant tout à fait naturel, puisque, spontanément et à tous les âges, dès que nous sommes capables de comparer et de juger, même bien imparfaitement, elle se fait sentir, et nous pousse à l'action. Nous ne pouvons connaître une supériorité quelconque, sans nous sentir attirés vers elle ; voir chez les autres une qualité, sans regretter de ne la point avoir. L'émulation, lorsqu'elle cesse d'être une imitation purement machinale, implique donc un amour instinctif du bien et du mieux, un désir plus ou moins vif de s'améliorer soi-même. — Elle implique, en second lieu, la conscience de notre propre valeur : en nous sommeillent des énergies insoupçonnées que l'émulation nous révèle et qu'elle nous invite à utiliser. Dès qu'elle a parlé, nous nous rendons plus exactement compte de ce que nous sommes, et surtout de ce que nous pouvons et devons être. — Elle implique enfin l'estime de nos semblables et la reconnaissance de leurs mérites : le prix que nous attachons à la louange et à la victoire dans nos luttes, en est la meilleure preuve. — L'émulation ne saurait donc se confondre ni avec la rivalité jalouse, ni avec la vaine gloire, ni avec l'envie. On peut dire avec La Bruyère « qu'il y a entre elles le même éloignement qu'entre le vice et la vertu ».

Ce qui est vrai, toutefois, — et c'est là ce qui explique les critiques dont nous avons parlé, — c'est que souvent nous nous trompons sur le bien véritable, et la véritable perfection; les enfants surtout sont exposés à ces erreurs; aussi les camarades, qu'ils cherchent à égaler et à surpasser, ne sont-ils pas toujours les meilleurs. De plus, il peut nous arriver, dans l'ardeur de la lutte, d'oublier la fin primitivement poursuivie, pour ne plus songer qu'aux peines et aux joies primitivement éprouvées. — L'enfant rivalise avec ses petits camarades pour devenir plus intelligent, plus adroit et plus fort, mais voici que, peu à peu, il rivalise pour mériter des éloges, pour obtenir des récompenses, uniquement préoccupé du succès. Ses efforts sont-ils stériles ou insuffisamment encouragés, il n'est point rare que, se sentant humilié, il ne songe plus qu'à cette humiliation et soit irrité contre son vainqueur. C'est alors que naissent et grandissent tous les sentiments mauvais dont Bernardin de Saint-Pierre a si complaisamment dressé la liste, et qui gâtent le cœur. — Mais qui donc devons-nous accuser de ces conséquences fâcheuses ? Est-ce nécessairement que l'émulation engendre l'orgueil, la jalousie et l'envie ? Evidemment non, et il suffit pour s'en convaincre de se reporter à l'analyse que nous venons d'en faire. Il en est d'elle comme de toutes nos inclinations, lorsqu'elles sont mal dirigées : elles se faussent ; c'est pourquoi la vraie cause de ses déviations doit être cherchée, non toujours, — car il y a des natures mauvaises qui semblent d'elles-mêmes aller au mal, — mais le plus souvent chez ceux qui ne savent ni la provoquer en temps opportun, ni la guider. Les vrais coupables ce sont les parents qui surveillent insuffisamment les camaraderies de leurs enfants, paraissent plus préoccupés de leurs succès que de leur amélioration morale ; ce sont les maîtres qui transforment leur classe en arène, excitant les élèves les uns contre les autres, louant d'une manière immodérée ceux qui réussissent et n'ayant que des railleries pour ceux qui échouent ; ce sont enfin, tous ces éducateurs sans idéal pour lesquels instruire est encore rigoureusement synonyme de moraliser. Les dangers de l'émulation ne sauraient donc suffire à la faire condamner ; nous allons voir que ses innombrables services la rendent indispensable.

III

Nous avons constaté déjà que la plupart des enfants sont incapables d'aimer le travail pour le travail, et de trouver dans le jeu de leurs fonctions intellectuelles, un attrait suffisant pour les attacher à l'étude. Ils ne comprennent pas encore toute l'importance des exercices qu'on leur impose ; ce qui les frappe en eux, c'est la difficulté à vaincre et l'effort à déployer ; la notion pure du devoir est très obscure dans leur esprit ; force est donc de recourir à d'autres stimulants si nous voulons éveiller leur intelligence et les pousser à l'action. Or, nul stimulant n'égale l'émulation.

L'expérience nous prouve en effet que, sans l'émulation, les mieux doués eux-mêmes s'endorment dans l'indifférence et la torpeur, et se laissent devancer souvent par de plus faibles qu'eux. N'est-ce pas là l'histoire de la Chine et d'autres peuples orientaux ? N'est-ce pas celle de plusieurs écoles et de plusieurs enfants que nous connaissons ? — Dans les écoles d'où l'émulation est bannie, nul entrain, nulle vie ; il semble que maîtres et élèves ne remplissent qu'à regret leur tâche mono-

tone. Dans les autres, au contraire, quel tableau différent !
« Les camarades sont là, marquant le pas sur la route à parcourir ; on s'estime assez pour marcher aussi vite que les autres ; il ne faut pas perdre sa place et rester en arrière ; un coup d'œil sur le voisin qui nous dépasse, un autre sur le maître qui nous encourage, et un vigoureux effort fait rattraper le temps perdu. La volonté, chancelante quand elle est isolée, prend une vigueur nouvelle au contact d'autres énergies et l'enfant le plus indolent se met à l'œuvre, excité par l'exemple qu'il a devant les yeux. » — Et quand le travail est terminé, ce n'est pas, d'ordinaire, quoi qu'on en dise, dans l'humiliation de leurs voisins moins heureux que les élèves qui ont triomphé trouvent leur satisfaction ; ils la trouvent tout entière dans la conscience de l'effort accompli, dans la joie du résultat obtenu. S'il en était autrement, on ne pourrait comprendre ces amitiés sincères qui se nouent entre rivaux, sur les bancs de l'école, et durent toute la vie.

D'où vient maintenant cette puissance de l'émulation ? De ce qu'elle met en œuvre toutes nos facultés : la sensibilité, l'intelligence et la volonté ; de ce qu'elle nous donne une vision nette du but à atteindre, rend la lutte attrayante, et fait, en quelque sorte, mettre à l'esprit, suivant l'expression de Voltaire, « toutes voiles dehors ». Grâce à elle, nous prenons une conscience plus claire de nous-mêmes, nous sentons nos pouvoirs se développer et s'affermir, nous nous mêlons plus intimement à la vie de nos semblables ; nous obéissons au sentiment de l'amour-propre dans ce qu'il a de meilleur et de plus fécond.

Et remarquons bien que cette puissance éducative de l'émulation peut s'exercer aussi bien dans le domaine de la vertu que dans celui de la science. Dans un cas, elle élève l'esprit, dans l'autre elle élève le cœur [1]. Le malheur est que

---

(1) Nous ne pouvons, à ce sujet, résister au plaisir de citer le fait suivant que nous communique un inspecteur de l'Université : « J'ai dans mon

trop souvent les parents et les maîtres l'utilisent plutôt en vue de l'instruction de leurs enfants qu'en vue de leur éducation morale.

Ainsi, vouloir supprimer l'émulation serait donc folie. Ce serait folie, car, sans elle, peu ou point de travail intellectuel ; et le travail intellectuel en conduisant à la science, orne l'esprit, le civilise, et, comme on l'a dit, « développe en lui l'humanité ». — Ce serait folie encore, car si, gauchement dirigée, elle peut conduire au mal, bien guidée, elle devient l'auxiliaire du devoir.

département, m'écrit-il, plusieurs établissements où ce genre d'émulation (l'émulation pour le bien) produit d'excellents résultats. Bien souvent les maîtres trouvent près de leur bureau soit un paquet de vieux habits encore utilisables, soit des chaussures, soit même des aliments qu'un bienfaiteur anonyme, — un élève naturellement, — y a discrètement déposés avant la classe. Ce bien, fait sans ostentation, soulage plus d'une misère imméritée, et, à tout prendre, provoquât-il, même chez son auteur, quelque menue satisfaction d'amour-propre, qu'il n'en mériterait pas moins d'être encouragé. »

Le *Livre d'or des classes primaires*, où sont relatés tous les actes dignes d'être remarqués des anciens élèves, nous paraît, également, merveilleusement répondre au but que nous signalons ici.

CHAPITRE XXI

DU CULTE DES GRANDS HOMMES

Une nouvelle forme de l'émulation : le culte des grands hommes. — I. Influence des grands hommes sur l'humanité. Cette influence est due à ce qu'ils sont représentatifs de choses d'abord, et ensuite d'idées. L'émulation qui nous porte à les imiter est manifeste dans la vie publique et dans la vie privée. — II. Effets généraux de cette émulation : elle nous détache des vulgarités de la vie ; propose à notre activité un idéal élevé ; stimule notre volonté et combat l'individualisme égoïste. — III. Ses effets sur les enfants. Utilité d'un Plutarque français.

L'homme ne cherche pas à rivaliser seulement avec ceux qu'il coudoie dans la vie, et qui lui disputent et les rangs et les places ; il cherche à rivaliser encore avec tous les personnages illustres que célèbre l'histoire : de là une nouvelle forme de l'émulation également féconde, et dont le rôle dans l'éducation doit devenir de plus en plus grand.

I

Il est un fait que *les Héros* de Carlyle et les *Sur-Humains* d'Emerson ont bien mis en lumière, c'est que l'humanité ne vit en réalité et ne progresse que par les hommes de génie. Bien que tributaires des milieux où ils grandissent, annoncés et préparés souvent par le travail de tout un peuple, ils dominent la foule de si haut qu'ils la conquièrent et la transforment, même quand elle résiste. C'est Socrate, enseignant aux Grecs ces préceptes de morale dont nous nous inspirons encore après plus de deux mille ans ; ce sont tous les fondateurs et tous les réformateurs de religions, Zoroastre, Jésus, Mahomet, Luther, dont les doctrines ont révolutionné le monde ; ce sont les littérateurs et les savants, Eschyle, Corneille, Victor Hugo, Gœthe ; — Newton, Descartes, Laplace, Pasteur, dont les travaux ont non moins modifié nos manières de penser que nos manières de vivre. « Tout navire qui vient en Amérique, dit Emerson, doit sa carte marine à Colomb. Tout romancier est débiteur d'Homère ; » tout philosophe est l'obligé de Platon. Or, supprimez tous ces noms du passé ; il est difficile de concevoir ce que serait devenue l'humanité. Aussi Carlyle a-t-il pu soutenir, sans paradoxe, que « l'histoire universelle, l'histoire de ce que l'homme a accompli dans le monde, c'est au fond l'histoire des grands hommes qui ont travaillé ici-bas. Ils ont été les conducteurs des hommes, ces grands hommes ; les modeleurs, les patrons, et, en un large sens, les créateurs de tout ce que la masse générale des hommes a pu s'efforcer de faire ou d'atteindre ; toutes les choses que nous voyons accomplies dans le monde sont proprement le résultat matériel extérieur, la réalisation pratique et l'incarnation des pensées qui habitèrent dans les grands hommes envoyés dans le monde ; l'âme de l'histoire du monde entier, on peut justement l'admettre, ce serait leur histoire. »

Et d'où leur vient cette puissance ? De ce qu'ils sont, à un plus haut degré que nous tous, « *représentatifs de choses, d'abord, et, en second lieu, d'idées*[1] ». — Ils sont représentatifs de choses, car c'est par eux que la nature nous est révélée, que ses lois sont mises en lumière, ses forces disciplinées. Leur cerveau est comme un centre où elle devient intelligible et « s'humanise ».

---

(1) Emerson. *Les Surhumains*, p. 17, trad. de J. Izoulet.

« De même que les plantes convertissent les minéraux en nourriture pour les animaux, de même chaque homme transforme quelque matière première à l'usage de l'humanité ; il est, par une affinité secrète, rattaché à quelque district de la nature, dont il est l'agent et l'interprète, comme Linné, des plantes ; Hubert, des abeilles ; Fries, des lichens ; Dalton, des formes atomiques ; Euclide, des lignes ; Newton, des fluxions... La grande masse des créatures et des qualités est encore cachée et expectante. Il semble que chacune, comme la princesse enchantée des contes de fées, attend le prédestiné, libérateur humain. Il faut que chacune soit désenchantée, et marche vers le jour sous une forme humaine. Il faut qu'un aimant soit fait homme, en quelque Gilbert, ou Swedenborg, avant que l'esprit général en puisse venir à utiliser les puissances. »

Ce sont donc bien les grands hommes qui, en interprétant les choses, nous permettent de les comprendre, et, en les comprenant, de les faire servir à notre usage et même de les aimer. — Ils sont de plus *représentatifs d'idées*. Tous les pensers qui, en chacun de nous restent inconscients et vagues, tous les sentiments et toutes les aspirations qui, dans la foule, ne parviennent ni à se préciser, ni à se formuler, trouvent dans leur âme, et la conscience et la formule qui leur manquent. Leur esprit et leur cœur semblent refléter, en l'éclairant, le milieu où ils vivent. C'est pourquoi nous nous reconnaissons dans leurs œuvres. Ils sont eux-mêmes et ils sont la foule ; en parlant en leur nom, ils parlent au nom de tous ; les questions qu'ils se posent, et qu'ils résolvent, sont précisément les questions que chacun aurait dû se poser, mais qu'il ne pouvait résoudre ; en analysant leurs passions, ils analysent en même temps les nôtres ; en nous proposant un idéal, l'idéal qu'ils ont rêvé, ils ne font que traduire par des traits plus saillants, l'idéal confusément entrevu par le plus grand nombre des hommes. Ce sont donc bien des « *Representative men* », comme les appelle Emerson, et nulle expression ne saurait les mieux caractériser[1].

C'est parce qu'ils sont « liés à nous par des liens infrangibles » et parce qu'ils représentent en quelque sorte « le génie de l'humanité », que les grands hommes ou les héros exercent autour d'eux une irrésistible influence. Cette tendance, qui porte à les admirer et à les prendre pour modèles, se manifeste de la manière la plus éclatante, et dans la vie privée, et dans la vie publique. « Effectivement ou idéalement, nous nous arrangeons pour vivre avec des supérieurs. Nous appelons de leurs noms, nos enfants et nos terres, — les rues de nos cités, et nos maisons d'éducation ; — leurs noms sont transformés en verbes du langage, leurs œuvres et leurs effigies sont dans nos maisons, et chaque circonstance de la journée rappelle une anecdote à leur sujet. — La recherche du grand homme est le rêve de la jeunesse, et la plus sérieuse occupation de la virilité. — La race, pour nous, marche par leur crédit. Le fait de savoir qu'il y a dans une ville un homme qui a inventé les chemins de fer, élève le crédit de tous les citoyens, — Notre religion est d'aimer et chérir ces patrons. »

II

Cette tendance admirative est-elle salutaire ? — Si l'on ne confond point le grand homme et l'aventurier ; si ceux-là

---

(1) Comme on le voit, si ces hommes nous paraissent vraiment grands et s'ils méritent notre admiration, c'est qu'ils sont essentiellement *humains*, bien qu'ils dominent de haut la foule, et soient, par elle, considérés comme des demi-dieux. Dès lors, l'origine et le rôle que leur attribue, ici, Emerson, ne permettent point qu'on les assimile à l'*Ubermensch*, au *sur-homme* de *Nietzsche*. (Voyez *Menschliches, allzumenschliches* de Nietzsche, 1876-1877). En traduisant par *sur-humains* le titre d'Emerson (*Representative men.*), M. Izoulet a, sans doute, voulu simplement mettre en relief cette idée profonde : que les héros sont les *représentants* les plus parfaits de l'humanité, dont nous ne sommes que des *ébauches*.

seuls sont jugés grands « qui habitent une plus haute sphère de pensée, à laquelle d'autres ne peuvent s'élever qu'avec effort et difficulté ; qui ont utilement servi la science et la vertu », et, par là même, contribué à l'amélioration de leurs semblables, nul doute qu'elle ne soit louable et digne d'être encouragée. En effet, elle a pour premier résultat d'élever nos regards au-dessus des petitesses et des vulgarités de la vie, de nous faire mieux apprécier les hommes et les choses, et surtout mieux choisir les objets de nos préférences et de nos aversions. Combien d'entre nous s'éprennent de futilités, s'irritent ou s'enthousiasment pour des vétilles, dépensant toute leur activité en mesquins efforts, qui mèneraient une existence plus calme, plus utile et plus digne, s'ils avaient pris l'habitude de songer moins aux opinions de ceux qui les entourent et de méditer quelquefois la vie des hommes qui leur sont supérieurs.

La vie des grands hommes offre à tous ceux qui l'étudient un idéal, un modèle qui les attirent et qu'ils cherchent, consciemment ou inconsciemment, à imiter. « Quand j'étais enfant, nous dit Tolstoï, je faisais tout mon possible pour ressembler aux grandes personnes[1]. » Or, nous sommes, nous aussi, comme les enfants, nous voulons ressembler aux grandes personnes, c'est-à-dire à ceux qui l'emportent sur nous par la science, la force et le génie. Le choix que nous avons fait d'une carrière, le bien dont la société nous est redevable, les petites victoires que nous avons remportées sur la paresse ou sur le vice, ce qui constitue, en un mot, le meilleur de nous-mêmes, vient souvent de l'exemple qui nous a été proposé. Combien d'explorateurs doivent leur vocation à la lecture des voyages accomplis, avant eux, par de véritables héros! La gloire de Napoléon a fait germer des légions de braves, comme celle de Corneille des

[1] Michel de L'Hopital nous dit que toute sa vie il a cherché à imiter les grands hommes de Plutarque.

légions de poètes. « C'est que nous avons l'émulation de faire tout ce qu'un homme peut faire ; c'est qu'avec les grands, nos pensées et nos manières spontanément deviennent grandes. » — Par cela même qu'il provoque notre enthousiasme et place haut nos cœurs et nos volontés, le culte des grands hommes nous prémunit contre les défaillances, et nous donne le courage de marcher sur leurs traces. Évoquant l'une des plus dures épreuves qu'il avait traversées, lui qui en eut tant à surmonter : « Je me rappelle, écrit Michelet, que dans ce malheur accompli, privations du présent, craintes de l'avenir, l'ennemi étant à deux pas (1814), et mes ennemis à moi se moquant de moi tous les jours, un jeudi matin, je me ramassai sur moi-même : sans feu (la neige couvrait tout), ne sachant pas trop si le pain viendrait le soir, tout semblant fini pour moi, — j'eus en moi un pur sentiment stoïcien, — je frappai de ma main crevée par le froid sur ma table de chêne, et je sentis une joie virile de jeunesse et d'avenir... Qui me donna ce mâle élan ? *Ceux avec qui je vivais chaque jour, mes auteurs favoris.* J'étais chaque jour attiré davantage vers cette grande société. » — C'est là ce qu'ont bien compris tous les fondateurs de religions qui, pour exciter et soutenir l'ardeur et le zèle de leurs fidèles, ont personnifié dans les saints les vertus dont la pratique leur paraissait le plus utile ; c'est là ce qu'avait bien compris Auguste Comte, lorsqu'il demandait que l'on dressât le calendrier des bienfaiteurs de l'humanité, afin que, chaque jour, la vie de l'un d'eux fût proposée à nos méditations. — Enfin, un autre avantage qu'offre l'étude de ces modèles, c'est de nous apprendre à nous mieux apprécier nous-mêmes, et, par suite, à exagérer moins les mérites que chacun volontiers s'attribue. Il y a longtemps que les moralistes nous ont signalé les dangers d'un individualisme excessif. Il est si agréable de se dresser à soi-même un piédestal d'où l'on domine la foule et d'où l'on juge ses semblables ; si agréable de se prendre « pour mesure de toutes choses » et de croire que l'on fait toujours assez pour les autres, tandis que les autres ne font jamais assez pour nous ! Nous berçons ainsi doucement notre amour-propre, et notre orgueil et notre vanité s'en trouvent satisfaits. Mais cette satisfaction disparaît vite, lorsqu'en regard de notre image amoureusement embellie, nous plaçons celle des vrais grands hommes qui se sont illustrés, soit dans le domaine de la pensée, soit dans celui de l'action.

Nous nous rendons compte alors de notre infériorité relative, car nous apercevons ce qui nous manque ; nous ne songeons plus à nous faire le centre du monde, car nous discernons mieux d'où vient la lumière qui nous éclaire... Aux sentiments égoïstes et à cette sorte de « gravitation sur soi » que nous constations tout à l'heure, succèdent peu à peu des sentiments plus élevés, plus généreux et plus humains qui nous rendent à la fois plus tolérants et plus utiles. « Les grands hommes sont ainsi, comme le dit Emerson, un collyre pour purger d'égotisme nos yeux, et nous rendre capables de voir d'autres gens et leurs œuvres. »

III

Si telle est l'importance du culte des héros pour l'homme, en général, combien elle doit être plus grande encore pour l'enfant ! Chez lui, en effet, l'instinct d'imitation est plus vif encore que chez nous ; son égoïsme est moins profond, n'étant point réfléchi ; aussi se laisse-t-il plus aisément captiver et conduire. Il se sait faible, ignorant, sans expérience ; c'est pourquoi il va spontanément à ceux qu'il sait forts, instruits, expérimentés. Les grands hommes sont pour lui, comme pour les peuples primitifs, des demi-dieux ; son imagination s'enflamme au récit de leurs exploits et il brûle du désir de leur ressembler. — Observez plutôt les enfants lorsqu'ils organisent leurs jeux : ils font revivre toutes les scènes intéressantes dont on leur a parlé : leurs gestes, leur attitude, leur langage, tout se transforme comme si l'âme de ces héros était venue, pour un instant, habiter en eux. Rien ne nous paraît donc plus salutaire que ces biographies auxquelles une large place a été faite dans nos écoles.

Bien choisies, et lues à propos, elles peuvent donner, sous une forme concrète, intelligible et animée, les plus hautes leçons de courage et de vertu. Les vies de Plutarque ont, pendant longtemps, servi de bréviaire aux plus grands esprits; peut-être les avons-nous trop négligées à notre époque, aussi voudrions-nous que quelque Plutarque français, puisant dans notre histoire si riche en grands hommes de toutes sortes, fît revivre enfin, pour l'édification de nos enfants, les gloires les plus incontestées dont la France a le droit d'être fière. Les matériaux, sans doute, en seraient faciles à réunir ; et quel beau livre d'or des classes, en les utilisant, un maître, connaissant et aimant la jeunesse, pourrait écrire !

Il nous semble que ce livre pourrait avoir plus de portée encore, car il conviendrait aux adolescents non moins qu'aux enfants.

Il est aisé, en effet, de proportionner nos récits à tous les âges et de choisir nos héros, suivant les lecteurs auxquels nous nous adressons. Celui qui saurait retenir ainsi l'esprit de la jeunesse, et, par là même, la détourner des œuvres fades et malsaines auxquelles elle se complaît, rendrait à notre pays le plus signalé service. Il aurait plus fait pour la moralisation des masses que beaucoup de moralistes réunis.

— Enfin, dans nos cours d'adultes, pourquoi ne pas recourir plus souvent à cette mine inépuisable ? Craint-on de lasser son auditoire ? C'est le bien mal connaître, et l'expérience répond avec éloquence à ces préventions que rien ne justifie. Que voulons-nous, d'ailleurs ? Instruire en intéressant ; or, qui pourrait contester que la vie de nos hommes illustres ne présente à la fois l'intérêt le plus passionnant et la plus haute leçon de sagesse? Aussi conclurons-nous avec Emerson : « Dans les limites de l'éducation et de l'action humaines, nous pouvons le dire, les grands hommes existent pour qu'il puisse y avoir de plus grands hommes. La destinée de la nature est l'amélioration, et qui peut lui assigner ses limites ? C'est l'affaire de l'homme de triompher du chaos; de répandre de toutes parts, tant qu'il vit, les semences de science et de poésie, pour que le climat, le blé, les animaux, les hommes soient plus doux, et que les germes d'amour et de bienfait soient multipliés [1]. »

(1) Les principales biographies contenues dans *les Héros* de Carlyle et les *Sur-Humains* d'Emerson, sont celles de Mahomet, Dante, Shakespeare, Luther, Cromwell, Rousseau, Napoléon ; Platon, Montaigne, Gœthe, etc...

CHAPITRE XXII

L'AMOUR DU VRAI. — LE MENSONGE

Les inclinations supérieures. — I. De l'amour du vrai. Ses caractères : il est essentiellement actif et désintéressé. Ses effets chez l'enfant et chez l'homme. — II. Du mensonge. L'instinct du mensonge est-il inné ? Opinion de La Bruyère. Critique de cette opinion. Comment s'expliquent la plupart des prétendus mensonges des enfants. A quel moment apparaît le mensonge. Ses principales causes : l'espièglerie, l'intérêt, la vanité, la jalousie, la méchanceté. — III. Moyens de combattre le mensonge. De la sincérité et de la franchise. Alceste et Philinte.

L'étude des inclinations sociales nous a montré l'homme cherchant en quelque sorte à sortir de lui-même pour vivre d'une vie plus expansive et plus féconde et élargir de plus en plus, à mesure qu'il se civilise, les cadres étroits de l'égoïsme. L'étude des inclinations supérieures nous le montre cherchant à vivre d'une vie plus large encore et à atteindre une connaissance toujours plus étendue, une beauté toujours plus pure, un bien toujours plus élevé.

Le vrai, le beau et le bien, tel est, en effet, le triple idéal vers lequel toutes les forces de son être sont invinciblement attirées, et qui provoque en lui ce triple amour d'où sont nées les plus belles œuvres de la science, de l'art et de la morale.

I

L'amour du vrai se manifeste par le désir plus ou moins vif de savoir et de comprendre; mais ce désir de savoir est loin de se confondre toujours avec l'amour du vrai. Lorsqu'elle n'est pas une simple forme du besoin d'émotions, la curiosité n'a bien souvent pour but qu'une satisfaction égoïste. Que recherchent la plupart des importuns dont les questions indiscrètes incessamment nous harcèlent ? Un aliment à leur passion du scandale, et un prétexte pour médire.

Tout autres sont les caractères de l'amour du vrai proprement dit et de la curiosité qui l'accompagne. Cet amour est d'abord *essentiellement désintéressé*. Il consiste à poursuivre la vérité, uniquement parce qu'elle est la vérité, parce qu'elle est bonne en elle-même, abstraction faite de toute considération utilitaire, parce que sa possession est un bien pour nous, un bien qui nous ennoblit et nous rend plus parfaits. Cet amour est, de plus, *essentiellement actif,* car il nous porte à étendre de plus en plus nos connaissances et à nous attacher à nos convictions réfléchies au prix même des plus grands sacrifices.

Cet amour sincère, nous le rencontrons déjà chez les enfants bien plus tôt qu'on ne le croit d'ordinaire. Si, souvent, ils ne songent, lorsqu'ils nous interrogent, qu'à leur intérêt et à leur plaisir, souvent aussi ils cherchent à connaître pour connaître, et cela sans aucune autre arrière-pensée. Il suffit, pour s'en convaincre, de réfléchir un instant à leurs *comment* et à leurs *pourquoi?* Chez eux, également, *cet amour est actif.* De là cette naïveté et cette franchise qui plus d'une fois déconcertent les parents imprudents. Ce qui est vrai, leur paraît si naturel à dire, que spontanément ils le disent, alors même qu'il serait plus sage de le taire. Nous savons combien d'anecdotes curieuses et piquantes ont été recueillies à ce sujet, et quel parti en ont tiré les caricaturistes de tous les temps! D'ordinaire les parents grondent les enfants terribles dont les paroles malheureuses leur causent des ennuis : que ne commencent-ils par se gronder eux-mêmes. On ne doit jamais dire tout haut ce que l'on craint d'entendre répéter par l'écho.

Enfin, il n'est pas rare de voir des bébés, après une faute, venir loyalement et franchement en faire l'aveu à leur maître, alors même qu'ils savent leur petit méfait inconnu ; la dissimulation leur pèse, aussi lui préfèrent-ils une punition même sévère.

Chez les hommes, cet amour pur de la vérité est encore bien vivant, quoi qu'en disent les pessimistes. N'est-ce pas à lui que nous devons tant de dévouements obscurs à la science, tant de sacrifices désintéressés dont nous ne connaissons bien souvent l'étendue qu'après la mort de leurs auteurs ? Sans doute, en cherchant à nous instruire, nous songeons parfois aux services que l'instruction plus tard nous rendra dans la vie ; mais que de fois aussi ne cherchons-nous pas pour chercher, uniquement par amour du vrai, certains même d'avance que notre science ne nous sera d'aucune utilité immédiate ! C'est que rien n'est doux comme cet effort vers la vérité, rien n'est bon comme la joie qui nous envahit quand nous l'avons découverte et fait pénétrer un rayon de lumière dans les ténèbres de notre esprit. Le savant qui a mis au jour une loi jusqu'alors inconnue, comme l'élève qui a résolu après un long travail un difficile problème, songent-ils aux éloges qui leur seront décernés ? De telles considérations d'ordinaire n'interviennent que plus tard, lorsqu'elles interviennent ; notre satisfaction du premier moment n'a aucun caractère égoïste. L'amour du vrai est donc bien au cœur de tout homme, et cet amour nous apparaît à tous comme respectable et sacré.

II

Mais, s'il en est ainsi, comment expliquer le mensonge ? Suivant quelques moralistes l'instinct du mensonge serait aussi naturel à l'enfant que l'instinct de la vérité ; en lui s'opposeraient la franchise et la dissimulation, comme l'amour du bien et l'amour du mal, comme la passion et la raison ; plusieurs même ne sont pas éloignés de penser avec La Bruyère, que les tendances mauvaises sont celles qui l'emportent, à l'origine, tant que l'éducation n'est pas intervenue. — Nous connaissons déjà cette thèse célèbre et les exemples nombreux sur lesquels on l'appuie ; mais que valent ces exemples ? Il suffirait de les passer en revue pour apercevoir bien vite que la plupart d'entre eux n'ont point le sens qu'on leur donne. Et d'abord, n'est-il pas évident que, parfois, nous accusons l'enfant tout jeune de mentir, alors que simplement il joue ou il se trompe ? N'oublions pas quelle est la nature de son imagination. Primitivement il ne distingue pas entre elles les images qu'il possède et que, spontanément, il objective. Pour lui, ces images ont toutes même valeur, ayant même intensité ; c'est pourquoi il confond le vrai et le faux, l'apparence et la réalité.

En outre, ces images, il ne se les représente point comme soustraites à sa volonté : aussi croit-il qu'il peut jouer avec elles. Vous lui dites qu'il a tel objet sous les yeux, et il vous soutient qu'il en a un autre. Est-ce qu'il ment ? Non, sans doute ; mais il joue avec les représentations de son esprit sans la moindre intention de tromper [1]. L'illusion lui est d'autant plus facile qu'il n'a pas encore du temps une notion précise et que son expérience passée est très rudimentaire. D'autres fois, nous entendons mal le langage dont il se sert et c'est pourquoi il nous paraît être mensonger. « Un jour, nous dit M. Thamin, je punis sévèrement ma fillette qui accusait faussement sa bonne de l'avoir *frappée*. Or, plus tard je compris que ce mot *frapper* avait pour elle un sens très général et qu'elle l'employait pour désigner toutes les causes de ses petits et grands chagrins. Frapper était donc synonyme

---

(1) Explication de M. Boutroux.

non seulement de battre, mais de blâmer et de gronder¹. »
Je constatai moi-même le même fait, il y a quelques jours.
Un bébé vint nous annoncer en grande confidence que sa
mère avait *battu* le domestique pour avoir brisé un vase du
salon. Inutile de dire que le mot *battu* était pris encore, ici,
dans un sens très détourné. Enfin ce que nous appelons
mensonge peut tenir soit à un défaut de mémoire, soit à une
exagération de l'imagination, soit à une confusion inconsciente entre la réalité et le rêve. Un élève peut, de très bonne
foi, prétendre qu'on ne lui a pas donné tel conseil qu'on lui
rappelle, parce qu'il l'a totalement oublié; comme il peut, de
très bonne foi, s'attribuer des actes qu'il a simplement ima-
ginés. Il y a du Tartarin dans toute imagination d'enfant.
Quant à la confusion possible entre la réalité et le rêve, bien
que plus rare, elle se produit pourtant quelquefois. Qui de
nous n'a point rêvé qu'il avait des ailes et parcouru de larges
espaces en volant? Or, nous avons connu plusieurs enfants
qui, très sincèrement, nous ont affirmé qu'ils venaient de
voler, soit dans l'escalier, soit dans la campagne, et l'impression qui en est restée à l'un deux est si forte, qu'il se la
rappelle encore aujourd'hui, après trente ans passés.

A quel moment apparaît donc le mensonge et quel en est
le caractère? Il apparaît lorsque *naît la réflexion*, lorsque les
passions s'éveillent, lorsque l'enfant peut distinguer du
devoir, son intérêt et son plaisir; ce qui le caractérise, c'est
l'intention de dissimuler la vérité et de tromper ceux qui
l'entourent. Quant aux causes qui le provoquent, elles sont
innombrables : la moins grave est l'*espièglerie*, le désir malin
d'*attraper* un camarade et de jouir de sa déconvenue. Il est
rare que dans chaque classe on ne rencontre pas un ou deux
élèves qui s'exercent à ce jeu dont les plus naïfs sont toujours
les innocentes victimes. Plus coupable est le mensonge qui a

(1) Thamin. *De puerorum indole*, p. 63.

pour but d'*échapper à une punition méritée* ou *d'obtenir une récompense non gagnée*. C'est de beaucoup le plus fréquent, et, dans certains cas aussi, le plus explicable. Enfin il peut avoir sa source, soit dans l'*orgueil* et dans la *vanité*, soit dans la *jalousie* et la *méchanceté*. Ne pouvant se parer des mérites qu'il possède et des succès qu'il a remportés, l'enfant, volontiers, s'en attribue d'imaginaires, surtout quand, près de lui, sont des parents trop crédules qui ne cherchent jamais à contrôler ses paroles. Un tel moyen de se grandir ne saurait être assurément trop combattu ; mais c'est surtout lorsqu'il est inspiré par la méchanceté et la jalousie, que le mensonge est haïssable et doit être attentivement surveillé, car il peut conduire à la calomnie qui, dans certains cas, est un crime. Aussi convient-il de se rappeler ce sage conseil de Montaigne : « En vérité, dit-il, le mensonge est un maudit vice ; si nous en connaissions l'horreur et le poids, nous le poursuivrions à feu plus justement que d'autres vices. Nous ne sommes hommes et nous ne tenons les uns aux autres que par la parole. » Nous ajouterons qu'il importe d'autant plus de poursuivre le mensonge chez nos élèves, que les habitudes prises dès l'enfance sont les plus profondes et les plus difficiles à déraciner ensuite.

III

Il nous reste à examiner par quels moyens nous pourrons mener à bien cette tâche. Le premier est de ne jamais mentir aux enfants. S'il nous est impossible de répondre aux questions qu'ils nous adressent lorsqu'elles sont trop embarrassantes, mieux vaut encore leur montrer qu'ils sont indiscrets ou trop jeunes pour nous comprendre, que de leur donner des raisons dont ils apercevraient bientôt la fausseté. Avant tout, qu'ils nous voient toujours respecter la vérité et tenir les promesses que nous avons faites. En second lieu, dès que leur raison s'éveille, ne craignons pas de faire appel à leur franchise et à leur loyauté; ne craignons pas non plus de leur montrer tout ce qu'il y a de vil et de bas dans le mensonge et toutes les conséquences fâcheuses qu'il entraîne après lui. Les convaincre est ici facile. L'expérience de chaque jour ne nous fournit-elle pas, en effet, des exemples nombreux et de la plus haute éloquence? C'est à nous d'en profiter habilement afin d'en dégager tout l'enseignement qu'ils comportent. La connaissance des motifs qui les poussent ordinairement à mentir nous est également d'un précieux secours : avec l'espiègle faut-il sévir bien fort? Nous ne le pensons pas, car il serait injuste de le rendre responsable d'intentions qu'il n'a pas ; quelques bons conseils, quelques appels à la bienveillance, faits en temps opportun, voire même quelques avis sévères, dans les cas un peu graves, suffisent d'ordinaire à le guérir de son défaut. Il ne nous semble pas non plus qu'on doive prendre au tragique les ruses d'ailleurs condamnables des enfants qui, pris de court, cherchent à atténuer leur étourderie ou leur paresse. Toutefois, efforçons-nous de leur inspirer assez de confiance pour qu'ils n'hésitent pas à venir franchement nous avouer leur faute, préférant au mensonge même la punition. Est-ce à dire que nous devions pardonner toute faute ainsi dénoncée? Non, sans doute, car alors l'aveu n'aurait plus de mérite, et la pénitence étant trop douce inviterait à recommencer. Avec les vaniteux une rigueur plus grande est nécessaire; mais ici c'est la vanité même qu'il faut attaquer en rappelant les coupables à la modestie, en rétablissant devant tous, à l'occasion, les faits qu'ils ont dénaturés. Quant aux méchants et aux jaloux qui, d'ailleurs, sont plus rares, ils exigent une surveillance de tous les instants ; c'est avec eux surtout qu'il convient d'user de franchise, de générosité, de bonté, si nous voulons les guérir, jusqu'au jour où, constatant que ces moyens n'ont aucune prise, nous aurons recours aux sévérités que le règlement autorise.

Ne pas mentir, cependant, ne suffit pas à ceux qui aiment vraiment la vérité; il leur faut de plus, comme nous l'avons montré, l'affirmer hautement dès que les circonstances l'exigent. Quelques philosophes prétendent même qu'ils doivent l'affirmer toujours. C'est là, par excès de zèle, singulièrement se méprendre sur notre vrai devoir. On ne saurait soutenir, en effet, qu'au nom de la sincérité et de la franchise, nous soyons tenus d'exposer à tout propos nos opinions personnelles, ou même de répondre à toutes les questions indiscrètes des importuns qui nous interrogent. Notre profession, notre intérêt le plus légitime, nous obligent souvent à taire nos impressions et nos projets. Il n'est pas davantage nécessaire, pour être un parfait honnête homme, de dire à tout venant ce qu'on pense de lui. Tout autre était l'avis d'Alceste. On connaît sa querelle célèbre avec Philinte :

> — ... Quoi ! vous iriez dire à la vieille Emilie
> Qu'à son âge, il sied mal de faire la jolie,
> Et que le blanc qu'elle a scandalise chacun ?
> — Sans doute.
>   — A Dorilas, qu'il est trop importun ;
> Et qu'il n'est, à la cour, oreille qu'il ne lasse
> A conter sa bravoure et l'éclat de sa race ?
> — Fort bien.
>   — Vous vous moquez.
>   — Je ne me moque point ;
> Et je vais n'épargner personne sur ce point.

Alceste n'a qu'à demi raison. D'abord, en s'érigeant ainsi en don Quichotte de la vérité et de la vertu, il s'expose bien plus à leur nuire qu'à leur être utile; en outre, dans cette humeur atrabilaire de tous les pourfendeurs de vices, dans ces critiques sans mesure contre tout et contre tous, on craint toujours qu'il n'entre plus d'orgueil fanfaron et d'intolérance jalouse que de véritable vertu. La sagesse consiste plutôt à n'être Alceste que dans les grandes choses, dans celles qui touchent réellement à l'honnêteté et à l'honneur. Sur ce point, une certaine âpreté de caractère est compréhensible et louable; mais pour les choses futiles de tous les jours, ne condamnons pas trop l'humeur égale et facile de l'indulgent Philinte. Nous n'ignorons pas qu'il est difficile de bien faire saisir ces nuances à des enfants, de leur faire parfaitement comprendre quand ils doivent parler et quand ils doivent se taire; mais nous savons aussi, par expérience, que la tâche n'est nullement impossible aux maîtres qui, à la connaissance du caractère de leurs élèves, joignent le tact et le jugement [1].

[1] Sur les moyens d'inspirer aux enfants l'amour désintéressé de l'étude et par suite de la vérité, lire les intéressantes pages de M. Boutroux dans ses *Questions de morale et d'éducation*, p. 78 et suivantes.

CHAPITRE XXIII

L'AMOUR DU JEU

I. L'origine du jeu. Plaisirs qu'il procure et qui hâtent son évolution : plaisir de l'action libre ; plaisir de découvrir en soi des forces qu'on ignore ; hors de soi, les propriétés des choses. Intervention de plus en plus directe de l'intelligence ; l'expérimentation dans les jeux. Pourquoi les jeux plaisent surtout dans la jeunesse. — II. Des jeux en commun : rôle de la sympathie et de l'instinct de domination. — III. De l'amour du risque et de l'attrait du danger. — IV. De l'organisation des jeux : rôle de l'imitation et de l'imagination. Jusqu'à quel point l'enfant est-il dupe de son imagination lorsqu'il joue ? — V. Du jeu chez l'homme. — VI. Conclusion. Importance du jeu.

L'amour du jeu est étroitement uni à l'amour du vrai qu'il développe, et à l'amour du beau qui en est la forme la plus parfaite. De là son importance toute spéciale dans la vie de l'enfant. Les moralistes, il est vrai, n'en voient d'ordinaire que les excès, et, d'une plume acerbe, très souvent le combattent ; les philosophes et les psychologues facilement le dédaignent, réservant pour des sujets plus hauts leurs fines analyses ; — quant aux éducateurs, sauf des exceptions illustres, il est rare qu'ils lui accordent, dans la pratique, du moins, la place qui lui est due : de telle sorte que, ni les uns ni les autres ne lui rendent pleine justice. — Or, nous sommes persuadé qu'il en serait tout autrement, si tous consentaient enfin à l'étudier de plus près afin de le mieux connaître[1].

(1) Karl Groos, dans une remarquable étude qui laisse bien loin derrière elle tout ce qui a été publié sur cette question, aussi bien en France qu'à l'étranger, fait dériver de l'instinct tous les jeux de la période juvé-

I

Sous sa forme primitive le jeu nous apparaît, d'abord, comme une simple conséquence du besoin de mouvement et l'expression la plus saillante de la grande loi du rythme vital. De l'énergie accumulée en nous pendant la période de repos, une partie, comme nous l'avons remarqué déjà, est employée à l'entretien de la vie et à son fonctionnement régulier; c'est grâce à elle que sont réparées l'usure et les pertes subies; que sont rajeunis et ranimés les organes affaiblis. Mais il est rare que dans ce travail, surtout chez les êtres jeunes, robustes, vigoureux, soit utilisée toute la force qu'ils possèdent en réserve. En eux, la sève est si puissante

nile. « Ce n'est pas, dit-il, qu'il existe un instinct général qui pousse au jeu, mais, à un moment où l'occasion d'agir sérieusement ne leur est pas encore fournie, certains instincts se manifestent en vue de l'apprentissage à faire, et ces différents instincts deviennent de la sorte différents jeux. » « Le jeu est donc le fonctionnement des instincts sans motif apparent sérieux... On a *envie de leur donner satisfaction*, et cette envie se renforce en jouant. »
La variété des jeux que recherchent les animaux et les enfants de sexes différents, s'explique en partie par la variété des instincts héréditaires, et en partie par l'intelligence plus ou moins développée qui les accompagne : « Il est à remarquer, en effet, que les instincts qui se manifestent dans les jeux, entraînent des modifications psychiques d'une certaine importance, et que les jeux sont essentiellement en rapport avec le développement intellectuel. » — Quant au rôle des jeux, il est immense : ce sont eux qui préparent l'être vivant à remplir toutes les tâches qui lui incomberont plus tard ; ils lui apprennent « à utiliser le plus parfaitement possible ses propres organes et à devenir maître de son corps ; à exercer un empire complet sur les moyens de locomotion dont il dispose, à atteindre habilement sa proie, à échapper à ses ennemis, à lutter vigoureusement contre ses adversaires. » En un mot, les jeux favorisent le développement de l'intelligence, au détriment de l'instinct qui leur a donné naissance. — « La période juvénile est donc instituée en vue des jeux. Les animaux ne jouent pas parce qu'ils sont jeunes et gais, mais ils ont une jeunesse parce qu'il faut qu'ils jouent. » (*Die Spiele der Thiere*, Iena, 1896, 1 vol. gr. in-8, 359 p. Cf. ch. II.) On verra dans quelle mesure notre explication se rapproche de celle de Gross. — Cf. sur ce même sujet : *Ueber die Reize des Spieles*, de Lazarus (Berlin, 1883) ; *Le développement psychologique de l'enfant*, de Sikorski (Revue philosophique, t. XIX, p. 241, 403, 533); *Il guioco nella psychologia e nella pedagogica*, de Colozza (Turin, 1895) ; *L'âme de l'enfant*, de Preyer (Félix Alcan, éd.) ; *L'évolution intellectuelle de l'enfant*, de Compayré (Hachette, 1893, ch. XII); *La psychologie des sentiments*, de Ribot (ch. X, p. 322).

qu'elle ne saurait ainsi s'épuiser entièrement. Une certaine quantité, quantité souvent importante, reste disponible qui a besoin de se déverser au dehors. De là les mouvements désordonnés de l'enfant, de là ses cris plus ou moins articulés, poussés sans but et sans motif apparents. Il crie pour crier, s'agite pour s'agiter, librement, bruyamment, « pour le seul plaisir ». C'est précisément à cet exercice de l'activité libre, à cette dépense d'énergie en quelque sorte superflue, dépense faite uniquement pour la joie de la faire, sans aucune considérations utilitaire ou morale, que convient le nom de *Jeu*.

Pour bien comprendre comment cette activité évolue et se modifie, quelles formes elle revêt et de quels empiétements elle est capable dans la vie, il suffira d'observer avec soin quelles facultés elle met en œuvre, quels plaisirs elle procure, à quels besoins factices ou naturels, de plus en plus elle satisfait.

Or, ce qui nous frappe en premier lieu, c'est que le jeu procure à l'enfant, même tout jeune, non seulement ce plaisir qui suit, comme le remarque Aristote, le déploiement normal de toute activité, mais encore, cette joie toute spéciale qui *accompagne la découverte d'un pouvoir ignoré*, d'une énergie bien vivante que l'on ne soupçonnait pas en soi. — Ecoutez plutôt le bébé, lorsqu'il est seul, le matin, dans son petit nid, les rideaux entr'ouverts, et que, paisiblement, il gazouille. N'est-il pas évident qu'il se complaît à ce murmure dont il s'enchante ? — Mais voici que, tout à coup, une note différente des autres et plus aiguë se fait entendre : aussitôt, l'enfant s'arrête surpris, comme à l'apparition d'un phénomène inconnu...; puis, promptement rassuré, il reprend son chant, cherche et retrouve la note qui vient de l'étonner, tout heureux de pouvoir la reproduire à satiété et de *savoir qu'il le peut*. — Lorsqu'il commence à marcher et à sauter, ce sont, à chaque instant, des découvertes semblables. A-t-il, volontairement ou non, glissé de sa petite chaise à terre, et le choc qu'il reçoit le laisse quelques secondes interdit ; mais, comme il n'a point souffert et que l'émotion éprouvée est neuve, le voilà qui remonte sur son siège, en redescend, y remonte encore, tout entier à ce nouveau jeu. Le plaisir que lui causent ces surprises, et, surtout, la conscience de sa force et de son adresse qui lui sont ainsi révélées, est si vif qu'il veut le varier et le renouveler le plus possible. Aux exercices réguliers, il préfère les courses folles, les bonds, les cris extraordinaires. En promenade, par exemple, aller d'un pas mesuré est, pour lui, un supplice : la monotonie de la marche le fatigue et l'endort ; aussi, avec quel art, il sait l'agrémenter, tantôt faisant de grandes enjambées comme les hommes, tantôt franchissant d'un élan prodigieux... un microscopique caillou, tantôt allant à pieds joints, tantôt à cloche-pied, en attendant la première occasion favorable d'escalader un tas de pierres ou de monter sur un talus. — Si multiples sont ces jeux qu'ils ne laissent pas un muscle au repos ; chacun d'eux est, pour l'enfant qui s'ignore, comme une révélation de sa puissance. Jouer, c'est donc bien, pour nos bébés, *explorer leurs organes*, se sentir vivre, et, grâce à la joie qui en résulte, tendre vers une vie de plus en plus intense et complète.

Mais le jeu ne procure pas seulement à l'enfant l'occasion de se connaître, il lui procure, en même temps, l'*occasion de connaître les objets qui l'entourent*, d'où une source intarissable d'émotions qui viendront stimuler sans cesse son activité libre. C'est que, pour cet hôte d'hier, tout, dans le monde, est nouveau : il vit au milieu d'une féerie perpétuelle : ses yeux, ses mains, tous ses sens sont à la fois sollicités par les impressions du dehors :

> Tout dans l'immuable nature
> Est miracle aux petits enfants [1],

---

(1) Anatole France. *Le Livre de mon ami*.

et ce sont précisément ces miracles qu'instinctivement, d'abord, volontairement ensuite, ils s'efforcent d'expliquer à mesure que s'éveille leur intelligence et que s'affermit leur réflexion. — Lorsqu'ils tournent et retournent leurs jouets en tous sens, tantôt les portant à leurs lèvres, tantôt cherchant à les briser; lorsqu'ils jettent dix fois de suite à terre le hochet que, dix fois, la mère relève pour le leur rendre; lorsqu'ils font, dans leur bain, plonger et replonger, d'une main un peu fébrile, le cygne qui toujours surnage, c'est aux propriétés mêmes de ces objets qu'ils s'intéressent ; c'est à accroître leur petit savoir qu'ils travaillent, se renseignant ainsi, peu à peu, sur la distance, la résistance, la sonorité, la couleur des choses à leur portée. L'activité organique semble donc, ici, reléguée au second plan; elle n'est qu'un auxiliaire de l'activité intellectuelle, et plus celle-ci est satisfaite, plus le jeu est attrayant.

Dans certains cas même, ce jeu présente tous les caractères d'une *expérimentation* véritable, et c'est alors que le rôle de l'intelligence est tout à fait manifeste. — L'enfant a fait des découvertes, en lui et hors de lui, et ces découvertes lui ont procuré du plaisir, mais, comme s'il craignait, soit d'oublier ce qu'il a appris, soit de s'être trompé, il aime à reproduire les mêmes actes pour voir si les mêmes conséquences en résulteront. Elles sont si fugitives, en effet, la plupart des images venues des sens, qu'à peine formées, elles tendent à disparaître, effacées, d'ailleurs, les unes par les autres; en les faisant renaître, l'enfant les grave dans sa mémoire et rend possible leur comparaison d'où naissent ses premières ébauches de raisonnement. Que de fois ne l'avons-nous pas surpris devant un dessin, un livre, un objet brillant, ouvrant et fermant les yeux tour à tour, à des intervalles rapprochés, comme s'il tenait à provoquer une série d'images successives, propres à se contrôler et à se fortifier ? — De même encore, lance-t-il, pour la première fois, une pierre dans un étang ? S'il remarque les ondes qui, tout à coup, surgissent, fuyant en quelque sorte les unes après les autres, il voudra certainement les voir se reformer, dès qu'elles auront disparu ; et si sa pierre est tombée, non plus simplement dans l'eau, mais au milieu de canetons effrayés, il aura hâte de pouvoir en lancer une seconde, puis une troisième, afin que se reproduise leur envolement précipité.

Chez la plupart des animaux il serait facile de relever beaucoup de faits analogues. Qui n'a pris plaisir, par exemple, à suivre du regard les mouvements si gracieux et si souples du chat qui, prestement, de ses ongles acérés, grimpe à la tapisserie du fauteuil et, du haut du dossier, examine, inquiet, le siège qu'il vient de quitter ; ses rondes fantastiques pour saisir à la volée sa queue empanachée ; ses ruses et ses bonds pour chasser et reprendre le liège qui fuit sur le parquet où se balance à l'extrémité d'un long fil ? Qui n'a remarqué également le lévrier tout jeune qui, une fois en liberté, se replie sur lui-même, saute, entreprend des courses désordonnées à travers prairies et massifs, mordillant la main de son maître, au passage, comme il mordille et les branches des arbres et les cailloux du chemin ? Ne fait-il pas, lui aussi, des expériences, lorsqu'il s'amuse à mettre en fuite les bandes d'oiseaux ou les troupeaux de moutons qu'il rencontre, tout interdit quand, par hasard, un bélier lui tient tête, prêt à livrer bataille ? Nul doute qu'à tous ces exercices nos joueurs ne prennent un plaisir extrême et que ce plaisir ne soit dû, non seulement au déploiement normal de leur activité, mais surtout à la découverte, en eux et hors d'eux, de propriétés et d'énergies jusqu'ici insoupçonnées.

D'où vient maintenant que les jeux dont nous avons parlé, et principalement les jeux physiques, n'ont ordinairement de charme que dans les premières années de la vie ? De ce que, sans doute, dans l'enfance, la sève est plus abondante et plus débordante ; mais aussi de ce que les préoccupations utilitaires et morales ne viennent pas la dériver à leur profit. En outre, à un âge plus avancé, ces jeux ne conduisent plus guère à d'intéressantes découvertes, tous nos pouvoirs nous étant connus ou à peu près, tous les mouvements possibles de l'organisme ayant été expérimentés. Quant aux jeux où l'activité de l'esprit est plus directement engagée, ils ne conservent leur attrait, même pour nos bébés, que s'ils se renouvellent. L'attention soutenue, en effet, les fatigue; les mêmes efforts, en se répétant, les épuisent; il leur faut de l'inédit, de l'imprévu et, comme tout, autour d'eux, les sollicite, leur esprit constamment en éveil aime à sauter d'un objet à l'autre, semblable à l'oiseau qui saute de branche en branche, sans s'appuyer longtemps sur aucune.

II

Lorsque l'enfant, au lieu de jouer seul, joue avec des camarades de son âge, beaucoup plus vive est sa joie et beaucoup plus durable. C'est qu'alors, en vertu des lois bien connues de l'imitation et de la contagion physiques et morales, le plaisir des uns se reflète, en quelque sorte, sur le plaisir des autres, et toutes leurs activités en éveil mutuellement s'échauffent et s'enflamment. Au plaisir déjà très complexe que nous avons analysé, s'ajoute ici un plaisir d'ordre nouveau, un *plaisir social;* et, à l'amour du moi, consciemment ou inconciemment, se mêle l'amour d'autrui. Ainsi s'expliquent cette fleur de gaîté que nous aimons à admirer dans nos réunions d'enfants; la joie communicative qui s'en dégage; l'impatience de tous ces petits lutins, dès qu'ils se trouvent ensemble, à organiser leurs jeux favoris; leur entrain, leur ardeur infatigables à les poursuivre de longues heures durant. Ils vivent bien, en ces moments de liberté, d'une vie plus complète qu'à l'ordinaire, et, aussi, d'une vie plus impersonnelle. On dirait que leurs émotions agréables se fondent, en s'exaltant, et se renouvellent sans cesse, toujours plus attirantes et plus fraîches. Lorsqu'ils ont goûté le charme de ces jeux en commun, il est rare que nos bébés ne se détachent pas des autres. Ils éprouvent le même besoin de jouer qu'autrefois, mais de jouer avec des amis qui les stimulent, les entraînent, agissent, pensent, luttent avec eux. C'est pourquoi, si les compagnons de leur âge font défaut, ils s'ingénient à en créer qui les remplacent. Ils s'adressent, d'abord, aux animaux, à ceux qu'ils jugent les plus aptes à les comprendre et qui leur ressemblent le plus. Quelles belles parties de courses, plusieurs d'entre nous se rappellent, avec le gros chien de la maison qui savait si bien lire dans notre regard, deviner nos pensées, et, docilement, se prêter à nos plus étranges caprices! Enfin, si ces compagnons, à leur tour, manquent, l'enfant n'a plus qu'une ressource, c'est d'animer, par l'imagination, les objets familiers qui l'entourent, de leur prêter la vie, le sentiment et la raison, et c'est ce qu'il fait aussitôt. Ainsi se peuple sa solitude et le jeu lui redevient agréable...

Ce qui contribue puissamment à rendre les jeux en commun si séduisants pour tous, c'est, outre l'instinct de sociabilité, qui se rencontre chez tous les vivants, l'*instinct de domination* qui ne peut guère s'en séparer. Gardons-nous de croire, en effet, que, dans leurs réunions, l'individualité de nos joueurs complètement s'efface. Si elle semble disparaître, un instant, dans le feu de l'action, elle ne tarde pas à reparaître et à s'affirmer, à s'affirmer même parfois avec une autorité singulière. C'est que chacun sent bien vite s'éveiller en lui le secret désir de vaincre et de surpasser ses amis qui deviennent des rivaux. Tout à l'heure le jeu leur fournissait l'occasion de constater qu'ils étaient forts, adroits, intelligents; maintenant il leur fournit celle de constater s'ils sont *plus* intelligents, *plus* adroits et *plus* forts; or, rien n'enivre

comme cette joie toute spéciale que donnent le triomphe
dans la lutte et l'espoir de triompher encore. L'influence de
ce mobile est déjà manifeste chez les animaux. Lorsqu'ils
jouent entre eux, il ne leur suffit pas de courir, ils veulent
arriver au premier rang; de se poursuivre, ils veulent se
dépasser; de lutter, ils veulent avoir le dessus, et si le même
est toujours battu, il n'est pas rare que, mécontent, il abandonne la partie. Nos bébés, grands et petits, n'agissent pas
autrement. Quelles discussions souvent passionnées s'élèvent
pour savoir qui, des joueurs, remplira le rôle de conducteur
ou celui de général; qui commandera en maître, investi d'une
autorité provisoire, à ses camarades dociles et soumis?
Quelles discussions encore pour savoir si, vraiment, à la
course, tel champion a bien touché le but; au jeu de billes, si
le gagnant n'a pas enfreint les règles établies? Dans les jeux
où l'esprit a une plus large part, dans les charades, par
exemple, n'est-ce pas à qui aura le plus beau rôle, à qui atti-
rera le plus l'attention, à qui obtiendra le plus d'éloges?
Ainsi ce petit monde nous offre déjà l'image raccourcie du
grand, avec ses petites intrigues, ses petites ruses de guerre
et ses petits mensonges; mais ici, heureusement, tout se ter-
mine d'ordinaire, par une réconciliation générale. Pour celui
que la chance favorise ou que sa force et son adresse mettent
fréquemment en relief, le jeu offre bientôt un attrait irrésistible, surtout lorsque le triomphe n'est pas trop facile, et
qu'il exige une lutte assez vive contre des rivaux sérieux.
Pour celui au contraire, qui ne se distingue jamais, ou qui
n'obtient que des rôles effacés, le jeu devient vite une fatigue,
un ennui, quelquefois même une peine. Cette loi, cependant,
n'est point sans exception. Parmi nos enfants, — comme
parmi les hommes encore, — il s'en trouve, en effet, qui,
bonnement, simplement, sans rancune, acceptent volontiers
tous les emplois qu'on leur laisse. C'est avec la même bonne
grâce placide qu'ils feront la manœuvre, en simples soldats,

ou qu'ils porteront sur leur dos le cavalier qui les conduit; ceux-là sont peut-être les plus sages; ils feront le bonheur des autres dans la vie.

III

Les analyses qui précèdent nous aideront à comprendre l'intervention dans nos jeux d'un autre facteur trop souvent négligé : *l'amour du risque* ou *l'attrait du danger*. — « L'homme disait Charron, entreprend sans cesse et remue besogne nouvelle; il est constamment agité de soins et pansements, non seulement inutiles et superflus, mais espineux, pénibles et dommageables. » Or, sur ce point, il semble bien que l'enfant ressemble à l'homme, et nous pourrions presque ajouter l'animal à l'enfant. Les soins superflus ajoutés aux soins utiles ne suffisent pas à occuper toute leur énergie; ils aiment encore « les soins espineux », le danger les séduit, le risque à courir les attire.

Pour montrer jusqu'où peut aller cet amour du risque chez les animaux, qu'il nous suffise de reproduire ce curieux récit d'un voyageur au Cambodge : « Une troupe de singes vient-elle à apercevoir un crocodile, le corps enfoncé dans l'eau, la gueule grande ouverte afin de saisir ce qui passera à sa portée, ils semblent se concerter, s'approchent peu à peu et commencent leur jeu, tour à tour acteurs et spectateurs. Un des plus agiles, ou des plus imprudents, arrive, de branche en branche, jusqu'à une distance respectueuse du crocodile, se suspend par une patte, et, avec la dextérité de sa race, s'avance, se retire, tantôt allongeant un coup de patte à son adversaire, tantôt feignant seulement de le frapper. D'autres, amusés par ce jeu, veulent se mettre de la partie; mais les autres branches étant trop élevées, ils forment la chaîne en se tenant les uns les autres suspendus par les pattes; ils se balancent ainsi, tandis que celui qui se trouve le plus rapproché de l'animal amphibie le tourmente de son mieux. Parfois, la terrible mâchoire se referme, mais sans saisir l'audacieux singe ; ce sont alors des cris de joie et des gambades ; mais parfois aussi, une patte est saisie dans l'étau et le voltigeur, entraîné sous les eaux avec la promptitude de l'éclair. Toute la troupe se disperse alors en poussant des cris et des gémissements ; ce qui ne les empêche pas de recommencer le même jeu quelques jours, peut-être même quelques heures après [1]. »

Observons maintenant nos enfants : grand-père a gravement posé sur son genou sa main toute large ouverte et bébé prend son élan. — Il faut frapper, mais frapper sans se laisser prendre ; aussi que de ruses, que de feintes !..... La menotte potelée échappe-t-elle à la grosse main qui se referme..... trop tard, et la joie éclate bruyante, et le rire de bébé s'égrenne en notes vives et perlées. La menotte est-elle saisie, et bébé est tout confus. — Voyez encore sur le parquet de la chambre maître bébé et son chat, l'un avançant le doigt, l'autre avançant la patte ; l'un excitant et provoquant l'autre ; bébé a peur d'être griffé, minet a peur d'être pris. Tous les deux savent bien que le danger n'est pas très grave, mais il y a danger, il y a risque à courir ; la patte prise est souvent serrée un peu fort, et le doigt se retire parfois avec une estafilade ; mais il est bon de chercher à y échapper, de se *risquer*, et c'est pourquoi l'on joue.

Plus vive encore est l'émotion, plus vif aussi est l'attrait, lorsqu'on a signalé le danger à l'enfant et lorsqu'on lui a défendu de s'y exposer. Nous ne laissons échapper aucune occasion de lui rappeler, par crainte des chutes graves, qu'il ne doit point courir aux versants des fossés, grimper aux arbres et aux échelles, marcher sur les parapets, et, dès qu'il se sent libre de notre surveillance importune, il se hâte d'en-

---

(1) Cité par Guyau. *La morale sans obligation ni sanction.* Félix Alcan, éd.

THOMAS. L'éducat. des sentim.

freindre nos recommandations trop prudentes. — Nous savons combien il aime à visiter, avec son père, les animaux du Jardin des Plantes ou quelque ménagerie de passage. Or, dans ces ménageries, défense formelle est faite à tous les visiteurs d'exciter les prisonniers en cage; le père en a informé son fils, ajoutant même, pour plus de sûreté, quelque menace à ses conseils. Détourne-t-il la tête, et notre imprudent espiègle de glisser aussitôt son bâton à travers les barreaux, heureux s'il peut faire bondir vers lui et gronder le lion ou la panthère. L'idée seule du danger qu'il fait naître et qu'il brave ainsi, lui cause un délicieux frisson Ce frisson, cette joie de la peur ont une telle séduction pour nos bébés qu'ils les recherchent par tous les moyens. « Louisette, nous raconte Paul Marguerite, en parlant d'une de ses petites amies, Louisette disait à son camarade Gontran : — Attends, tu vas te cacher et me faire bien peur », et elle frissonnait à l'idée qu'une main pouvait lui happer le pied, le soir, quand elle grimperait dans son lit. » — Ce qui plaisait le plus à beaucoup d'entre nous, quand nous étions à l'âge de Louisette et de Gontran, et quand, dans nos jardins féeriques, nous jouions les rôles de Robinson, du Petit Poucet ou de Barbe Bleue, n'était-ce pas d'affronter les dangers que créait notre imagination, et au-devant desquels nous nous avancions avec une crâne bravoure ?

Et pourquoi ce plaisir, pourquoi cet attrait ?

Ils s'expliquent en grande partie par ce simple fait que l'acte dangereux, périlleux, avec la part d'inconnu qu'il renferme, offre à notre activité l'occasion de se dépenser et de se dépenser sans but précis, simplement, « pour voir ». Il nous est agréable de sentir en nous le pouvoir de disposer de notre énergie, d'entreprendre du nouveau, d'explorer l'inexploré ; de nous mesurer avec des ennemis réels ou fictifs, d'affirmer notre force, notre adresse, notre personnalité.

Désobéir même n'est-ce pas s'opposer à autrui, attester son

indépendance, se prouver à soi-même et aux autres qu'on est libre ? Ces raisonnements un peu subtils, nos bébés, évidemment, ne les sauraient formuler, mais nul doute qu'ils ne les fassent. Ils n'analysent pas, comme nous, ils ne dissèquent pas leurs sentiments et leurs pensées, car tout se produit dans le demi-jour d'une conscience naissante, mais ces sentiments et ces pensées doivent être beaucoup moins simples, en réalité, que nous le supposons d'ordinaire. Ce qui est plus probable, comme le soutient Wundt, c'est que la plupart d'entre eux, sinon tous, ne sont que des résultantes de jugements plus ou moins complexes et de raisonnements inconscients [1].

IV

Examinons maintenant comment l'enfant procède dans l'organisation de ses jeux, et par quels moyens il arrive, en les variant sans cesse, à se procurer toujours quelque émotion nouvelle.

Le premier des moyens auxquels il a recours est l'imitation. Il s'imite d'abord lui-même, comme nous l'avons montré : il s'imite en reproduisant un cri qu'il a spontanément poussé ; il s'imite en refaisant les exercices qui, déjà, lui ont causé quelque surprise, accompagnée de plaisir. — Il imite en même temps les autres. Voit-il écrire et il veut écrire ; entend-il chanter et il chante, comme il pleure avec ceux qui pleurent. Dans ses jeux se reflètent, même avec leurs défauts, les milieux où il grandit. Lorsqu'ils habitent une garnison, c'est au soldat de préférence qu'aiment à jouer nos bébés, et c'est merveille de les voir, ces guerriers à jambes courtes et à

---

[1] Aux différents plaisirs dont l'analyse nous a révélé la présence, dans l'amour du jeu, il faudrait, pour être complet, ajouter l'*émotion esthétique*, qui, dans certains cas, vient stimuler notre activité et en diriger les manifestations extérieures. C'est sous l'influence de cette émotion que l'homme a créé l'art ; mais alors le jeu revêt des caractères tout spéciaux, dont nous nous occuperons plus tard. (Cf. ch. *De l'amour du beau*.)

pantalons fendus, présentant les armes, ou chevauchant, sans trembler, leur bâton devenu quelque fringant coursier. — Son père est-il fumeur, et Bébé prend plaisir à le singer en cachette, comme sa sœur prend plaisir à imiter leur mère, en berçant sa poupée. Remarquons toutefois que les personnes qu'ils cherchent à imiter surtout, ce sont les personnes qu'ils aiment le mieux et qui leur paraissent supérieures en intelligence et en force. Se modeler sur elles, n'est-ce pas se grandir, faire effort pour acquérir des qualités qu'on n'a pas encore, se faire illusion à soi-même sur sa propre valeur? Et ici nous voyons reparaître cet instinct dont nous avons parlé et qui nous porte à nous rehausser à nos propres yeux et à vouloir dominer. — Enfin, l'enfant n'imite pas seulement dans ses jeux ce qu'il a vu et directement perçu, il imite encore tous ceux dont il a lu ou dont on lui a raconté l'histoire. Il imite Charlemagne, il imite Napoléon, il imite Robinson Crusoé.

Après avoir étudié la *Vie des Saints*, Pierre Nozière, comme autrefois Bernardin de Saint-Pierre, ne rêve que prières et mortifications, et son plus ardent désir est de se faire ermite, au Jardin des Plantes[1]. Qui de nous ne se rappelle quelque projet aussi sage, formé dans son enfance? — C'est alors qu'apparaît cette inspiratrice par excellence de tous les jeux, cette magicienne incomparable qu'on appelle l'Imagination.

Grâce à l'imagination, le jeu transforme bientôt l'imitation en création. En effet, il est rare que l'enfant se borne à reproduire simplement ce qu'il voit faire ou ce qu'il entend dire : il brode sur ces données de l'expérience, combine, invente, exagère, transfigurant tout, animant tout, dramatisant tout. L'univers devient, pour lui, un immense théâtre où la poupée converse avec l'ogre; où tout les objets, même les plus vulgaires, sont d'infatigables acteurs. J'ai un petit ami qui,

---

(1) Anatole France. *Le Livre de mon ami.*

chaque jour, fait la classe aux animaux de sa ménagerie, interroge avec le sérieux d'un vieux maître, le lion, l'éléphant et le singe sur les déclinaisons latines ; donne des notes à chacun d'eux, et forme des vœux très sincères pour le succès de ses élèves. Maintes fois nous croyant, à tort, sans doute, plus sages que lui, nous nous sommes efforcés de lui montrer la vanité de ses efforts. Il ne nous a pas compris. C'est cette aptitude à dramatiser les jeux que caractérise si bien Anatole France, dans ce dialogue sténographié qu'on nous permettra de reproduire : « Mlle Yvonne reçoit ses poupées. C'est son jour... Elle parle pour ses visiteurs aussi bien que pour elle-même. Elle fait les demandes et les réponses. — Comment allez-vous, Madame ? — Très bien, Madame. Je me suis cassé le bras en allant chercher des gâteaux ; mais c'est guéri. — Ah ! tant mieux ! vous prendrez bien une tasse de thé avec de la crème. — Avec du lait, si cela ne vous fait rien, parce que le lait c'est naturel, et la crème, les cuisinières la font dans un petit pot. Et elles y mettent des choses ! — Et comment va votre petite ? — Elle a la coqueluche. — Ah ! quel malheur ! Elle tousse ? — Non ; c'est une coqueluche qui ne tousse pas. — Allez-vous au théâtre ? — Tous les soirs. — J'étais hier à l'Opéra, mais Polichinelle n'a pas joué parce que le loup l'avait mangé. — Moi, Madame, je vais au bal tous les jours. — C'est bien amusant. — Oui, je mets une robe bleue et je danse avec des jeunes gens. Ils sont très polis, surtout les colonels... » Et la fillette poursuit ainsi son dialogue en zigzag, tout aussi affairée que sa maman elle-même dans son salon. — Que l'on ne dise donc plus que toutes les fées sont mortes : c'est là une grosse erreur ! Elles vivent encore, tout aussi ingénieuses et tout aussi puissantes que par le passé ; seulement, c'est dans l'âme et dans l'âme seule de nos bébés qu'aujourd'hui elles habitent. — Pendant que Petit-Pierre, les pieds dans le sable, entasse péniblement, de ses mains malhabiles, la boue et le gravier, nous n'apercevons, nous, qu'un abominable mortier, sans solidité et sans grâce. Pour Petit-Pierre qui sait voir ce que nous ne voyons pas, qui vit dans un monde où nous ne pénétrons plus, c'est un beau château-fort qui se dresse devant lui ; ici sont les meurtrières, là sont les créneaux, à droite les soldats qui se défendent, à gauche les ennemis qui attaquent..; puis, la bataille commence, les pans de muraille se détachent et tombent, la lutte s'anime de plus en plus et, finalement, il ne reste que des ruines !.. Tout cela, Petit-Pierre l'a contemplé ; tout ce drame, il l'a vécu, et, sur son visage animé, on aperçoit encore les traces de son émotion.

Dans ces fictions et dans ces jeux, il est deux faits qui plus spécialement nous frappent. Le premier est l'habileté de nos bébés à saisir, parfois même à créer, des analogies lointaines entre les phénomènes du monde sensible et ceux du monde moral. C'est grâce à cette habileté qu'ils personnifient les qualités et les défauts, les vices et les vertus, soit dans les animaux qu'ils connaissent, soit dans des êtres imaginaires, et qu'ils savent interpréter, à leur manière, les contes, les fables et les allégories dont la moralité véritable est plus ou moins dissimulée. — Le second est cette sorte d'intuition soudaine qui leur fait immédiatement entrevoir les moyens les plus sûrs d'atteindre le but qu'ils poursuivent. De là, ces adroites ruses qui leur assurent le succès dans la lutte ; de là, tous ces procédés ingénieux pour varier leurs amusements et réaliser leurs projets. Ce sont précisément ces qualités qui, en se développant plus tard, formeront des ouvriers industrieux, peut-être des écrivains ou des inventeurs de génie.

Il resterait à se demander jusqu'à quel point l'enfant est dupe des fictions qu'il imagine et des drames qu'il crée ; mais qui pourrait dire ici où, pour lui, se séparent la réalité et le rêve, l'illusion et la vérité ? N'est-ce pas précisément de l'impuissance où il se trouve de les distinguer nettement, que naît cet invincible attrait qu'il ressent pour le jeu ? Les notions qu'il a des choses sont encore si vagues, si confuses et si imprécises; il a si peu vécu et si peu comparé, que la plupart des images ont à ses yeux même valeur, ayant même intensité : de là l'extrême liberté dont il jouit. Il joue avec les représentations que lui fournit sa mémoire, comme il joue avec celles que lui fournissent les sens, les mêlant, les confondant, formant de leur union les conceptions les plus étranges, sans que l'expérience acquise et la raison puissent intervenir pour protester trop haut. Elles protestent d'autant moins, qu'il n'a du temps et de la durée qu'une conscience très imparfaite; le passé existe si peu, en effet, pour nos enfants toujours impatients d'agir et de connaître, et sollicités sans cesse par des sensations nouvelles ! De telle sorte qu'ils semblent vivre aux confins d'un monde réel et d'un monde imaginaire, ne sachant jamais au juste sur lequel des deux le caprice les emporte et parfois les égare. — Dans son berceau bien douillet la fillette avec soin dépose sa poupée pour qu'elle puisse, comme elle, se reposer la nuit, mais croit-elle à ce sommeil ? — Qui le sait ? Ce qu'il y a de certain, c'est que le jour où elle n'y croira plus du tout, ce jeu cessera de lui plaire.

V

Jusqu'ici nous nous sommes bornés à étudier le jeu chez l'enfant ; or, il serait facile de se convaincre que, chez l'homme, il revêt les mêmes caractères, répond aux mêmes besoins, et, nous pouvons ajouter, donne naissance aux mêmes défauts.

Beaucoup de jeux, sans doute, recherchés des enfants, n'ont plus d'attrait pour nous et nous en connaissons les raisons principales : mais parmi ceux qui nous plaisent encore, analysons l'un des plus connus, et voyons par quel charme il nous appelle et nous retient. Soit le jeu d'échecs par exemple. Pourquoi compte-t-il toujours tant de fervents de tout âge? Les hommes le recherchent, d'abord s'ils sont oisifs, parce qu'il leur fournit l'occasion d'occuper leur temps et de sortir enfin de l'indolence qui leur pèse. Jouer, en effet, c'est agir, c'est se procurer des émotions et se donner au moins l'illusion de la vie. Ce besoin de se sentir vivre et d'être ému est, d'ailleurs, si profond que nous préférons encore des émotions pénibles à la torpeur de l'inaction. Si les hommes, au contraire, sont des laborieux chargés d'occupations nombreuses, ils recherchent le jeu parce qu'il les délivre de leur soucis forcés, les repose de leurs fatigues, leur rend, enfin, la liberté. Ainsi s'explique que des sages eux-mêmes aient cru bon, dans leur vie, de faire au jeu sa place. Ne savons-nous pas que Kant, entre deux chapitres de ses *Critiques*, trouvait aux parties d'hombre un plaisir des plus vifs, et que, chaque soir, Hegel, jouait avec ses amis? Ainsi s'explique encore pourquoi le jeu n'est agréable que s'il est désiré : dès qu'on nous l'impose, il devient une peine; au lieu de reposer, il lasse; au lieu de distraire, il ennuie. — Les hommes aiment aussi le jeu non seulement parce qu'il leur permet de s'exercer pour s'exercer, de tenter des expériences et des combinaisons nouvelles, mais parce qu'ils espèrent l'emporter dans la lutte, et se montrer à la fois les plus habiles et les plus forts. Jouent-ils simplement « pour l'honneur », le succès les réjouit, la défaite les irrite, et cette irritation devient parfois si forte qu'elle éclate au dehors et revêt tous les traits d'une incompressible colère. — Ils aiment à jouer encore à cause des surprises et de l'imprévu qu'ils attendent, à cause du hasard qu'ils affrontent ; qui peut prévoir celui que favorisera la chance? Il y a donc un risque à courir, et lorsque le jeu est intéressé, ce risque est parfois des plus graves ; c'est alors que le joueur s'anime et s'exalte, entraîné par une véritable passion. Remarquons bien, cependant, que ce qui le séduit et l'enivre, dans ce cas, c'est moins le gain lui-même que le sentiment très complexe dû à l'espoir de l'obtenir et à l'angoisse de le perdre, et la preuve qu'il en est réellement ainsi, c'est que tout autre moyen beaucoup plus sûr et plus prompt d'accroître sa fortune, le laisserait peut-être froid et indifférent; pour le vrai joueur le gain n'est donc, en définitive, qu'un stimulant énergique propre à rendre le jeu plus désirable et plus désiré. Celui que le gain seul occupe, ne saurait prétendre qu'il joue, au sens rigoureux du mot ; il exerce un métier, et encore un des moins estimables et des plus dangereux. Enfin, il est un dernier fait dont nos explications rendent compte, c'est de la superstition naïve de tant de joueurs acharnés. Ils sont plus nombreux qu'on ne le pense ceux qui, avant de fuir vers la salle de jeu, ajoutent foi aux présages, ou soigneusement dissimulent quelque fétiche porte-bonheur. Ont-ils frôlé du coude quelque pauvre bossu, trouvé une médaille, vu quelque moucheron au globe de leur lampe, et ils vont tout heureux, confiants dans le succès ; ont-ils vu, au contraire, sur le mur de leur chambre quelque araignée bien noire, ou entendu le cri d'une seule corneille, et, d'avance, ils se croient battus. — Or, cette foi superstitieuse, illogique, insensée, n'est-elle pas dans l'homme mûr, comme une survivance de l'enfant qui autrefois croyait, lui aussi, aux fées et aux talismans ? Et combien elle était plus raisonnable, plus poétique surtout, cette croyance de nos bébés, et combien ses magiciennes étaient plus sages que les puissances vagues et inconnues qu'invoquent les joueurs ! — L'homme, comme on le voit, reste donc toujours enfant par certains côtés, même quand la raison lui dit qu'il gagnerait à ne plus l'être.

Si telle est bien la nature du jeu, on comprend aisément qu'il ait pu rencontrer des apologistes qui l'exaltent et des critiques qui le combattent. — Lorsqu'on l'étudie, surtout chez l'homme, ce qui frappe, d'ordinaire, ce sont ses déviations et ses excès. Trop souvent, il devient pour nous un simple moyen de satisfaire notre besoin d'émotions violentes, notre amour du gain, notre instinct de domination ; trop souvent, il nous détourne de nos devoirs les plus impérieux pour absorber à son profit toute notre attention et tous nos soins. Dans ce cas évidemment il légitime toutes les accusations dont, chaque jour, il est l'objet. — Mais il en est tout autrement lorsqu'on l'étudie chez nos enfants. N'est-ce pas grâce au jeu, en effet, suivant la belle expression de Frœbel, « qu'ils s'épanouissent en joie, comme s'épanouit la fleur, » et que peu à peu éclosent, se développent et s'affermissent toutes leurs facultés ? — Comme nous l'avons constaté, c'est en jouant, surtout, qu'ils font l'apprentissage et de leurs forces physiques et de leurs forces morales ; qu'ils développent en eux la souplesse, l'agilité, la précision ; qu'ils travaillent, en un mot, à l'éducation de leurs sens et de leur esprit. — C'est en jouant, encore, qu'ils se forment le caractère, qu'ils acquièrent de l'audace, de la prudence, du sang-froid, — qu'ils s'habituent à agir par eux-mêmes et à bravement accepter les conséquences de leurs actes. — C'est en jouant, enfin, qu'ils s'initient aux difficultés de la vie sociale, leur volonté étant sans cesse en lutte avec d'autres volontés, leurs caprices avec d'autres caprices. Aussi nous paraissent-ils les plus sages, les amis de nos enfants qui soutiennent que le jeu, — lorsqu'il reste libre et désintéressé, et lorsqu'il laisse sa place au travail, — « ne doit pas être considéré comme une chose frivole », mais bien comme une chose sérieuse entre toutes, car, plus qu'aucune autre, il contribue à donner à la société ce dont elle a tant besoin : des hommes de bonne humeur, « épris d'action, des âmes ouvertes à la joie de vivre [1] ».

---

[1] « Jouer, dit M. Pécaut, l'un des éducateurs qui ont défendu avec le plus de force et d'autorité la cause que nous défendons ici nous-même, — c'est autre chose que dépenser une certaine somme de mouvements et qu'exercer un certain nombre de muscles pour produire de l'acide carbonique en absorbant de l'oxygène. Il y a, par de là cette physiologie, quelque chose d'infiniment précieux, à savoir : l'expansion joyeuse, libre, spontanée ; la joie de vivre et de se détendre ; je ne sais quel épanouissement actif et heureux de la plante humaine au printemps de la vie. »

CHAPITRE XXIV

L'AMOUR DU BEAU

Le sentiment du beau a sa source dans une activité de jeu. — I. A quelles conditions les sons, les couleurs, les mouvements et les formes nous paraissent beaux. Du rythme et de l'harmonie. — II. Causes objectives et subjectives de l'émotion esthétique. Des différentes sortes de beautés : physique, intellectuelle et morale; leurs rapports. — III. Effets du beau sur l'esprit. L'art. — IV. Nécessité de développer l'amour du beau. Par quels moyens on y réussit.

Le sentiment du beau a sa source première dans l'expansion naturelle de notre activité libre, quand celle-ci dépense son surcroît d'énergie pour l'unique plaisir de la dépenser et d'agir. Dès que surgissent en nous des préoccupations étrangères, utilitaires et morales, il s'efface et s'évanouit. Aussi est-ce avec raison que l'on voit d'ordinaire, dans l'émotion esthétique et dans l'art qui la traduit, le résultat d'un jeu d'un ordre supérieur où notre âme se dilate, s'élève, s'ennoblit, et dont l'analyse permet d'entrevoir, sinon de formuler d'une manière scientifique, les conditions essentielles. Examinons donc comment s'éveille peu à peu dans l'esprit l'amour de la beauté et comment il s'y affermit.

I

S'il faut en croire la légende, la musique est le premier des arts qui ait charmé les hommes ; c'est aussi le premier qui charme nos enfants. Or, d'où vient cet attrait qu'elle exerce sur tous ? Pour qu'un son paraisse beau, il faut, avant toute autre chose, qu'il frappe, sans l'irriter, l'organe de l'ouïe, qu'il l'excite sans le fatiguer. Mais, tant qu'il agit seul, nous n'éprouvons encore qu'une sensation agréable ; que d'autres sons, au contraire, régulièrement s'élèvent à proches intervalles, provoquant à leur tour d'autres plaisirs analogues, et aussitôt naît dans l'esprit un sentiment nouveau : le sentiment du *rythme*, de l'accord, de l'harmonie qui est comme l'aurore du sentiment du beau. Ce sentiment, nous le trouvons déjà chez les enfants tout jeunes qui se calment et sourient au doux bruit des berceuses ; nous le trouvons également chez tous les peuples primitifs : ce qui plaît aux uns et aux autres, ce sont les chants très simples, aux notes peu nombreuses, à la cadence très marquée. Puis, quand l'intelligence s'est ouverte ; quand, sous l'influence de l'habitude, l'organe est devenu plus souple, plus délié, plus habile à saisir entre les sons des nuances délicates, ils exigent des gammes de plus en plus étendues, des rythmes plus variés, de plus riches accords : ce qui naguère les charmait, maintenant les lasse et les endort. C'est pourquoi la musique sans cesse se transforme à mesure que le corps et l'esprit s'affinent, et devient toujours, conformément aux lois de l'évolution des êtres et des choses, plus complexe, plus hétérogène et plus une.

Ces mêmes remarques s'appliquent aux couleurs, aux mouvements et aux formes que la vue nous révèle.

Tant qu'une seule couleur, un seul point brillant, sollicitent et fascinent le regard, sans le blesser par leur éclat, le plaisir qu'ils occasionnent est purement sensible ; pour qu'à ce plaisir s'ajoute le sentiment de la beauté, il est nécessaire que d'autres points lumineux et colorés fassent impression sur nous. C'est qu'alors de leur action successive ou simultanée résulte, comme tout à l'heure, une sorte d'état complexe harmonieux et *rythmique*. Il en est, en effet, des couleurs comme des sons ; les unes s'appellent et se complètent, les autres se fuient et s'excluent. Si, dans un tableau, les couleurs dont l'intensité est très vive occupent une trop large place, l'excitation qu'elles provoquent nuit infailliblement à l'émotion esthétique; il en est de même quand sont trop rapprochées des nuances qui se repoussent. C'est là ce que les artistes du moyen âge ont si bien compris, eux qui ont su, par la distribution des couleurs, obtenir de merveilleux effets en attribuant toujours au jaune, au rouge et au bleu, dans leurs toiles, un espace proportionné à leur valeur colorante [1]; c'est à cette loi que semble se soumettre la nature elle-même, cette artiste par excellence, lorsqu'elle fait la répartition des trois couleurs élémentaires, prodiguant les fleurs jaunes sur nos coteaux et dans nos prairies, se montrant avare de fleurs bleues, surtout de celles dont l'intensité du bleu va jusqu'à la dureté, et plaçant entre elles le rouge qui donne des nuances variées à l'infini, des nuances qui vont « de la chair au violet en passant par les roses les plus doux et les pourpres les plus somptueux ». Toutefois, pour que ce groupement de couleurs produise, comme le groupement des sons, un sentiment esthétique appréciable, il faut que, du milieu d'elles, se dégagent une ou plusieurs « dominantes » qui concentrent l'attention, qui unifient, pour ainsi dire, nos émotions multiples et en fassent ressortir l'harmonie. Enfin, à mesure que le sens de la vue devient plus apte à discerner les couleurs et l'esprit à les interpréter, la peinture évolue comme la musique et s'éloigne de sa simplicité primitive. Notre besoin d'impressions toujours plus vives et toujours plus variées en arrive même parfois à revêtir un véritable caractère maladif; c'est alors que l'art se corrompt et se vicie.

Les mouvements, ont, eux aussi, leur beauté. Ne sont-ils pas, d'ailleurs, l'expression et la traduction naturelles de l'expansion libre ou pénible de notre activité? C'est pour-

---

[1] Cf. Viollet-Leduc. *Dictionnaire d'architecture.*

quoi nous jugeons beaux ceux-là seuls qui paraissent faciles et *rythmiques*. L'enfant qui, rendu à la liberté, dépense son énergie en bonds désordonnés, n'éprouve assurément, en agissant ainsi, aucune émotion esthétique, mais que ces mouvements se produisent avec un certain ordre, en cadence, et il cherche à les reproduire ; il éprouve à ce balancement inattendu, un plaisir insoupçonné jusqu'ici. De là la danse, qui est probablement aussi ancienne que la musique. Et quelles sont les danses que les enfants et les peuples primitifs préfèrent? Les rondes, les farandoles, c'est-à-dire toutes celles qui ramènent périodiquement, régulièrement, les mêmes attitudes et les mêmes gestes. D'autres causes, plus tard, viendront, sans doute, s'unir à cette cause première, fortifier et modifier l'amour de ce nouveau jeu, mais nul doute qu'il n'ait son origine dans le plaisir qu'occasionne le développement rythmique de la vie qui est en nous.

Quant aux formes, nous les apprécions par les mouvements eux-mêmes dont elles ne sont, en définitive, que le tracé idéal. Ce tracé, nous le parcourons du regard, dès que l'œil en reçoit l'image, et les imperceptibles mouvements qu'alors il fait naître, par une sorte de sympathie instinctive, sont la cause initiale de l'émotion que nous ressentons. C'est ainsi que les lignes droites, qui expriment en général la tension et l'effort, nous semblent dépourvues, prises en elles-mêmes, de caractère esthétique ; tandis que nous sommes charmés par la courbe qui ondule et semble représenter une énergie qui se déploie librement et sans peine. A suivre les premières, l'œil bientôt se fatigue ; il joue en suivant les secondes. De la combinaison de ces lignes, même des lignes droites, naît maintenant dans l'esprit un sentiment plus complexe et plus vif, si nous y retrouvons de l'accord et de l'harmonie. Et de fait, cet accord et cette harmonie, ce rythme des droites et des courbes, n'est-il pas apparent dans toutes les œuvres de la nature, non, sans doute, parfait, car il engendrerait, par sa monotonie, le sommeil, mais réel cependant et suffisamment varié pour nous tenir en éveil ? Les plus beaux cristaux ne sont-ils pas ceux dont les contours géométriques et les angles sont le plus symétriquement ordonnés ? N'y a-t-il pas encore une symétrie évidente dans les plantes qui se ramifient, dans les nervures de leurs feuilles, dans leurs fleurs « qui s'épanouissent en rosaces, s'étagent en pyramides, où s'étalent en ombelles » ? dans la disposition des organes de tous les êtres vivants et notamment de l'homme, le plus parfait de tous ? Les principes de l'esthétique se confondent donc ainsi avec les principes de la vie, puisque le rythme et le nombre dont nous avons l'instinct, que nous recherchons et que nous aimons, en sont les conditions essentielles.

II

On voit dès lors où se trouvent les véritables causes de l'émotion esthétique et du jugement qui la suit. Elles se trouvent, d'abord, dans les objets qui nous entourent et dans les caractères qui leur sont propres. Que ces objets disparaissent ou que leur nature s'altère, le sentiment du beau n'apparaît plus. Aussi bien est-ce dans les choses elles-mêmes que, primitivement, nous plaçons toute beauté. Pour l'enfant comme pour l'homme, quand, au lieu de raisonner, ils se bornent à sentir, la beauté réside véritablement dans les sons qui les frappent, dans les fleurs qui les attirent, dans les mouvements et les formes qui les charment. C'est à cette beauté objective que, spontanément, vont leur enthousiasme et leur admiration. Par conséquent, prétendre que la beauté est indifférente à la réalité des choses, et que seuls nous les embellissons, c'est aller directement contre l'évidence des faits. Mais dès que nous cherchons à analyser ces premières émotions produites par la beauté, nous remarquons bien vite que si elles dépendent des choses, elles dépendent également, et plus encore peut-être, du sujet qui les éprouve. Suivant que nos organes sont sains ou malades, obtus ou affinés, les impressions qu'ils reçoivent, paraissent, en effet, pénibles ou agréables ; de même, suivant que notre esprit est fruste ou cultivé, notre imagination ardente ou rétive, notre raison droite ou faussée, les œuvres de la nature et les œuvres de l'art sont jugées belles, disgracieuses ou simplement indifférentes. La beauté est donc bien, en partie, notre œuvre, et nous devons souscrire à ce jugement de Spinoza : « Je n'attribue, dit-il, à la nature, ni beauté, ni laideur, convaincu que je suis que les choses ne sont belles ou laides, ordonnées ou confuses, que par rapport à notre imagination. » C'est que, pour nous, cela seul est réellement beau qui provoque par son action l'expansion de la vie ; et, par suite, les choses les plus belles seront précisément celles qui réveilleront le mieux nos énergies latentes, qui leur fourniront l'occasion de s'exercer plus librement et de se traduire avec toute leur intensité et toute leur générosité. De là, les degrés que nous établissons dans la beauté et la hiérarchie que nous créons entre ses manifestations différentes, plaçant au-dessus de la beauté purement formelle la beauté des sentiments et des pensées, et au-dessus de toutes les autres, la beauté morale. L'idéal se trouverait réalisé si toutes ces beautés étaient réunies ensemble, car alors elles provoqueraient en nous la vie la plus large possible et la plus désintéressée.

Nous pouvons nous expliquer maintenant la diversité des goûts et la variété des impressions que nous recevons des choses. Par suite de l'étroite solidarité qui existe entre nos organes, et les fait, parfois, vibrer à l'unisson comme les cordes d'une table d'harmonie, il arrive fréquemment qu'une simple sensation agréable évoque en nous une multitude d'autres sensations différentes qui viennent la renforcer et lui faire cortège, rendant ainsi plus intense, plus complexe et plus attachant le plaisir qu'elles procurent. La simple vue d'une fleur nous fait songer à son parfum, nous le fait *sentir*, comme la simple audition de certaines notes nous fait penser à certaines couleurs, nous les fait voir. C'est là le phénomène, dont nous avons parlé déjà, de l'audition colorée ; aussi ne saurions-nous considérer toujours comme de simples métaphores, les descriptions des critiques qui nous parlent de la couleur d'une symphonie, de la douceur ou de la dureté des couleurs. En outre, de même que les sensations s'évoquent ainsi les unes les autres, de même elles évoquent les sentiments et les idées avec lesquels précédemment elles ont été unies, et plus ces sentiments et ces idées seront nombreux, plus l'émotion ressentie sera forte. En présence de l'hibiscus ou de la rose merveilleuse, nous n'éprouvons d'autre sentiment que celui que procure la vue de formes gracieuses et de nuances d'une délicatesse exquise ; l'homme des colonies, qui les aperçoit, loin de son pays, se rappelle le sol où elles croissaient autrefois, le soleil qui les colorait, toutes les joies de son enfance ; aussi leur trouve-t-il un charme que nous ne saurions éprouver. Sous les larges arceaux d'une cathédrale, l'athée ne peut goûter que la beauté des formes ; pour le croyant, cette beauté s'embellit de toute la beauté des sentiments qu'elle réveille, de toute la puissance de la vie morale qui, tout à coup, se manifeste en lui. C'est grâce à cette association des sensations, des sentiments et des idées, que la musique a sur certaines âmes une si extraordinaire influence. Sous l'impression des notes qui, lentes ou précipitées, s'égrènent dans l'espace, de tous les points du réseau nerveux, des profondeurs les plus obscures de la conscience, s'élèvent, se pressent, se confondent des émotions indéfinissables que nous sommes d'autant plus impuissants à rendre qu'elles sont plus riches et plus variées. Que l'on songe, par exemple, à l'effet produit par le *Dies iræ*, ou par le *Stabat*, par la marche funèbre de Chopin ou la sonate au clair de lune de Beethoven ?

III

L'émotion esthétique nous apparaît donc comme étant, de toutes, la plus personnelle et la plus désintéressée. Elle est la plus personnelle, car nulle ne subit au même degré l'influence de nos manières d'être et de nos dispositions du moment ; elle est la plus désintéressée, car, en présence de la beauté, nous nous oublions en quelque sorte nous-mêmes pour ne plus songer qu'à l'objet de notre admiration. Son désintéressement se manifeste encore par la tendance instinctive, parfois irrésistible, qui nous pousse à la communiquer à nos semblables, comme si notre joie se trouvait multipliée dès que d'autres s'y associent. L'enfant qui a une belle image brûle de la montrer à ses amis ; celui qui a entendu une belle histoire est impatient de la raconter à ceux qui l'ignorent, et d'accroître encore son plaisir en le communiquant. Or, sur ce point, les hommes ne sont-ils pas comme les enfants ? Il suffit, pour s'en convaincre, d'observer leur conduite, par exemple, au théâtre, lorsqu'on représente devant eux quelque œuvre qui leur plaît. C'est par là que le beau a une valeur sociale si puissante. Il rapproche les âmes en les dilatant ; il les fait vivre, quelques instants du moins, d'une vie supérieure, et les arrache aux préoccupations utilitaires qui trop souvent les divisent.

Il a, de plus, une incontestable valeur *morale*. Aimer le beau, comme nous le montrerons plus tard, c'est se préparer à aimer le bien, et il est rare que les passions basses et viles trouvent un paisible refuge dans le cœur de celui qui sent et qui admire vivement la beauté.

Ajoutons enfin que l'amour du beau, même au point de vue purement *utilitaire*, nous rend à tous de constants et d'inappréciables services, puisque c'est lui qui nous invite sans cesse à perfectionner nos travaux, qui nous attache à eux, qui nous entraîne dans la voie du progrès, nous faisant oublier la fatigue et l'effort par le charme qu'il leur communique.

C'est qu'en effet, l'émotion esthétique est essentiellement féconde. Dès que l'esprit l'a ressentie, loin de s'immobiliser dans son plaisir et dans une contemplation muette et stérile de la beauté, il entre aussitôt en travail. Cette beauté qu'il a devant lui, il l'analyse, la discute et la juge ; bien plus, sous l'impulsion de son imagination et de sa raison, il la refait en quelque sorte et la complète, supprimant peu à peu tous les détails qui le blessent, ajoutant au contraire ceux qui peuvent le séduire, et ainsi, plus ou moins lentement, il se forme un idéal mieux adapté à ses aspirations et à ses goûts.

Ce n'est pas tout encore : cet idéal une fois conçu, il éprouve le besoin de le traduire au dehors et de le réaliser. De là est sorti l'art. L'œuvre d'art est donc la reproduction, sous une forme sensible, de l'idéal de beauté que s'est créé l'esprit : l'artiste utilise tous les signes dont il dispose pour fixer son rêve afin de pouvoir en susciter un semblable chez les autres, de pouvoir le réveiller en lui, à un moment donné. Quand nous admirons un chef-d'œuvre de peinture, de sculpture, de musique ou de poésie, c'est donc avec une âme que nous entrons en communion. C'est sa conception que nous concevons à notre tour, c'est son rêve que nous rêvons. Aussi n'est-il pas étonnant que parfois, nous soyons plus touchés par son œuvre que par la nature elle-même, car si c'est bien encore la nature qu'elle représente, c'est la nature *humanisée*, vue à travers une âme, par conséquent dépouillée de tout ce qui, en elle, pourrait agir péniblement sur nous ; en un mot, embellie de qualités nouvelles. Plus l'organisme de l'artiste aura été parfait, plus son idéal aura été pur et élevé, plus il aura de chances, s'il a le don de l'expression, c'est-à-dire le génie, de nous attirer et de nous séduire.

IV

L'influence du Beau sur le développement de l'esprit, sur son orientation et sur ses œuvres, suffit à justifier l'importance de plus en plus grande que l'on accorde de nos jours à l'éducation esthétique, dans les nations civilisées. Mais pour que cette éducation soit vraiment féconde, pour qu'elle devienne, comme elle le doit, l'auxiliaire et le couronnement de toutes les autres, il est indispensable qu'elle commence dès le berceau. Nous savons, en effet, par expérience, combien les impressions premières et les premières habitudes se gravent profondément; combien précoce, aussi, chez nos enfants se montre, parfois, le sentiment de la beauté. Or, de statistiques récentes, il semble résulter que les pays les plus riches en musiciens sont précisément ceux où l'on endort ordinairement les enfants au bruit des berceuses, et que les meilleurs artistes doivent en partie leur talent et leur goût aux chants que, dans leur jeunesse, on leur a fait entendre. — On ne saurait, sans doute, accepter sans contrôle de telles constatations, et cependant elles n'ont rien qui puisse nous surprendre. N'est-il pas naturel que l'harmonie peu à peu façonne notre oreille et nous rende ainsi plus capables d'éprouver des émotions délicates? — La beauté des formes et surtout celle des couleurs n'attire pas moins vite que la beauté des sons. De là les préférences toutes spontanées de l'enfant pour les objets qu'il aperçoit. Il en est qu'immédiatement il écarte et repousse; il en est d'autres, au contraire, vers lesquels instinctivement il tend les mains. En présence des premiers, son visage se rembrunit et s'attriste, en présence des seconds il s'épanouit tout joyeux. Mais combien est vague encore, confus, indécis, le sentiment qui le guide ; c'est pourquoi nous devons veiller le plus possible à ce qu'il ne s'égare pas. Nous ne saurions, sans doute, n'offrir que de belles choses aux regards de nos enfants ; n'entourer leur petit nid, les pièces où ils jouent, que d'œuvres d'art irréprochables, comme le font quelques mères privilégiées que nous connaissons ; mais ce que nous pouvons tous, c'est bannir impitoyablement les jouets grotesques dont notre sottise fait le succès, et qui perpétuent le triomphe des œuvres scandaleuses devant lesquelles s'ébahit la foule.

Lorsque l'enfant grandit, notre tâche devient plus délicate et plus complexe. Il s'agit, en effet, de l'initier graduellement à des beautés de plus en plus hautes et de l'amener peu à peu à raisonner ses jugements. Ce qui l'attire en premier lieu, c'est le monde sensible ; ce qui le charme, ce sont les objets les plus simples et les plus familiers : les animaux, les fleurs, les insectes, les reproductions qu'on en a faites. Qu'il apprenne à en bien distinguer les détails, à en bien saisir les caractères essentiels : les nuances, l'ordre, l'harmonie, la symétrie. Ici, est une qualité que, peut-être, il n'avait point vue ; là, un défaut qui lui avait échappé ; amenons-le discrètement à les découvrir, par des rapprochements entre objets de même nature, par des comparaisons à sa portée, en suggérant plutôt qu'en dogmatisant, en servant de guide plutôt que de maître. — Ce premier enseignement discrètement et prudemment donné, nous permettra bientôt d'appeler l'attention sur des objets plus complexes que primitivement l'enfant n'aurait point admirés. L'enfant peut maintenant s'intéresser à un beau paysage, à un beau monument, en apprécier, quoique imparfaitement, les détails et l'ensemble, dire même ce qui, en eux, lui plaît plus que le reste. C'est ce nouveau travail, plus personnel que le précédent, qu'il faut seconder et diriger ; or, on le seconde surtout en provoquant et en facilitant la recherche des analogies prochaines ou lointaines qui existent entre les choses ; on le dirige, en redressant les jugements inexacts, en dévoilant les fausses analogies, en critiquant celles qui sont grossières ou simplement de mauvais goût. En procédant ainsi « l'intelligence de l'enfant s'orne peu à peu, son imagination devient plus féconde, et chacune de ses idées, lorsqu'il voudra l'utiliser plus tard, se trouvera, grâce aux analogies perçues, comme auréolée d'images. C'est pour ne s'être point exercés à ce travail, que tant d'esprits si bien doués restent stériles, incapables de comprendre les beautés élevées, plus incapables encore de traduire d'une manière agréable leurs émotions et leurs pensées. »

De cette beauté des choses à la beauté morale la transition est insensible et notre devoir est de la hâter le plus possible. S'il importe, que nos enfants aiment le beau sous toutes ses formes, car toutes les beautés sont sœurs, il importe principalement qu'ils s'éprennent de bonne heure de celle que réalise l'homme lorsqu'il se conforme au devoir [1]. Or, la nature est ici, pour les parents et les maîtres, un tout-puissant auxiliaire lorsqu'ils sont habiles à l'utiliser. Ne savons-nous pas quelle impression produit, même sur nos enfants tout jeunes, l'exemple des grands dévouements ? Ne sont-ils pas suspendus à nos lèvres quand nous leur racontons, tout émus, des traits de bravoure ou de générosité ? La beauté de ces actes ne les remue-t-elle pas plus profondément que toute autre ? Profitons donc de cette émotion à la fois esthétique et morale ; c'est elle, comme le remarque un moraliste contemporain, qui vraiment « fécondera la parole du maître et portera des fruits de vie ».

---

[1] En travaillant à former le goût des enfants, nous devons nous efforcer de leur faire saisir l'idée sous l'image. Notre but n'est pas d'en faire des dilettanti épris uniquement de belles formes, de belles rimes et de beaux sons, mais des hommes épris des belles et des bonnes actions. Il faut qu'au travers du rythme et de l'harmonie physiques, ils sachent découvrir le rythme et l'harmonie de la vie morale ; que du gracieux ils puissent s'élever au beau véritable, et du beau au sublime.

Seulement, n'oublions point que pour susciter ce sentiment du beau il est nécessaire de savoir choisir son heure.

Nous l'avons remarqué déjà, l'enfant n'est pas toujours apte à goûter la beauté; résultant d'une activité de jeu satisfaite, l'émotion esthétique ne saurait être évoquée à tout instant, encore moins imposée par contrainte. Ce qu'elle exige avant tout, c'est un esprit libre. C'est pourquoi une promenade à travers la campagne, une lecture bien choisie et faite au moment opportun, l'examen de quelques-uns de ces beaux tableaux dont la reproduction se trouve un peu partout, nous paraissent beaucoup plus efficaces pour l'éducation esthétique que les plus doctes leçons. — Enfin, si nous voulons que cette émotion soit durable et fertile, faisons tous nos efforts pour qu'elle donne naissance à un jugement raisonné. Nous ne saurions exiger, sans doute, que l'enfant nous explique toujours le *pourquoi* de ses sentiments, puisque souvent les plus habiles d'entre nous sont impuissants à le faire; ne pouvons-nous cependant, en l'aidant un peu, l'amener à nous dire quels détails l'ont frappé le plus, l'amener surtout à remarquer comment tous ces détails s'harmonisent entre eux, et mutuellement se font valoir? Si nous ne sommes pas capables de remplir cette tâche, nous n'obtiendrons aucun résultat sérieux : notre œuvre sera manquée [1].

---

[1] Sur les vrais caractères que doit avoir l'éducation esthétique et principalement sur le rôle que peuvent y jouer le dessin et la poésie, Cf. *De la suggestion, op. cit.*, p. 50 et 123.

CHAPITRE XXV

L'AMOUR DU BIEN

I. En quoi diffère l'amour du bien, de l'amour du vrai et de l'amour du beau. Effets du bien sur la sensibilité, l'intelligence et la volonté. — II. Comment l'enfant s'élève peu à peu de la notion de l'agréable à celles du beau, de l'utile, du bien moral et du devoir. — III. Est-il possible de favoriser l'évolution du sentiment moral? Conditions requises pour réussir : l'exemple, la continuité de l'effort. — IV. Nécessité de proportionner son enseignement et ses conseils à l'intelligence de l'enfant. — V. Opinion de Rousseau.

I

L'éducation de nos divers sentiments, quelle que soit d'ailleurs leur valeur propre, tend, en dernière analyse, au développement et à l'affermissement de l'amour du bien : c'est à ce but que doivent se subordonner tous nos efforts. Or, l'amour du bien, tel qu'il s'offre à nous dans la pleine lumière de la réflexion, se distingue nettement de toutes les autres inclinations avec lesquelles les moralistes l'ont parfois confondu. — Il se distingue, d'abord, de l'amour du plaisir et de l'amour de l'utile, comme le prouvent les luttes fréquentes qui se livrent entre eux. — Il se distingue également et de l'amour du vrai et de l'amour du beau, car il implique un idéal qui leur soit supérieur, qui les complète et les domine. C'est précisément parce que chacun de ces amours a son idéal, que le domaine de la moralité nous paraît différent de celui de la science et de celui de l'art; c'est parce que leurs objets sont distincts, qu'ils n'exercent la même influence ni sur la sensibilité, ni sur l'intelligence, ni sur la volonté. La vérité pure, sans doute, invinciblement nous attire, comme invinciblement nous attire la beauté; mais tout autre est l'attrait de la bonté sur l'esprit et sur le cœur. Dès que le bien est conçu, il est conçu comme obligatoire; nous nous sentons tenus de le réaliser en lui sacrifiant même notre vie, s'il le demande. Pourrait-on soutenir que le vrai et le beau nous parlent avec cette autorité et nous enchaînent à eux par des liens aussi puissants? Lorsque nous sommes fidèles à l'amour du bien, nous éprouvons aussitôt une satisfaction intime des plus douces; lorsque nous lui résistons, au contraire, nous en sommes punis par la plus cruelle des souffrances : le remords. Bien plus, cet amour est tel qu'il ne nous permet pas de ne pas éprouver de la sympathie, de l'estime et du respect pour ceux qui sont honnêtes; de l'antipathie, de l'indignation et du mépris pour ceux qui ne le sont pas; or, ce sont bien là des caractères qui lui sont propres, et que nul autre sentiment ne présente jamais.

II

Un tel amour se trouve-t-il déjà chez les enfants tout jeunes ou, tout au moins, sont-ils inclinés au bien par une tendance vraiment primitive de leur nature? Nous avons trop longtemps discuté ailleurs les opinions différentes des éducateurs sur ce point, pour qu'il soit utile d'y revenir ici; ce qu'il importe toutefois d'en retenir, c'est, d'abord, que si l'instinct du bien n'était pas inné au cœur de l'homme, nous ne pourrions jamais l'acquérir; c'est, ensuite, que cet instinct, à l'origine, et même pendant les premières années de la vie, est extrêmement vague et confus. N'est-il pas évident, d'ailleurs, que le sentiment de ce qu'*il faut faire*, ne peut apparaître et s'affirmer qu'avec la réflexion et la liberté?

Pour l'enfant tout jeune, est bien tout ce qui lui plaît; est mal tout ce qui lui est désagréable. En dehors du plaisir et de la douleur, il ne semble pas qu'il établisse de distinction précise. Aussi ne saurait-on dire de lui, au sens rigoureux du mot, ni qu'il est un être moral, ni qu'il est un être immoral, si ce n'est virtuellement : il est simplement *amoral*[1]. — Puis, à ce bien tout physique s'ajoute peu à peu un bien d'un ordre nouveau et déjà plus élevé, lorsque s'éveille dans son esprit, le sentiment du beau. Il semble, en effet, que ce sentiment précède le sentiment moral proprement dit. L'enfant fait un choix entre ses jouets, comme il en fait un entre les objets qui frappent ses regards, comme il en fait un entre les récits qu'il entend. On sent que dans cette imagination en progrès, un idéal graduellement se dégage, et que les sens ne sont plus les seuls juges. — Plus tard, quand sa mémoire est déjà riche et qu'il a comparé beaucoup de choses entre elles, l'enfant étend encore sa conception du bien et du mal en les identifiant avec l'utile et le nuisible, ou en subordonnant ses appréciations à celles des personnes qui l'entourent, tout ce qui est généralement approuvé lui paraissant louable et bon, tout ce qui est généralement blâmé, condamnable et mauvais. Mais c'est en dernier lieu seulement, qu'il acquiert les notions précises du juste, de l'honnête, du devoir, du bien en un mot, notions qui de plus en plus iront s'éclairant, à mesure que se fortifiera sa raison. C'est là ce qui a été bien décrit par un éducateur contemporain : « L'enfant, dit-il, porte en lui-même la loi morale, d'abord à son insu et comme à l'état latent; puis, peu à peu, elle se dégage, elle sort des profondeurs mystérieuses de la conscience, elle fait sentir sa présence par des tressaillements muets; puis, elle prend une voix, elle parle, elle signifie sa volonté par des injonctions de plus en plus claires, de plus en plus pressantes, et

---

[1] Cf. *La moralité de l'enfant* de A. Schinz, Revue philosophique, mars 1898.

enfin, quand elle est méconnue, par cette souffrance indéfinissable, tantôt sourde, tantôt aiguë et cuisante, qui s'appelle le remords. »

III

Provoquer graduellement cet éveil de la conscience, telle est la tâche qui nous incombe à tous. Maintenant existe-t-il quelques règles infaillibles qui permettent sûrement de la mener à bonne fin ? Nous en doutons un peu, bien que, depuis Socrate, les esprits les plus sages nous aient prodigué leurs conseils. C'est que les moyens valent surtout par ceux qui les emploient ; c'est qu'ils doivent varier suivant les temps et les lieux, quelquefois même suivant chacun des enfants qui nous sont confiés. Ne demandons point, par conséquent, de code fixe et immuable, quand nos maîtres les plus expérimentés ne sauraient nous donner que des indications générales; mais ces indications ont leur prix, et l'on ne pourrait, sans danger, se refuser à les entendre.

La première, la plus banale, que nous hésiterions, par cela même, à rappeler, si nous ne savions combien fréquemment elle est violée, est celle qui concerne la conduite des parents et des maîtres. Si nous voulons inspirer l'amour du bien, commençons par l'aimer nous-mêmes; que nos actes jamais ne contredisent nos paroles, et qu'ils puissent servir d'exemple. Nous savons avec quelle sagacité merveilleuse l'enfant sait dévoiler le manque de sincérité, et reconnaître si ceux qui le guident croient vraiment ce qu'ils enseignent. Dès qu'un doute à ce sujet se sera élevé dans son esprit, nos conseils glisseront à sa surface, sans le féconder. Par un reste de déférence ou de crainte, il pourra encore, devant nous, peut-être, s'y conformer; il se hâtera d'en prendre le contre-pied dès que nous serons éloignés.

La deuxième règle à suivre est de faire de cette éducation l'objet de nos préoccupations constantes, et de lui subordonner tout le reste, mettant au premier plan ce qui la favorise, reléguant au dernier ce qui ne peut la servir. — Dans une récente circulaire aux instituteurs français, on leur rappelait que la « morale, loin d'être emprisonnée dans des limites artificielles, devait se répandre sur tout leur enseignement, le dominer, le régler, le commander ». Nul précepte plus sage; gardons-nous cependant de le mal interpréter. Notre zèle ne saurait être trop grand ; mais pour être efficace il doit être discret. Vouloir précipiter les enfants vers le bien, serait un sûr moyen de les en détourner. De plus, nous savons, par expérience, combien les longs sermons facilement endorment, combien les moralistes par trop intransigeants promptement nous irritent. Nous fuyons les Berquins et leurs histoires toujours édifiantes, comme nous fuyons les Alcestes et leurs critiques immodérées. Si la morale doit se répandre sur toutes nos leçons, qu'elle ne cherche donc pas à y affirmer trop haut sa présence pour mieux attirer vers elle l'attention des esprits; il ne faut point qu'elle paraisse importune et gênante.

IV

Les autres règles se tirent surtout des analyses que nous avons faites du caractère même de l'enfant. S'il est vrai que l'amour du bien sommeille pendant les premières années, et que l'enfant ramène tout au plaisir et à la douleur, il est évident que notre rôle d'éducateurs se réduit à écarter d'eux toutes les occasions possibles d'habitudes mauvaises, à provoquer, au contraire, toutes les habitudes propres à favoriser, plus tard, la vertu. Toutefois, même enfermée dans ces limites, notre tâche n'en est pas moins extrêmement délicate, et ni maîtres ni parents n'y réfléchissent assez. On considère comme étant sans importance les faits et gestes des petits enfants, et leurs espiègleries ou leurs caprices les plus graves ne leur attirent, bien souvent, que des sourires et des caresses. Qui donc aurait le cœur de les gronder ? Qui n'accourrait aussitôt, quand ils pleurent ? Et puis, les pleurs, les pères ordinairement n'aiment guère à les entendre : c'est pourquoi il vaut mieux céder et les faire taire par un baiser. — Le moyen est peut-être commode, mais il n'est pas sans danger, car il transforme les enfants les meilleurs en de véritables despotes. Ce sont ces enfants qui, dans quelques années, deviendront nos élèves les plus indisciplinés : toute règle, quelle qu'elle soit, leur sera pénible, car ils n'auront jamais appris à obéir.

Nous avons vu, en second lieu, qu'à l'amour du plaisir s'ajoutait bien vite, chez l'enfant, le sentiment du beau. Ce sentiment nouveau est si étroitement uni à l'amour du bien qu'il annonce et prépare, que nous ne saurions le développer avec trop de soin. Loin d'être, comme le précédent, mesquin et égoïste, il est large, expansif et fécond ; il habitue peu à peu l'âme à se détacher des émotions purement physiques, et à aimer vraiment d'un amour désintéressé [1].

Or, à la faveur de ce sentiment, que de sages conseils, que d'exemples utiles, que de maximes élevées, que de résolutions sérieuses ne pouvons-nous pas suggérer ! L'imagination se laisse prendre au charme d'un récit, à la musique de quelques vers, à l'éclat d'un beau tableau, et, peu à peu, la raison s'éclaire, et le cœur s'éprend, à son insu, de l'honnête. Beaucoup d'entre nous ne doivent-ils pas peut-être ce qu'il y

---

(1) M. Evellin, dans le rapport que nous avons déjà cité sur l'enseignement de la morale, accorde à la culture de ce sentiment une importance capitale puisqu'il résume ainsi son étude : « Donner à la culture esthétique tout le développement dont elle est susceptible, eu égard aux circonstances et aux milieux, et élever le but à atteindre à mesure que s'élève le niveau moyen. C'est la définition même de l'entraînement : *ad alta per alta.* »

a de meilleur en eux, à des leçons qu'autrefois leur ont discrètement données ainsi une mère ou un maître intelligents !

Comme l'amour du beau, l'amour de l'utile peut devenir encore pour nous un précieux auxiliaire. C'est même à lui que nous devons nous adresser, avant de faire appel à l'idée pure du devoir, qui ne serait pas comprise. Vouloir que nos plus jeunes élèves fassent uniquement le bien pour le bien, ne leur parler jamais que de désintéressement, de sacrifice et d'honnêteté, n'est-ce pas méconnaître étrangement ce dont ils sont capables ? N'est-ce pas se méprendre encore sur la vraie nature du devoir ? Ce qui est vrai, c'est que le bien et l'utile sont très étroitement unis; c'est, en outre, qu'il nous est impossible de nous oublier complètement nous-mêmes. Quand nous donnons un conseil à nos enfants, ne craignons donc pas, s'il le faut, de leur montrer quels avantages ils ont à nous obéir; seulement, veillons bien alors à ce que ces actes conseillés soient conformes à la loi morale, car l'habitude qu'ils feront naître méritera d'être conservée.

Cette union même de l'utile et de l'honnête nous permet de les amener peu à peu à comprendre l'importance de ce dernier motif d'action et sa supériorité sur tous les autres, et, ici, notre tâche est facilitée par le respect et la confiance qu'inspirent à l'enfant, et les personnes âgées qui l'entourent, et les grands écrivains dont il a lu des passages. En apprenant qu'autour de lui il y a des hommes qui se dévouent et, par conséquent, sacrifient leur plaisir et leur intérêt ; en entendant louer par ses maîtres la sincérité, la franchise, la générosité, il en arrivera graduellement et sans heurt à se convaincre de la grandeur et de la sainteté du devoir. Mais, pour que cette initiation se fasse d'une manière vraiment utile et durable, il faut savoir choisir entre nos différents devoirs, afin d'appeler d'abord son attention sur ceux qu'il peut le mieux comprendre.

V

Suivant Rousseau, le premier devoir qu'il serait à même de comprendre, ce serait la justice. « La seule leçon de morale qui convienne à l'enfance, dit-il, et la plus importante à tout âge, est de ne faire de mal à personne. » Nous doutons que cette morale soit la seule qui convienne à l'enfance, mais elle est, sans conteste, de toutes, la plus importante. Elle est la plus importante, car elle est la mieux appropriée à la nature de l'enfance. Voyez, en effet, avec quelle énergie nos bébés eux-mêmes se révoltent contre ceux qui veulent leur dérober leurs jouets, qui les accusent injustement, qui cherchent à les frapper, à les ridiculiser, à les railler ! Rien n'est donc plus facile que de leur faire comprendre l'obligation de ne pas faire aux autres ce qu'ils ne veulent pas qu'on leur fasse.

Elle est la plus importante, en outre, car *la plupart des maux dont souffrent les hommes ont incontestablement leur cause dans la violation des devoirs de justice*. Si ces devoirs étaient mieux respectés, l'homicide, le vol, le mensonge seraient beaucoup moins répandus parmi nous. Si la propriété était toujours acquise honorablement, on songerait moins à se révolter contre ceux qui la détiennent ; si les maîtres n'abusaient point de leurs serviteurs, les serviteurs leur seraient plus dévoués... Or, pendant que l'injustice sème de toutes parts des ferments de discorde, la justice, au contraire, rapproche les hommes, les rend confiants les uns envers les autres, les achemine vers la bonté : *on est bien près de s'aimer lorsqu'on n'a plus de raisons de se craindre*. « Oh ! quel bien, s'écrie Rousseau, fait nécessairement à ses semblables celui d'entre eux, s'il en est un, qui ne leur fait jamais de mal ! De quelle intrépidité d'âme, de quelle vigueur de caractère il a besoin pour cela ! Ce n'est pas en raisonnant sur cette maxime, c'est en tâchant de la pratiquer, qu'on sent combien il est grand et pénible d'y réussir. »

Elle est la plus importante, enfin, car la justice est, de toutes les vertus, la plus difficile à pratiquer, si l'on ne s'est familiarisé de bonne heure avec elle. Ne nous oblige-t-elle pas, souvent, à faire violence à nos intérêts et à nos passions? S'abstenir de toute médisance envers un ennemi ; rester probe et honnête lorsque la misère nous étreint; respecter toujours et quand même le bien d'autrui, après avoir été dupé, n'est-ce pas faire preuve de courage, et parfois d'un courage héroïque ? Aussi comprenons-nous que Rousseau ait considéré ces vertus comme sublimes et qu'il ait fait de leur enseignement la base de l'éducation morale.

Seulement son grand tort est d'écarter la charité comme inaccessible aux enfants. — « L'aumône, dit-il, est un acte d'homme qui connaît la valeur de ce qu'il donne et le besoin que son semblable en a. L'enfant qui ne connaît rien de cela, ne peut avoir aucun mérite à donner ; — il donne sans charité, sans bienfaisance. Dans un âge où le *cœur ne sent rien encore*, ces vertus sont des vertus de singe et de pure imitation. » — Que beaucoup de ces prétendues vertus ne soient que des vertus d'imitation, on ne saurait le contester ; mais comment soutenir que « *son cœur ne sente rien encore ?* » L'enfant ne nous prouve-t-il pas fréquemment qu'il est accessible à la pitié, qu'il est capable d'être bon, généreux, et de se déterminer par des motifs désintéressés? Ce sont là des sentiments dont l'éveil suit de près l'apparition du sentiment de la justice, et dont le rôle dans la vie est tout aussi important et tout aussi fécond. Rousseau, lui-même, en convient : « Il y a des témoignages d'intérêt et de bienveillance qui sont plus réellement utiles que tous les dons; combien de malheureux ont plus besoin de consolations que d'aumônes !... Déclarez-vous hautement le protecteur de ces malheureux. Soyez juste, humain, bienfaisant. Ne faites pas seulement l'aumône, faites la charité ; les œuvres de miséricorde soulagent plus de maux que l'argent ; aimez les autres et ils vous aimeront ; servez-les, et ils vous serviront ; soyez leur frère et ils seront vos enfants ! »

Rousseau, il est vrai, ne s'exprime pas toujours ainsi, et ses accès de misanthropie sont célèbres, mais il serait injuste d'en exagérer la portée.

Enfin, un autre défaut non moins grave du précepte que nous discutons ici, c'est de ne pouvoir s'appliquer à tous les actes de la vie. Supposons, en effet, que l'on fasse du mal à l'enfant ? Quelle conduite devra-t-il tenir ? Il est douteux que la leçon de Rousseau suffise à la lui dicter.

Nous conclurons donc, en disant qu'il faut apprendre à nos enfants non seulement à ne faire de mal à personne, mais encore à faire à tous ceux qui les entourent, et surtout aux malheureux, le plus de bien possible. Justice et charité sont deux termes qui ne doivent jamais être séparés. « Ne faut-il pas, en effet, beaucoup d'amour pour respecter toujours le droit de nos semblables qui borne notre droit, pour respecter leur liberté qui gêne notre liberté ? » (Ozanam.)

CHAPITRE XXVI

LE SENTIMENT RELIGIEUX

I. A quelle époque et sous quelle forme apparaît le sentiment religieux chez l'enfant? Causes qui en provoquent et en favorisent le développement. — II. Est-il permis aux parents de diriger ce sentiment comme ils dirigent les autres? Les dangers d'une neutralité absolue. — III. Objections élevées contre l'éducation du sentiment religieux : ce sentiment est sans objet; il est contraire à la vraie morale; il est anti-social. Que valent ces objections? Conclusion.

Nos analyses des inclinations idéales seraient incomplètes si nous n'examinions pas, en terminant, le sentiment religieux avec lequel, parfois, elles sont si étroitement unies qu'elles semblent se confondre.

I.

A quelle époque et sous quelle forme apparaît pour la première fois ce sentiment? — Il est bien difficile de le dire, plus difficile encore, peut-être, de déterminer les causes qui en provoquent l'éclosion et le développement. Il faudrait savoir exactement, en effet, quelles suggestions sont venues à l'enfant des milieux où il s'est trouvé ; quelle influence ont exercée sur lui ses parents et surtout sa mère. Il semble, néanmoins, peu contestable, que le sentiment religieux se montre de très bonne heure, et de très bonne heure agit sur la conduite tout entière. — Ce qu'il est au début pour l'enfant? — Le soupçon vague d'un au-delà mystérieux, de quelque chose qui le domine, qui domine tout ce qui l'entoure, tout ce qu'il voit et tout ce qu'il connaît. — Le besoin toujours inassouvi d'émotions nouvelles, toujours excité par une imagination en éveil, le fait rêver de l'on ne sait quel idéal de bonheur, idéal qui s'éloignera de plus en plus, à mesure qu'il s'en approchera davantage. Puis, quand sa raison intervient, ses aspirations premières graduellement se précisent. De là ces questions que nous avons entendues si souvent : « — Papa, d'où vient la lumière ? — Du soleil. — Mais qui a fait le soleil ?..... » Et notre bébé pose déjà le grave problème que se posent, depuis tant de siècles, les hommes qui pensent ; et c'est sa solution qu'il poursuit. — Seulement nous voyons que, dès cet instant, son idéal se dégage. Dieu, c'est l'être très puissant, qui peut faire ce que les hommes ne peuvent faire, — qui peut faire « tout... tout... ce qu'il veut ». — L'enfant se rend-il bien compte de la nature de cet être, de son pouvoir ? Sa conception n'est-elle pas bien anthropomorphique encore ? — Ce qui serait surprenant, c'est qu'elle ne le fût pas ; c'est qu'il eût de la divinité une notion adéquate et éprouvât pour elle les sentiments qu'éprouve le philosophe croyant, par exemple. Il n'en est pas moins certain qu'un sentiment nouveau est né, ou, du moins, s'est dégagé en lui, et que ce sentiment peut avoir sur son travail, sa tenue, son langage, sa moralité une immense influence. — Il reste à savoir maintenant si les parents et les maîtres doivent le laisser se développer librement, ou s'ils doivent, au contraire, soit le combattre, soit le diriger et même chercher à le fortifier.

II

Notre devoir rigoureux, suivant un certain nombre de survivants du positivisme, serait d'élever nos fils et nos filles en dehors de toute religion confessionnelle, en dehors même de toute idée religieuse. — En effet, qui de nous est assuré de l'existence de Dieu? qui pourrait en parler avec autorité, et chercher, sans scrupules, à suggérer à d'autres ses croyances? — En second lieu, le respect même de l'âme des enfants ne nous impose-t-il pas la neutralité la plus absolue? Pour que leur foi ait une valeur morale, il faut qu'elle vienne du dedans et non du dehors; il faut qu'elle ait obtenu l'adhésion de leur cœur et de leur raison, et leur raison n'est point encore capable de discuter et d'apprécier l'enseignement que nous leur donnons. C'est pourquoi ceux qui mettent d'accord leurs théories et leurs actes, — et nous en connaissons plusieurs, — s'interdisent dans leur famille toute discussion religieuse, toute allusion même aux différents cultes qui sont professés autour d'eux. En revanche, la plus grande liberté est laissée à chacun de penser à sa guise. — Ils espèrent ainsi que, guidés par une instruction solide, munis de fortes habitudes morales, épris de justice, les enfants s'orienteront d'eux-mêmes quand ils auront grandi. — Si le sentiment religieux est vraiment inhérent au cœur de l'homme, il ne pourra, dans ces conditions, manquer de se réveiller en eux, mais nul ne l'aura imposé, nul ne l'aura faussé. Leur *credo* sera celui qu'ils auront choisi, et ils s'attacheront d'autant plus fermement à leurs croyances, qu'elles ne seront point des croyances d'emprunt.

On ne peut pas ne pas rendre hommage à la loyauté et à la sincérité d'où procède une telle méthode d'éducation; mais qui ne voit combien cette méthode est périlleuse? Nous nous interdisons tout conseil, toute pression sur la conscience de nos enfants, mais pourrons-nous les soustraire à tous les conseils qui leur viendront du dehors? Ce que nous n'osons pas, ce que nous ne voulons pas faire, par excès de scrupule et de délicatesse, qui nous assure que d'autres ne le feront pas? Qui nous assure, surtout, qu'ils y apporteront toute la conscience et tout le tact que nous aurions pu y apporter nous-mêmes ? — Il nous faut compter avec l'influence de l'exemple, l'influence des maîtres que nous donnerons à nos enfants, l'influence des ouvrages qu'ils liront, peut-être à notre insu, l'influence des propos qu'ils entendront de tous côtés, dans les relations de chaque jour. Pouvons-nous raisonnablement espérer qu'ils auront le jugement assez sûr pour discerner la vérité au milieu de toutes les opinions, souvent contraires, qui se débattront autour d'eux ? Il faudrait avoir, pour cela, un optimisme bien robuste et une confiance bien imprudente dans l'excellence de nos enfants.

III

Beaucoup plus nette et beaucoup plus logique nous paraît l'opinion de ceux qui condamnent absolument toute religion, — même la religion purement naturelle, — car alors ils ne cherchent plus à garder une neutralité impossible, et revendiquent hautement leurs droits sur l'éducation des enfants. — Or, suivant eux, nous devrions combattre toute croyance religieuse pour cette triple raison, qu'une telle croyance est immorale, anti-sociale et sans objet.

Elle est immorale, nous disent-ils, car elle rabaisse l'idéal de l'humanité, dénature le devoir et transforme en plat égoïsme, l'héroïsme et le dévoûment. Le croyant n'est à leurs yeux qu'un calculateur vulgaire ; le bien qu'il pratique un moyen d'acheter le bonheur ; ses sacrifices apparents, des prêts à gros intérêts ! — En vérité ce sont là griefs abominables ! Et pourtant ne les exagère-t-on pas souvent comme à plaisir ? — Accordons un instant que l'homme agisse d'ordinaire, — non toujours, — lorsqu'il croit en Dieu et met sa confiance en lui, en vue d'en être récompensé ; accordons encore que ses actes les meilleurs ne soient, plus ou moins consciemment, que « des placements sur le Paradis » ; mais, dans tous ces cas, où donc est l'immoralité? Que certaines personnes puissent agir sans songer à cette récompense, sans songer même à aucune récompense quelle qu'elle soit, nous ne songeons pas à le nier ; nous ne songeons pas à nier davantage ce qu'il y a d'admirable et de sublime dans leur conduite, mais cette conduite est-elle bien humaine? — Ce qui est humain, essentiellement humain, c'est, en agissant, de ne point s'oublier tout à fait soi-même, c'est d'espérer que les services rendus à l'humanité, les sacrifices faits à la justice et à la bonté, les efforts vaillamment supportés pour combattre ses défauts, auront un résultat réel ici-bas ou ailleurs. Nous le demandons, de nouveau, en quoi une telle manière de penser peut-elle être répréhensible et contraire à la moralité?

Il nous paraît tout aussi peu légitime de soutenir qu'elle est anti-sociale. Est-ce que toute morale religieuse n'implique pas le dévoûment à autrui, l'abnégation, le don de soi, dans certains cas même, le sacrifice de sa vie? Est-ce que tous ceux qui m'entourent ne profitent pas de cet égoïsme qu'on me reproche, puisque je contribue, afin d'être moi-même heureux un jour et agréable à Dieu, à rendre la société plus unie, plus juste, plus heureuse, puisque je serai jugé d'après le bien que j'aurai fait! Est-il morale plus sociale, plus humanitaire, plus féconde? — Ceux qui la proscrivent en prônant uniquement le culte du devoir pour le devoir, ne font-ils pas songer parfois aux pharisiens de l'Evangile qui se glorifiaient en eux-mêmes de ne point ressembler à ceux qui se prosternaient dans le temple? — Ce qui est incontestable, c'est que détruire le sentiment religieux et l'espoir qu'il fait naître : l'espoir en une vie future, l'espoir en un avenir meilleur, c'est enlever à l'homme ou du moins à la majorité des hommes, le viatique le plus puissant qui les soutienne dans leurs misères.

Les adversaires du sentiment religieux démontrent-ils au

moins que ce sentiment est sans objet et que Dieu n'est pas ?
— S'ils pouvaient donner une telle démonstration, leurs critiques seraient non seulement excusables ; elles seraient légitimes et louables. Mais une telle démonstration est encore à faire ; aussi croyons-nous que les véritables athées sont moins nombreux que souvent on l'affirme, bien que beaucoup vivent, dans la pratique, comme si Dieu n'existait pas.

Loin de combattre le sentiment religieux chez nos enfants, nous devons donc, au contraire, éloigner d'eux soigneusement tout ce qui pourrait l'affaiblir ou l'altérer.

Il est bon que, le plus tôt possible, ils aient devant l'esprit un idéal qui résume toutes les perfections ; un idéal dont ils s'éprennent et dans lequel ils aient confiance ; qui les aide à supporter les injustices de la vie et leur donne l'assurance que nulle action bonne en elle-même, nulle intention généreuse ne peut être perdue [1].

Quant aux moyens de les affermir dans cette croyance, ils relèvent non moins de la raison que du cœur : ce qui revient à dire que l'éducation de la sensibilité, dont nous nous sommes spécialement occupés dans cette étude, a besoin d'être complétée par l'éducation de l'intelligence,

---

(1) « Enlevez à l'espèce humaine, dit un philosophe contemporain, la croyance à un monde supérieur, et vous lui ôtez assurément une partie des forces nécessaires à la pratique de la vertu. Si cet univers n'est plus qu'une vaste solitude où la voix de l'humanité se perd dans le vide, sans qu'aucune puissance secourable assure le triomphe définitif de la Justice, l'humanité est exposée à se laisser aller, par désenchantement et par impuissance morale, à l'appât des jouissances matérielles, à une vie inférieure. » G. Compayré, *Cours de morale*, p. 305.

Voltaire reconnaissait lui-même combien il est dangereux de combattre la croyance en un Dieu juste : « Nous nageons tous, dit-il, dans une mer dont nous n'avons jamais vu le rivage, abordera qui pourra ; mais celui qui me crie : Vous nagez en vain, il n'y a point de port, me décourage et m'ôte toutes mes forces. »

FIN

TABLE DES MATIÈRES

INTRODUCTION

L'intellectualisme. — I. Ses conséquences en philosophie, en morale, dans l'enseignement public et dans l'enseignement privé. — II. Réaction actuelle contre l'intellectualisme. — III. Nécessité d'une étude plus approfondie de la sensibilité et d'une éducation des sentiments. 1

Considérations générales. 11

CHAPITRE I
LE PLAISIR ET LA DOULEUR

Une définition du plaisir et de la douleur est inutile et impossible. — I. Causes du plaisir et de la douleur. Théorie intellectualiste. — II. Théorie de Kant et des pessimistes. — III. Théorie d'Aristote. — IV. Lois de l'apparition du plaisir et de la douleur. Leur réduction à la loi du rythme vital. — V. Union du plaisir et de la douleur. 15

CHAPITRE II
LES SENSATIONS ET LES SENTIMENTS

Classification des plaisirs et des douleurs. — I. Conditions physiologiques de la sensation. Son évolution chez l'enfant et chez l'homme. — II. Classification des sensations. Leur solidarité. — III. Distinction de la sensation et du sentiment. Leurs rapports. — IV. Evolution des sentiments. Leur classification. — V. Rôle du sentiment 26

CHAPITRE III
RÔLE DU PLAISIR ET DE LA DOULEUR DANS LA VIE ET DANS L'ÉDUCATION

I. Rôle du plaisir dans la vie. Il est un guide, un auxiliaire et un aide. — II. Rôle de la douleur : A. Elle fait mieux goûter le plaisir ; *B*. Elle nous met en garde contre beaucoup de maux ; *C*. Elle nous amène à prendre une conscience plus nette de notre personnalité ; *D*. Elle est l'auxiliaire du progrès ; *E*. Elle est la condition de la vertu et du mérite ; *F*. Elle est comme un pont qui relie l'âme à Dieu. — III. Rôle du plaisir dans l'éducation : Théorie de Bernardin de Saint-Pierre. Rôle de la douleur : autrefois et aujourd'hui. . . . 39

CHAPITRE IV

DES ABUS DE LA RÉFLEXION ET DE L'ANALYSE PSYCHOLOGIQUE
LEURS EFFETS SUR LE PLAISIR ET SUR LA DOULEUR

I. Influence de l'analyse sur le plaisir. — 1° Elle le déflore et le fait s'évanouir : examen du plaisir esthétique, du plaisir moral, etc... 2° Elle le gauchit et le fausse quand elle ne le détruit pas : la casuistique, les scrupules de conscience. — II. Influence de l'analyse sur la douleur : 1° Elle accroît notre capacité de souffrir lorsqu'elle ne l'a point annihilée ; 2° Elle affaiblit la volonté. — III. Comment on développe le goût de l'analyse chez l'enfant. — IV. Conclusion : Opinions de Amiel, Fromentin et Bourget. 47

CHAPITRE V

LE SURMENAGE ET LA NEURASTHÉNIE

I. Du surmenage. Ses causes. — II. Ses effets sur l'esprit et sur l'organisme de l'homme. — III. Moyens de le combattre : le repos, la variété des occupations ; plus de philosophie ; les exercices physiques. — IV. Ses effets sur la jeunesse des différentes écoles, à la ville et à la campagne. Moyens d'y remédier 58

CHAPITRE VI

DES INCLINATIONS

I. Définition de l'inclination. Réfutation des théories sensualistes. L'amour. Le désir. La haine. — II. Causes qui influent sur le développement des inclinations. Leur valeur au point de vue moral. — III. Importance de ces distinctions au point de vue pratique. — IV. Suffit-il, dans l'éducation, de suivre et d'aider la nature ?. 66

CHAPITRE VII

LES INCLINATIONS PERSONNELLES. LES APPÉTITS ET LES BESOINS

Classification des inclinations. — I. Les inclinations personnelles. Des appétits : appétits naturels et appétits factices ; leurs caractères. — II. Comment ils se divisent : Du besoin de mouvement ; Usages à combattre. — III. Du besoin de respiration ; quelques règles d'hygiène. Des exercices de respiration. — IV. Du besoin de nourriture : Du goût et du dégoût. Sont-ils des guides infaillibles ? Examen critique de l'opinion de Spencer. — V. De l'éducation du goût. Conclusion. 74

CHAPITRE VIII
LA PEUR

I. Origines de la peur : Hérédité. Souffrances éprouvées déjà. Récits et lectures. Sollicitude excessive des parents. — II. Effets de la peur. Ses effets sur les fonctions organiques. Ses effets sur les fonctions mentales : sensibilité, intelligence, volonté. La peur des ténèbres. — III. Moyens de combattre la peur. Moyens à éviter. Rôle de la suggestion et du raisonnement. Opinion de Descartes. Nécessité d'une éducation virile 86

CHAPITRE IX
DE LA COLÈRE

I. De la colère. Ses différentes formes. — II. Effets de la colère sur les fonctions organiques. Ses effets sur les fonctions mentales : sensibilité, intelligence, volonté. — III. Causes de la colère. Causes organiques : état du système nerveux, hérédité. Causes psychologiques : sentiment de sa propre dignité. Vanité. Mauvaise education. — IV. Moyens de combattre la colère. Moyens préventifs, moyens directs. 94

CHAPITRE X
LE BESOIN D'ÉMOTIONS ET LA CURIOSITÉ

I. Du besoin d'émotions. Ses manifestations diverses. Ses déviations. Dans quelle mesure on doit le satisfaire. — II. De la curiosité ; est-elle toujours excitée par l'intérêt ? — Ses caractères différents suivant les individus. — III. Utilité de cet instinct. Comment il convient de le stimuler, de le diriger, de le satisfaire, et parfois de le combattre 104

CHAPITRE XI
L'AMOUR DE L'INDÉPENDANCE

I. Ses premières manifestations. L'entêtement. Le désir de la domination. — II. Son importance. Son rôle dans la vie. — III. Moyen d'en empêcher les déviations. Ne pas trop critiquer. — IV. L'art de se faire obéir 113

CHAPITRE XII

L'INSTINCT DE LA PROPRIÉTÉ

I. Des premières manifestations de cet instinct chez l'enfant. Ses caractères. Différence qu'il présente suivant les individus dans l'enfance et dans l'âge mûr. — II. Éducation de cet instinct. Comment on apprend à l'enfant la vraie nature de la propriété. Comment on l'amène à respecter la propriété d'autrui. Conseils de Rousseau et d'Esquiros. — III. Comment on amène l'enfant à veiller sur son bien propre. L'ordre et l'économie. Dangers à éviter. Le culte de l'argent. 124

CHAPITRE XIII

L'AMOUR-PROPRE

I. L'amour-propre est une des marques originelles de l'homme. Il est en même temps l'une de ses qualités les plus précieuses. Preuves tirées du sens commun, de l'expérience et de la raison. — II. Vrais caractères de l'amour-propre. Opinion de La Rochefoucauld. Les vices qu'il lui reproche viennent plutôt d'un manque d'amour-propre. — III. Rôle de l'amour-propre dans l'éducation 133

CHAPITRE XIV

LES PRINCIPALES DÉVIATIONS DE L'AMOUR-PROPRE

I. De la vanité : ses principales formes. — La coquetterie et la fatuité. — II. Leurs causes : les éloges maladroits. L'exemple. Conseils de Fénelon. — III. L'Orgueil : ses différentes formes. Ses dangers. — IV. La fausse modestie 139

CHAPITRE XV

LES INCLINATIONS SOCIALES

I. Union des inclinations sociales et des inclinations personnelles. De l'instinct de sociabilité. Opinion d'Aristote et de Hobbes. — II. Des inclinations domestiques : De l'amour des parents pour les enfants ; ses caractères chez l'animal et chez l'homme. Ses déviations et leurs causes. — III. De l'amour filial ; son évolution. Ses caractères. Messieurs les enfants et Messieurs les jeunes gens (Legouvé). — IV. De l'amour fraternel; ses caractères. L'amour du frère et de la sœur. De la jalousie. Ses principales causes 149

CHAPITRE XVI

DE L'AMITIÉ

I. De l'amitié. Description de Montaigne. Causes de la véritable amitié. Ses caractères. — II. Peut-on avoir plusieurs amis ? L'amitié repose-t-elle sur la ressemblance ou sur la différence des caractères ? L'amitié n'est durable qu'entre égaux. Avantages de l'amitié. — III. L'amitié chez les enfants. — IV. De l'amour. Opinion de Platon et de Pascal. Ce sentiment se rencontre-t-il chez les enfants ? Opinion de P. Lombroso. Objections. Causes qui favorisent l'éclosion de ce sentiment. Moyens de le combattre 160

CHAPITRE XVII
L'AMOUR DE LA PATRIE

I. Ce qu'est la Patrie pour l'enfant. L'amour du sol natal et l'amour de la famille. Conditions qui les favorisent. — II. Comment l'idée de patrie s'étend peu à peu à la commune, à la région, au pays entier. Causes qui favorisent cette évolution. — III. Patriotisme et chauvinisme. — IV. L'idée de patrie et les sentiments qui l'accompagnent ne sont-ils pas appelés à disparaître ? — V. Nécessité du sentiment patriotique. Comment on doit le diriger 170

CHAPITRE XVIII
DE LA SYMPATHIE

I. De la sympathie. Définition. Ses formes principales. Analyse de la sympathie : elle implique communauté de sentiments et conspiration des efforts. — II. Causes de la sympathie : théorie de Schopenhauer. Rôle de l'imagination : Influence de l'éloignement dans le temps et dans l'espace, sur la sympathie. — III. De l'antipathie. Théorie de Reid et de Bossuet. Ses causes : différences des caractères, l'amour-propre, etc. — IV. Importance de la sympathie. Ses déviations possibles. Dangers de l'antipathie ; dans quel cas elle est légitime. 182

CHAPITRE XIX
DE LA PITIÉ

I. De la pitié. Définition de Descartes, de Bossuet et de La Rochefoucauld. Éléments qu'elle implique. Ses causes. Sentiments qu'elle inspire à ceux qui en sont l'objet. — II. A quelles conditions la pitié est-elle utile ? Opinion d'Épictète et de Charron. Réfutation de cette opinion. Services rendus par la pitié. De la fausse pitié. — III. Rôle de la pitié dans l'éducation. Les enfants sont-ils accessibles à ce sentiment ? Opinion de La Fontaine, de La Bruyère, de Victor Hugo. D'où vient l'insensibilité des enfants ? — IV. Moyen d'éveiller et de diriger la pitié. 192

CHAPITRE XX
DE L'ÉMULATION

I. Définition. Différents jugements portés sur l'émulation par ses défenseurs et par ses critiques : Port-Royal, Rousseau, Bernardin de

Saint-Pierre. — II. De l'auto-émulation. Sa valeur éducative. Analyse de l'émulation proprement dite : elle est un sentiment naturel qui implique l'amour du mieux, la conscience de sa propre valeur, et l'estime de ses semblables. Ses déviations possibles. Leurs causes. — III. Sans émulation point d'éducation possible. Services qu'elle rend. Conclusion. 203

CHAPITRE XXI

DU CULTE DES GRANDS HOMMES

Une nouvelle forme de l'émulation : le culte des grands hommes. I. Influence des grands hommes sur l'humanité. Cette influence est due à ce qu'ils sont représentatifs de choses, d'abord, et ensuite, d'idées. L'émulation qui nous porte à les imiter est manifeste dans la vie publique et dans la vie privée. — II. Effets généraux de cette émulation : elle nous détache des vulgarités de la vie ; propose à notre activité un idéal élevé ; stimule notre volonté et combat l'individualisme égoïste. — III. Ses effets sur les enfants. Utilité d'un Plutarque français. 213

CHAPITRE XXII

L'AMOUR DU VRAI. LE MENSONGE

Les inclinations supérieures. — I. De l'amour du vrai. Ses caractères : il est essentiellement actif et désintéressé. Ses effets chez l'enfant et chez l'homme. — II. Du mensonge. L'instinct du mensonge est-il inné ? Opinion de la Bruyère. Critique de cette opinion. Comment s'expliquent la plupart des prétendus mensonges des enfants. A quel moment apparaît le mensonge. Ses principales causes : l'espièglerie, l'intérêt, la vanité, la jalousie, la méchanceté. — III. Moyen de combattre le mensonge. De la sincérité et de la franchise. Alceste et Philinte. 222

CHAPITRE XXIII

L'AMOUR DU JEU

I. L'origine du jeu. Plaisirs qu'il procure et qui hâtent son évolution : plaisir de l'action libre ; plaisir de découvrir en soi des forces qu'on ignore ; hors de soi, les propriétés des choses. Intervention de plus en plus directe de l'intelligence ; l'expérimentation dans les jeux. Pourquoi les jeux plaisent surtout dans la jeunesse. — II. Des jeux en commun : rôle de la sympathie et de l'instinct de domination. — III. De l'amour du risque et de l'attrait du danger. — IV. De l'organisation des jeux : rôle de l'imitation et de l'imagination. Jusqu'à quel point l'enfant est-il dupe de son imagination lorsqu'il joue ? — V. Du jeu chez l'homme. — VI. Conclusion. Importance du jeu 231

CHAPITRE XXIV
L'AMOUR DU BEAU

Le sentiment du Beau a sa source dans une activité de jeu. — I. A quelles conditions, les sons, les couleurs, les mouvements et les formes nous paraissent beaux. Du rythme et de l'harmonie. — II. Causes objectives et subjectives de l'émotion esthétique. Des différentes sortes de beautés : physique, intellectuelle et morale ; leurs rapports. — III. Effets du beau sur l'esprit. — IV. Nécessité de développer l'amour du beau. Par quels moyens on y réussit 251

CHAPITRE XXV
DE L'AMOUR DU BIEN

I. En quoi diffère l'amour du Bien de l'amour du Vrai et de l'amour du Beau. Effets du bien sur la sensibilité, l'intelligence et la volonté. — II. Comment l'enfant s'élève peu à peu de la notion de l'agréable à celles du Beau, de l'utile, du Bien moral et du devoir. — III. Est-il possible de favoriser l'évolution du sentiment moral ? Conditions requises pour réussir : l'exemple. La continuité de l'effort. — IV. Nécessité de proportionner son enseignement et ses conseils à l'intelligence de l'enfant. — V. Opinion de Rousseau. 264

CHAPITRE XXVI
LE SENTIMENT RELIGIEUX

I. A quelle époque et sous quelle forme apparaît le sentiment religieux chez l'enfant ? Causes qui en provoquent et en favorisent le développement. — II. Est-il permis aux parents de diriger ce sentiment comme ils dirigent les autres ? Les dangers d'une neutralité absolue. — III. Objections élevées contre l'éducation du sentiment religieux : ce sentiment est sans objet ; il est contraire à la vraie morale ; il est anti-social. Que valent ces objections ? Conclusion. . 274

TABLE DES MATIÈRES. 281

ÉVREUX, IMPRIMERIE DE CHARLES HÉRISSEY

www.ingramcontent.com/pod-product-compliance
Lightning Source LLC
Chambersburg PA
CBHW070755170426
43200CB00007B/786